Mind and World

当代世界学术名著

心灵与世界
新译本

[美] 约翰·麦克道威尔（John McDowell）/著
韩林合/译

中国人民大学出版社
·北京·

"当代世界学术名著"
出版说明

　　中华民族历来有海纳百川的宽阔胸怀,她在创造灿烂文明的同时,不断吸纳整个人类文明的精华,滋养、壮大和发展自己。当前,全球化使得人类文明之间的相互交流和影响进一步加强,互动效应更为明显。以世界眼光和开放的视野,引介世界各国的优秀哲学社会科学的前沿成果,服务于我国的社会主义现代化建设,服务于我国的科教兴国战略,是新中国出版工作的优良传统,也是中国当代出版工作者的重要使命。

　　中国人民大学出版社历来注重对国外哲学社会科学成果的译介工作,所出版的"经济科学译丛"、"工商管理经典译丛"等系列译丛受到社会广泛欢迎。这些译丛侧重于西方经典性教材;同时,我们又推出了这套"当代世界学术名著"系列,旨在迻译国外当代学术名著。所谓"当代",一般指近几十年发表的著作;所谓"名著",是指这些著作在该领域产生巨大影响并被各类文献反复引用,成为研究者的必读著作。我们希望经过不断的筛选和积累,使这套丛书成为当代的"汉译世界学术名著丛书",成为读书人的精神殿堂。

　　由于本套丛书所选著作距今时日较短,未经历史的充分淘洗,加之判断标准见仁见智,以及选择视野的局限,这项工作肯定难以尽如人意。我们期待着海内外学界积极参与推荐,并对我们的工作提出宝贵的意见和建议。我们深信,经过学界同仁和出版者的共同努力,这套丛书必将日臻完善。

中国人民大学出版社

前　言

这本书的主要文本是对我在 1991 年三一学期在牛津所作的约翰·洛克讲座的一种记录。我对我作这些讲座的形式做了一些改写。我努力在清晰性和明确性方面做出改进。我还去掉了像"下周"和"上周"这样的说法，因为在一个意在让人通过眼睛（或许是一口气地——至少就讲座稿中的文字来说）接受的版本中原封不动地保留它们，这看起来是荒唐的。不过，除了在最后一讲的结尾修正了一处无关紧要的错误以外，我在此所提供的文本（它们以"第一讲"直到"第六讲"为题）仅仅打算说出我在牛津所说的话。

而且，这些文本打算以这样的组织风格和语调说出它，即它们再现了我作这些讲座时它们所具有的那种组织风格和语调。在此至少有如下三点需要说明。

首先，即使在我在短语和句子层面做出了修改的地方，我还是保留了我作这些讲座时它们在段落和小节层面上所处的次序。特别说来，我没有试图消除甚至于没有试图减少重复之处。我当时希望频繁的、有时过长的扼要重述对于听众来说是有帮助的，而且我现在希望对于读者来说它们也将是有帮助的。

其次，就一小组讲座来说，尽力采取一条适度线性的思路看起来是明智的，我并没有试图让修改了的文本更少二维性。脚注（在其超出了单纯给出书目信息的范围内）和编后记意在向人暗示一种对于这些议题的更为全面的处理看起来会是什么样子的。但是，它们只不过是这些讲座的这个记录（或多或少像我作它们时的样子）的一个附属物。

最后，在作讲座时，不那么谨小慎微似乎是适当的。在此，我没有试图抹掉这点。

在此我要感谢人们给予我的许多实质性的恩惠。

有人肤浅地读了这些讲座稿后会认为，在大约第1页之后唐纳德·戴维森（Donald Davidson）是作为一个敌人出现在它们之中的。我希望，对于不那么肤浅的读者来说，即使从这些讲座稿本身的文本来看下面这点也是清楚明白的：我挑选出戴维森的作品来进行批评，这是尊敬他的标志。我是通过一种对比的方式对照着他的立场来界定我的立场的，但是这种对比很容易被置于这幅图像的边缘，而大规模的一致则居于其中心位置。为了达到我在这些讲座中要达到的目的，我特别强调了这种对比。在编后记中我试图做出一些修正。事实是，自从我在戴维·魏金斯（David Wiggins）的敦促下首次阅读《真理与意义》（Truth and Meaning）以来［或者也许是《论言说这点》（On Saying That）——我不确定我到底首先读了哪一篇］，戴维森的作品就一直是我的一个灵感来源。①

我受到了斯特劳森（P. F. Strawson）——特别是他的那部有关康德的第一批判的无与伦比的著作②——的强烈影响，而这种影响的强烈程度不是脚注能够显示出来的。我无法确定斯特劳森的康德是否真的是康德；不过，我确信，斯特劳森的康德接近于实现了康德想要

---

① 两者现在均重印于如下著作：*Inquiries into Truth and Interpretation*（Clarendon Press, Oxford, 1984）。

② 即如下著作：*The Bounds of Sense*（Methuen, London, 1966）。我也应当提到他的如下著作：*Individuals: An Essay in Descriptive Metaphysics*（Methuen, London, 1959）。

实现的目标。在这些讲座中，当我在考虑第一人称（the first person）的语境中（在第五讲中）对康德的思想加以利用时，我是直接地追随着斯特劳森的；而且，在谈论我们应当如何构想经验时（我在此所努力做的主要事情），我对康德的思想的利用在精神上是斯特劳森式的，而且在细节上常常也是如此。

斯特劳森的影响既是直接地又是隔代地——即经由格雷斯·埃文斯（Gareth Evans）——作用于我之上的。埃文斯没能活到给他的影响重大的著作《指称的多样性》(*The Varieties of Reference*)① 写序的那一天；如果他活到了那一天，那么他肯定会尽力告知人们他的这位老师塑造他的思维的程度——在其最为核心之点上。埃文斯对我而言的直接的重要性是无法估量的。在大约十年的时间内，在我的理智生活中最为要紧的事情就是我与他一起度过的大学生活。任何了解他的人都知道这意味着什么：不停的连珠炮似的理智刺激。我完全不知道我甚至于如何能够开始区别出他对我所造成的影响；我无法想象，如果不是因为他，我现在会是什么样的哲学家（如果我还是一个哲学家的话）。他是现在已经过世的这样的两个人之一：我最希望能够与他们一起讨论这部作品。

另一个人是韦尔弗雷德·塞拉斯（Wilfrid Sellars）。他的经典论文《经验主义与心灵哲学》(Empiricism and the Philosophy of Mind)② 在我想到要来匹茨堡大学很久以前，便开始对我具有中心的地位了。对我来说，永久的遗憾是这点：我在他的晚年变成了他的同事，但是这时已经太晚了，我不能像从阅读他的作品那样从与他的谈话中受益了。

罗伯特·布兰德姆（Robert Brandom）的作品以及与他的谈话在塑造我的思维方面起到了很重要的作用。这点常常是通过如下方式完成的：我被迫清楚地看到了我们之间的这样的区别，它们尽管是很

---

① 出版单位、年代为：Clarendon Press, Oxford, 1982。
② Herbert Feigl and Michael Scriven, eds., *Minnesota Studies in the Philosophy of Science*, vol. 1 (University of Minnesota Press, Minneapolis, 1956), pp. 253–329.

小的，但是对我来说却改变了我们之间大范围的一致的外观。在此我表述事情的方式带有布兰德姆的影响的实质性的标记。除了许多别的事情以外，我要特别提到他的让人大开眼界的有关黑格尔的《精神现象学》的讨论班。在 1990 年我参加过这个讨论班。布兰德姆那时从我这里引导出的某些思想明确地出现在这些讲座的几个地方。不过，这种影响是随处可见的；以至于我愿意设想这部作品的方式之一便是将其设想成对于《精神现象学》的一种解读的绪论，正如布兰德姆即将出版的《让事情明确起来：推理、表现和话语承诺》（*Making It Explicit: Reasoning, Representing, and Discursive Commitment*）①是他对于这个困难的文本的解读的一个绪论一样（除了许多别的事情以外）。在准备这些讲座时，布兰德姆给予了我细致入微的帮助和支持。对此，我也深表感激。

其他许多人对这项工作也提供了帮助。我将努力在脚注中提到具体的恩惠。不过，我确信，在许多地方我忘记了是谁首先教给我像我现在这样谈论事情的。对此，我要说声对不起。在此，我想感谢詹姆斯·考耐特（James Conant）、约翰·荷格兰特（John Haugeland）和丹尼尔·麦克白斯（Danielle Macbeth）所提供的特别的帮助和鼓励。

在 1985 年至 1986 年冬天，我勾勒出了我此处所达到的这种表述形式的最初的几份纲要。那时，我在试图控制住我对理查德·罗蒂（Richard Rorty）的《哲学与自然之镜》（*Philosophy and the Mirror of Nature*）②的一次阅读（是我对它的第三或第四次阅读）的惯常具有的激动的反应。我想，是稍早前对罗蒂作品的一次阅读让我与塞拉斯发生了关联；而且，显然，无论如何，罗蒂的作品对于我界定我的立场的方式来说都具有至关重要的意义。

那个学年在牛津讲课时，我使用了那些最初的表述。那个学年也是我在牛津的最后一个学年。1986 年春季我在哈佛作怀特海讲座时

---

① 出版单位、年代为：Harvard University Press, Cambridge, Mass., 1994。
② 出版单位、年代为：Princeton University Press, Princeton, 1979。

也使用了这些表述。这个最初的工作是在我做拉德克立夫哲学研究员（Radcliffe Philosophy Fellow）时做的，尽管我的研究基金的这个成果完成得太晚了，但是我还是要充满感激地记录下这点：对拉德克立夫信托基金会的慷慨支持我要深表感激。我还要感谢牛津大学大学学院的院长和研究员允许我接受这笔研究基金。

我非常感激牛津大学哲学教员全体会议（the Sub-Faculty of Philosophy）邀请我作约翰·洛克讲座。对我来说，这是莫大的荣幸。我还要感谢英格兰的许多朋友，在那里停留期间他们亲切地接待了我。

目 录

导　论 …………………………………………………… 1

讲　座

第一讲　概念与直观 …………………………………… 21
第二讲　概念事项的无界性 …………………………… 46
第三讲　非概念的内容 ………………………………… 72
第四讲　理性与自然 …………………………………… 94
第五讲　行动、意义与自我 …………………………… 119
第六讲　有理性的动物与其他动物 …………………… 145

编后记

第一部分　语境中的戴维森 …………………………… 171
第二部分　第三讲附记 ………………………………… 210
第三部分　第五讲附记 ………………………………… 225
第四部分　第六讲附记 ………………………………… 232

附录：避免所予的神话 ………………………………… 240
译后记 …………………………………………………… 263

导　论

1. 这本书首次出版时没有导论。但是，自那时起人们让我认识到，它要比我想到的更难以理解。我希望这样一种概述——它省略了一些细节，以便将焦点放在中心主题之上——至少会为一些读者提供帮助。

我的目的是本着诊断的精神对近现代哲学的某些刻画性的忧虑（some characteristic anxieties of modern philosophy）① 做出说明——正如我的书名所指明的那样，这些忧虑都集中于心灵与世界的关系之上。如果我们继续使用这个医学隐喻的话，那么我们可以这样说：一个令人满意的诊断理当指向一种疗法。我旨在向人们解释事情为何成为这样的：我们似乎面对着我们所熟悉的那种哲学责任，而且我希望这种解释使我们能够去掉那种显象（appearance）的面具，认识到它实际上是错觉。

---

① "characteristic"字面意义为特有的、独特的、表示特性的、典型的，等等。作者也常常使用与该词相应的动词形式"characterize"，意为刻画人或物的特性、描绘或成为……的特征、以……为特征，等等。我将前者译作"刻画性的"，以明确地显示出与后者的关联。"modern"与"ancient"（古代的）和"medieval"（中世纪的）相对，指近代或现代。在一些语境中我将其译作"近现代的"。——译者注

下面这点是重要的：这种错觉能够吸引住我们。我应该能够承认这种错觉的诸来源的力量，以便我们发现我们自己能够尊重这些责任是真正的责任这样的信念，即便与此同时我们也看到了我们如何能够从我们自己的角度来说拒绝我们正面对着一项紧迫的理智任务这样的显象。

2. 进入我所提供的这幅图像的一条不错的途径是考虑一种最小经验论的貌似合理性（the plausibility of a minimal empiricism）。

为了理解一个心灵状态或片断（episode）是以像比如一个信念或者判断指向（directed towards）世界的方式指向世界的这种想法，我们需要将这个状态或片断放在一个规范性语境（a normative context）之中。一个大意为事物是如此这般的信念或者判断（a belief or judgement to the effect that things are thus and so）——一个内容（像我们现在所说的那样）为事物是如此这般的信念或者判断——必定是这样一种姿态或立场（a posture or stance），即根据事物是否真的是如此这般的，它是被**正确地**还是被**不正确地**采取的。（如果我们可以将判断或者信念理解为是以这样的方式指向世界的，那么其他种类的包含内容的姿态或立场的情况就易于变得明朗起来。）于是，心灵与世界之间的这种关系在这种意义上是规范性的：旨在做出判断或者固定信念的思维在其是否得到了正确的实施这点上要对世界——对事物所处的情况——负责（thinking that aims at judgement, or at the fixation of belief, is answerable to the world—to how things are—for whether or not it is correctly executed）。①

那么，我们应该如何详细地阐述我们的思维是以这样的方式对世界负责的这个观念呢？在处理这个问题时，我们可以——至少不明言地——将我们的注意力限制在对**经验**世界负责的思维之上；也即，将其限制在对经验上可通达的事物所处的情况负责的思维之上。即使我们认为对事物所处的情况负责（answerability to how things are）包

---

① "answerable to"（要对……负责）在此的意思是："required to explain or justify one's actions to"（需要向……解释或者辩护自己的行动）。——译者注

含着比对经验世界负责更多的东西，如下说法也仍然是正确的：既然我们的认知处境是我们是通过感性直观而面对着世界的（用康德的术语来说），我们对有关思想之指向事物所处的情况这个观念的反思就必须从对经验世界负责开始。现在，如果不是经由我们的思维对经验负责这个观念，我们如何能够理解我们的思维对经验世界负责这个观念？如果不是经由一个来自于"经验法庭"的裁定［像蒯因（W. V. Quine）所表述的那样］①，如何做出一个来自于经验世界的裁定？（如果经验思维终究要成为思维的话，那么它必须对这样的经验世界负责。）

这就是我用"一种最小经验论"所意指的东西：这样的观念，经验必须构成了一个法庭，它居间促成了（mediating）我们的思维对事物所处的情况负责的方式，而如果我们要将我们的思维理解成思维的话，那么它就必须对事物所处的情况负责。这点构成了这样一种诸貌似合理性的组合的一个方面，即它有望对我所提及的那些哲学忧虑提供说明。这种组合的另一个方面是这样一种心境（a frame of mind），它让人们难于明白经验如何**能够**充当一个法庭，就我们的思维做出裁定。对这种心境我会加以讨论（见下文§4）。

当然，如果充分地得到了展开，那么这样一种组合将等同于一个二律背反：经验既必须（最小经验论）而又不能（我还要处理的思路）出现在对我们就事物所处的情况做出决定的企图的审判之中。但是，请考虑这样一个阶段，在其中反思虽然遭受了这样一对压力，但是还没有做到充分的自觉，以至于对下面这点还不甚清楚：它们所产生的是一个二律背反。由于人们不太明确地觉察到了在他们的思维之中的这样一对趋向之间的紧张状态（with an inexplicit awareness of the tension between such a pair of tendencies in one's thinking），他们便很有可能陷入这样一种忧虑：它属于我们所熟悉的哲学种类，牵涉到心灵对世界的指向性，而对这种指向性，我们似乎必须能够从对

---

① 参见"Two Dogmas of Empiricism", in W. V. Quine, *From a Logical Point of View* (Harvard University Press, Cambridge, Mass., 1961; 1st ed. 1953), pp. 20–46, 所引术语出现于 p. 41。

事物所处的情况负责的角度来予以注解。在这种处境中，人们便会发现自己正在提出这样的问题：如何可能存在着指向事物所处的情况的思维？这将是一个属于我们所熟悉的哲学种类的"如何可能"问题。如果人们在有关这样一条思想线索的材料的背景上提出这个问题，那么它便获得了其刻画性的哲学尖锐性（its characteristic philosophical bite）：一旦变得明确起来，该思想线索便声称表明了这个问题的主题（topic）实际上根本就是不可能的。

3. 我正在将经验论与一种有关**思想**的可能性的哲学忧虑联系在一起。这种做法似乎是令人惊异的。人们或许反对说，经验论当然是一种认识论立场，相关的问题反而应当是这样的：如何可能存在经验**知识**？用蒯因的司法象喻（juridical image）来说，这就等于这样的某种东西：出现在对比如一个信念的审判之中的经验如何能够宣布一个对于这个信念来说足够有利的裁定，以便它可以被算作知识的一种情形？

但是，假定我们易于让我们的思维受到我所说的那种诸貌似合理性的组合的第二个因素的塑造（至此我仅仅是从其后果的角度讨论过这个因素）。这恰好就是要假定：我们发现我们难于明白经验如何能够充当一个法庭，出现在对我们的信念的审判之中。这将是一个有关如下事情的困难：经验究竟如何能够宣布有关我们的思维的任何裁定。而这自然要比一个有关如下事情的困难更为根本：经验如何能够宣布某个特定种类的裁定，一个达到了某一高级别的有利性的裁定。

的确，近现代哲学尤其充斥着有关知识的貌似真实的问题（apparent problems）。不过，我认为，如下做法是有帮助的：将那些貌似真实的问题看成对于一个更深层的忧虑的或大或小程度上不适当的表达。这个忧虑就是这样一个人们才开始感觉到的威胁：我们发现我们陷于其中的一种思维方式让心灵与实在的其余的部分干脆无法发生接触，而并非仅仅让它认识它们的能力发生问题。有关将知识归属给我们自己的问题只是在其中那种忧虑能够被人感觉到的一种形式，而且不是那种最为根本的形式。

4. 那么，我们的思维究竟受到了什么样的压力，以致我们难于明白经验如何能够充当一个法庭？我可以通过详述韦尔弗雷德·塞拉斯对"所予的神话"（the Myth of the Given）的攻击中的一个中心元素的方式来让这种压力暴露出来。

塞拉斯主张，知识概念属于一种规范性语境。他写道："在将一个片断或一个状态刻画成（characterizing … as）**认识**的片断或状态时，我们不是在给出一个有关那个片断或状态的经验描述；我们是在将其置于理由的逻辑空间（the logical space of reasons），辩护和能够辩护（justifying and being able to justify）人们所说出的东西的逻辑空间之中。"① 作为对我刚刚（在上面§3）极力主张的东西的一种重复，我在此要说：尽管塞拉斯在此特别地谈到了知识，但是这仅仅是在强调如下思想的一种应用：对于与世界发生接触这个观念本身来说，一种规范性语境无论如何都是必要的——不管这种接触是否能够带来知识（whether knowledgeably or not）。

如下说法是表达塞拉斯所要说的意思的方式之一：认识论易于陷入一种自然主义的谬误（a naturalistic fallacy）。② 在我所主张的那种更为一般的版本中，这个思想是这样的：一种自然主义的谬误的危险困扰着有关指向世界之事本身（world-directedness as such）的反思，而不管其是否能够带来知识（whether knowledgeable or not）。如果我们以这样的方式来表达塞拉斯的论点，那么我们便是在将自然的事项（the natural）等同于"经验描述"的题材（the subject matter）——像塞拉斯有时事实上所做的那样；也即将其等同于这样一种话语模式（a mode of discourse）的题材，我们应当将它与这样的做法对比起来看：将某个事物置于由理由的逻辑空间所构成的规范性框架之中。塞拉斯将下面这样的概念与能够被运用到"经验描述"中

---

① "Empiricism and the Philosophy of Mind", in Herbert Feigl and Michael Scriven, eds., *Minnesota Studies in the Philosophy of Science*, vol. 1 (University of Minnesota Press, Minneapolis, 1956), pp. 253–329, 所引段落出现于 pp. 298–299.

② 关于这样的表述形式，参见 "Empiricism and the Philosophy of Mind", p. 257.

的概念分别开来：只有从其如何起到将事物置于理由的逻辑空间的作用这方面来看，它们才是可以理解的。比如，知识概念便属于这类概念。如果我们将这个评论解读为一个要人们提防某种自然主义的谬误的警告，那么我们便是将"经验描述"理解成这样的事情了：将事物置于自然的逻辑空间（the logical space of nature）之中（我们创造的这个短语至少从精神上说是塞拉斯式的）。

  那么，自然的逻辑空间会是什么东西呢？我认为，如下看法捕捉到了塞拉斯思考的精髓：自然的逻辑空间就是自然科学在其中起作用的逻辑空间——像一个记述得良好的而且就其自身来看令人称赞的近现代思想的发展使得我们能够构想它们那样。我们可以这样说：按照相关的构想，将某种事物置于自然之中——与将其置于理由的逻辑空间之中形成了鲜明的对比，就是使其处于规律的领域（the realm of law）。不过，对于塞拉斯的论点来说，重要的不是这个或者任何其他的正面的刻画，而是如下负面的断言：无论构成自然的逻辑空间的关系究竟是什么样的，它们**在种类上都不同于那些构成理由的逻辑空间的规范性关系**（the normative relations）。按照相关的构想，那些构成自然的逻辑空间的关系不包含比如这样的关系：一个事物之根据另一个事物被证明是正当的，或者就一般的情形来说，是正确的（one thing's being warranted, or—for the general case—correct, in the light of another）。这点就是当塞拉斯坚持如下说法时他所说出的东西："经验描述"不可能意味着将某种事物置于理由的逻辑空间之中。

  现在，假定我们接受了这个有关逻辑空间的二分法，那么哪个逻辑空间会是经验概念的家园呢？这当然要取决于我们用"经验"来意指什么。但是，假定我们想要将一个主体的经验的进程（the course of a subject's experience）设想成是由印象——世界对感觉能力（sensory capacities）拥有者的冲击（impingements）——构成的。这种有关来自于世界的冲击的话语肯定是"经验描述"；或者用我所引入的变体词项这样来表达这点：接受一个印象的观念就是自然中的一个交易的观念（the idea of a transaction in nature）。于是，按照塞拉斯的原则，将某种事物认同为一个印象就是将它置于这样一个逻辑空间之中，它不同于有关知识的话语（或者，考虑到一般的情形：有关指向世界之事的话语，而不管其是否能够带来知识）所属的逻辑空间。按照这些原则，有关印象的话语所属的逻辑空间不是这样的空间，在其中诸事物是经由诸如这样的关系而关联在一起的：一个事物之根据另一个事物而被证明是正当的或者是正确的。因此，如果我们将经验设想成是由印象构成的，那么根据这些原则，它便不能充当一个法庭，即这样的某种东西，经验思维是对其负责的。假定它能够充当这样的法庭将恰好就是塞拉斯警告我们提防的那种自然主义的谬误的一种情形——即这样一种情形，认为"经验描述"可以意味着这样的事情：将事物置于理由的逻辑空间之中。

我在此从塞拉斯那里提取出了这样一条思想线索，它至少潜在地与一种最小经验论处于紧张关系之中。（至于这种紧张关系是否是现实的，这取决于下面这点：经验论是否需要将"经验法庭"设想成是由印象构成的。在下文§6我将回到这个问题。）在下面的讲座中，我在此让塞拉斯所扮演的角色主要是由唐纳德·戴维森扮演的：让他扮演这样的某个人，他有关经验的反思使得它无法以一种让人可理解的方式构成一个法庭。对于这些目的来说，塞拉斯和戴维森是可以互换的。塞拉斯对所予的攻击以我在第一讲中所利用的那种方式对应于戴维森对他所称的"经验论的第三个教条"——概念图式（conceptual scheme）和经验"内容"（empirical "content"）的二元论——的攻击。而且，戴维森明确地表明，这个思想甚至于驱逐了一种最小经验论。他将经验论的第三个教条描述为"或许是最后一个教条"。他的根据是这样的："如果我们放弃了它，那么我们对下面这点便不甚清楚了：是否还留有任何特别的东西要被称为经验论。"[①]

5. 我一直在向人们建议：我们能够将近现代哲学的某些独特的

[①] "On the Very Idea of a Conceptual Scheme", in Donald Davidson, *Inquiries into Truth and Interpretation* (Clarendon Press, Oxford, 1984), pp. 183–198, 所引断言出现于 p. 189。

忧虑追溯到两种力量之间的一种紧张关系，而这两种力量均以一种可以理解的方式趋向于塑造我们有关经验思维——进而有关一般而言的指向世界之事——的反思。其中的一种力量是一种最小经验论的吸引力。这种最小经验论声称，思想之指向经验世界这种观念本身只有从对经验法庭负责这个角度来看才是可以理解的，而经验在此是通过世界之给知觉主体造成印象这样的事情来构想的。另一种力量是这样一种心境，它让人们觉得如下事情是不可能的：经验能够构成一个法庭。有关一个法庭的观念与有关该法庭对之宣布裁定的东西的观念一起属于塞拉斯所谓"理由的逻辑空间"——这样一个逻辑空间，其结构在于其一些居住者根据其另一些居住者比如被证明是正当的或者是正确的。但是，经验的观念，至少在其从印象的角度被理解时，明显地属于自然的联系的逻辑空间（a logical space of natural connections）。这很可能让事情看起来是这样的：如果我们试图将经验设想成一个法庭，那么我们就必定会陷于自然主义的谬误之中（塞拉斯将这种谬误描绘成想要成为认识论者的人的陷阱）。假定我们不太明确地觉察到我们的思维遭受了这两种力量的挤压，那么这就使得下面这点变得可以理解了：我们会发现思想之关涉经验世界这样的事情从哲学上说是成问题的。

　　正如我已经说过的（在前文§1），我的目标是做出诊断并指望着找到一种疗法。如果有关与世界发生接触的可能性本身的哲学忧虑可以追溯到存在于这两种力量之间的那种紧张关系，那么一种疗法就需要消解这种紧张关系。显然，我所给出的描述让做到这点的各种不同的选择都是可以利用的。在这本书中，我推荐消解这种紧张关系的一种方式。在此，我将通过将其与其他两种消解方式区别开来的方式简单地对其加以定位。

　　6. 一种选择是拒斥经验论（至少是当经验被从印象的角度来加以理解时）。像我已经提到过的那样（在前文§4），戴维森明确地将经验论的命运与图式—内容的二元论的命运关联在一起。他已经有力地摧毁了这种二元论，而且他做到这点的方式类似于塞拉斯对所予的神话的攻击。塞拉斯本人则致力于勾勒出这样一个印象概念,它与认识论是隔绝的。

我不相信这样一种立场是真正地让人满意的。在构成本书正文的讲座的第一讲,我极力陈述了这点——特别是联系着戴维森。戴维森放弃经验论的根据本质上说来就是这样的断言:除非通过陷入所予的神话的方式,否则我们不能认为经验具有认识论的意蕴(epistemologically significant)。(在这样的所予的神话之中,经验是以这样一种方式被构想的,即它不可能是一个法庭;尽管如此,它却被认为应该出现在对我们的经验思维的审判之中。)这肯定是对下面这点的一个论证所当采取的适当的形式:我们**必须**拒斥经验论。麻烦的是它并没有表明我们如何**能够**拒斥经验论。它并没有做出任何事情来通过解释消除这样一幅经验论图像的貌似合理性:按照它,只有通过将经验思维构想成在其正确性这点上它要对经验世界负责这样的方式,我们才能理解经验思维之指向世界这件事情,而且我们只能将对经验世界负责理解成这样:它是经由对经验法庭负责的方式居间促成的〔经验在此是通过世界对知觉能力拥有者的直接的撞击(impacts)来构想的〕。如果我们被局限在戴维森所考虑的那些立场之上,那么经验论的吸引人之处便只是导致了所予的神话的那种不一贯性(incoherence)。但是,只要经验论的吸引人之处没有被通过解释予以消除,那么上述事实就仅仅是连续不断的哲学不适的一个来源,而并非是满足于放弃经验论的基础——不管戴维森有关这些选择的构想让这点看起来多么具有强迫性。

的确,按照那些诱使戴维森和塞拉斯拒斥经验论的原则,经验思维可以被看作受到了如下事项的诸实例的合理限制,即对一个主体来说,事情从知觉上说**显得**是这样的:事物是如此这般的(its perceptually *appearing* to a subject that things are thus and so)。人们或许是将这点作为对经验论的吸引人之处的让步而提供出来的。不过,这种让步并没有填充我所指向的那种空隙;它并没有通过解释消除这样的经验论的吸引人之处——它是通过印象而得到详细地说明的。当对一个主体来说事情从知觉上说显得是这样的时：事物是如此这般的，那么事物是如此这般的这点本身就是经验内容（empirical content）的一种情形。只要人们没有做出任何事情来削弱如下思想的貌似合理性：一般而言，经验内容只有从对印象负责这个角度来看才是可以理解的，那么在这种情形中，正如在判断或者信念的情形中一样，经验内容看起来就是成问题的。

7. 塞拉斯和戴维森认为我们被迫要放弃相关意义上的经验论。这部分是因为他们认为理由的逻辑空间是自成一类的（*sui generis*）——与塞拉斯认为"经验描述"在其中起作用的逻辑空间相比。我已经代表塞拉斯将后者等同于自然的逻辑空间。这是塞拉斯表达这个断言的方式；不过，戴维森也有其相应的表达方式。在塞拉斯那里作为理由的逻辑空间的自成一类特征而出现的东西，在戴维森那里是作为他所说的"合理性的构成性理想"（the constitutive ideal of rationality）的自成一类特征而出现的。①

这指向了能够用以消解这种紧张关系的第二种方式：拒绝逻辑空间的二分。如果我们采取这样的做法，那么我们可以接受经验概念属于自然的逻辑空间，但是否认这给经验论设置了任何问题。想法是这样的：理由的逻辑空间（在其中，经验必须关联着经验思维——如果要坚守经验论的话）只不过是自然的逻辑空间的一个部分；那些构成理由的逻辑空间的规范性关系可以从这样的概念材料重构出来，其家园是这样的逻辑空间，塞拉斯将其与理由的逻辑空间对立起来（按照这种观点，塞拉斯的这种做法是错误的）。在本书中，这种见解是在"露骨的自然主义"（bald naturalism）的标签下出现的。露骨的自然主义拒绝接受如下说法：那些构成理由的逻辑空间的关系绝不是自然的。［在"自然的"这个词关联着这样的逻辑空间的意义上，即它在塞拉斯那里（并且在戴维森那里［只是所用术语有所不同］）出现在与理由的逻辑空间的对立的另一侧。］按照这种自然主义，尽管那些

---

① 特别参见 "Mental Events", in Donald Davidson, *Essays on Actions and Events* (Clarendon Press, Oxford, 1980), pp. 207–225, 所引短语出现于 p. 223。

被塞拉斯污蔑为犯了自然主义的谬误的步骤确实是自然主义的,但是它们并非因此就被证明是谬误性的。因此,我们可以接受这点:经验概念属于自然的逻辑空间,但是这并没有妨碍如下事情:如此构想的经验作为一个法庭是可以理解的。因此,我们不必通过解释消除经验论的吸引人之处。

稍后我会稍微多谈一点儿露骨的自然主义(下文§9)。但是,我首先要概述一下我所推荐的那种消解这种紧张关系的不同的方式。

8. 我的选项坚守露骨的自然主义所拒斥的如下思想:理由的逻辑空间的结构是自成一类的——与这样的逻辑空间的结构相比,即自然科学的描述将事物放于其内。即便如此,我的选项也允许我们既假定经验的观念就是某种自然的事项的观念,又假定经验思维要对经验负责;而按照塞拉斯和戴维森的理解,我们则不能做出这样的双重假定。这就要求我们采取一种不同的方式来避免自然主义的谬误的威胁。

自然科学允许我们在事物之中发现一种独特的可理解性(intelligibility)。近代的科学革命使得有关这样一种可理解性的新近的清晰构想成为可能。我断言,这种崭新的清晰性大部分说来在于对于这样的某种东西的体会(appreciation),它与构成塞拉斯有关自然主义的谬误的警告的基础的东西密不可分。我们必须明确地区分开自然科学的可理解性与当我们将某种事物放在理由的逻辑空间之中时它所获得的那种可理解性。这是一种肯定逻辑空间的二分的方式,而露骨的自然主义则拒绝做出这样的肯定。即使如此,我们仍然能够承认经验的观念就是某种自然的事项的观念,而并没有因此就将经验的观念从理由的逻辑空间中移除。使得这点成为可能的事情是这样的:我们不必将诸逻辑空间之间的二分等同于**自然的**事项与规范性的事项之间的二分。我们不必将自然的观念本身等同于有关这样的概念的例示(instantiations)的观念,它们属于自然科学类型的可理解性在其中得以展露的逻辑空间。按照我们所坚持的这种观点,这样的空间无疑是与理由的逻辑空间分离开来的。

按照这种观点，塞拉斯的如下观点是正确的：自然科学的研究在其中取得其独特种类的理解的逻辑空间与理由的逻辑空间不相容。理由的逻辑空间是这样一个框架，在其内一个根本不同类型的可理解性显现出来。戴维森的如下观点是正确的（这只是在以不同的术语表达同一个论点）："合理性的构成性理想"支配着这样一些概念，它们因为上述理由是非常特殊的——与研究普遍规律的科学的概念装置（the conceptual apparatus of the nomothetic sciences）相比。但是，承认这点——用塞拉斯的术语说，挑选出一个要与理由的逻辑空间对立起来的逻辑空间——是一回事。而将那个逻辑空间与**自然**的逻辑空间等同起来（像塞拉斯至少暗中所做的那样）则是另一回事。这就是使得将经验论与这样的观念——世界之给一个知觉主体造成印象不能不是一个自然的事件——结合起来这件事情看起来不可能的原因。这里的错误是忘记了这点：自然（nature）包括**第二自然**（second nature）。① 人类成员部分说来是通过被引领进（by being initiated into）这样一些概念能力（conceptual capacities）的方式而习得一种第二自然的，它们的互相关联属于理由的逻辑空间。

一旦我们回想起了第二自然，我们便看到，自然的运作（operations of nature）可以包含这样的情形，其描述将它们置于理由的逻辑空间，尽管这个空间是自成一类的。这点使得如下事情成为可能：容纳自然中的印象而又没有对经验论造成危险。现在，从接受一个印象就是自然中的一个交易这个论题我们不能恰当地推导出如下结论（而塞拉斯和戴维森则得出了这个结论）：接受一个印象的观念对诸如负责这样的概念在其中起作用的逻辑空间来说必定是陌生的。这样的

---

① 在英语中"nature"既指自然界或自然现象等，又指本性。在汉语中，"自然"这个词的字面意义本来是指事物的本来的样子，即其本性。只是后来才具有了指称自然界的意义。（老子的著名断言"道法自然"中的"自然"当指本性。这样，这个断言的意义便是：道或体道者在活动时总是能够尊重事物的本性，而不肆意干扰之。参见拙作：《虚己以游世——〈庄子〉哲学研究》，160 页脚注，北京，北京大学出版社，2006。）在本书原文和中译文中，"nature"和"自然"均分别是在这两种意义上使用的。读者当根据上下文细心体会其特定出现时的意义。——译者注

概念能力，其互相关联属于自成一类的理由的逻辑空间，不仅可以在判断中起作用，而且在自然内的交易中就已经起作用了。（所谓判断就是指一个主体主动地就某个事项做出决定这样的事情的结果；而自然中的交易则是由世界对一个适合的主体的接受能力的撞击构成的。所谓适合的主体是指拥有相关的概念的主体。）印象可以**是**这样的事项的实例：对一个主体来说，事情从知觉上说显得是这样的（事情显然是这样的）：事物是如此这般的（Impressions can *be* cases of its perceptually appearing—being apparent—to a subject that things are thus and so）。在接受印象过程中，一个主体能够向事物显而易见地所处的方式开放（open to the way things manifestly are）。这便给出了一种对于有关这样一些姿态的象喻的令人满意的释义，它们通过对经验负责的方式来对世界负责。

9. 在这本书中，我称作"露骨的自然主义"的立场在这个祛除（exorcizing）某些哲学忧虑的规划之内仅仅是作为我刚刚概述的那种见解的一个竞争者而出现的。两者共享的目标是看到我们如何不必觉得似乎有责任着手**回答**那些表达了这些忧虑的问题。我曾经建议，我们可以将这些假定的问题捆绑在一起，形成这样一个问题：经验内容如何可能？当人们开始不太明确地觉察到在经验论和一个印象的观念就是自然中发生的一个事件的观念这个事实之间存在着一种貌似真实的冲突时，经验内容便以我打算处理的方式显得成问题了。如果我们能够获得这样一种看待事物的方式，在其中在那里终究不存在任何紧张关系，那么这个问题——当其被看作是表达那种哲学困惑的一种方式时——就应该不复存在了。我们必须将这样的事情与如下事情区别开来：这个问题貌似得到了回答。我之所以关心露骨的自然主义，这仅仅是因为我的立场与其共享取得这种效果的愿望。①

---

① 对于一种带有这样一个精致的动机的立场来说，"露骨的自然主义"这个标签或许不甚贴切。我在第五讲之§1的第一个脚注中承认了这点。即使如此，我仍然喜欢继续使用这个标签，因为在这些讲座中（这本书便是这些讲座的一个版本）我给予了它一个主旋律似的显著地位。

在此，有一种可能的混淆需要加以避免。很大一部分当代哲学都企图以一种自然主义的精神回答（不是祛除）有关经验内容或者具心性（mindedness）的其他方面的、可以表述成"如何可能"这样的形式的问题。我所想到的工作打算以这样的方式给出有关比如知觉者的物质构成的综览式描述（perspicuous descriptions），以至于下面这点因之成为可以理解的：由单纯的物质构成的事物能够拥有相关的能力复合体。一个这样的问题——这种做法会构成了对于其的一种适当的回应——并不是一个属于我所关心的种类的"如何可能"问题。正如我所说过的（在上文§2中），一个属于我所关心的种类的"如何可能"问题表达了这样一种特殊类型的困惑，它产生自对于我们的反思的一个背景的不太明确的觉察，而一旦变得明确起来，这种觉察将会给出这样一个论证：这个问题的主题根本就是不可能的。如果一个人对一个属于这个种类的"如何可能"问题以可以说工程学的术语予以回应，给出了对必要的物质构成的综览式描述，那么这明显于事无补。他的这种做法就像是通过走过一个房间的方式来回应芝诺（Zeno）一样。我的这种说法让下面这点悬而未决：这种"工程学的"研究对于其他目的来说或许是完好的。在这本书中，我只是将露骨的自然主义当作祛除（而非回答）这样一些问题的一种方式而加以考虑的：它们表达了那种独特哲学种类的困惑，而这种哲学困惑产生于这样一种心境，一旦变得完全明确起来，它便会声称展示了人们通过这些问题所问的东西中的某种不可能性。我断言，与我的选项相比，露骨的自然主义在此是作为一种不太令人满意的做这件事情的方式而出现的。我不关心那些不同的问题和回答，那些出现于有关具心性的机制的探究中的问题和回答。

我在前面试图让下面这点看起来是有道理的：我打算祛除的那些忧虑产生自这样的思想（毫无疑问，这种思想常常只是处于其初期形态），即理由的逻辑空间的结构是自成一类的——与我们在其中获得自然科学的理解的逻辑框架相比。按照这种观点，产生如下现象并不怎么令人吃惊：这样一个时期，在其中处理这些假定的困难最后似乎变成了哲学的主导责任，与近代科学的兴起是同时发生的。在该近代科学的兴起时期，我们现在有能力构想的那种自然科学的理解正在被从迄今为止还处于未分化状态的一般而言的理解构想中分离出来。按照我的图像，在这种对自然科学的适当的目标的澄清过程中，一个重要的元素是对如下事实的越来越坚定的觉察：我们必须明确地将自然科学的理解与这样的理解区别开来，它是通过将被理解的事项放于理由的逻辑空间中的方式而获得的。这种觉察恰恰就是对这样的事实的觉察：理由的逻辑空间是自成一类的（按照我的解读，塞拉斯和戴维森——以不同的术语——均做出了这样的断言）。

现在，露骨的自然主义坚持说，那种对于一种概念分界线的或许是初期的认识干脆就是错误的；我们可以通过使用属于自然科学理解的逻辑空间的术语将理由的逻辑空间的结构加以重构的方式来表明它是错误的。这个断言是纲领式的。不过，这点并不是我发现露骨的自然主义无法令人满意的根据。相反，要点是我在本导论开始时（上文§1）所提到的那点。我们易于受到我打算祛除的那种哲学的迷惑，而这并非是因为我们纯粹是愚蠢的缘故。这就意味着，人们所提出的一种祛除方式在如下范围内将更加令人满意：它使我们能够把这样的人——他们认为人们熟悉的哲学忧虑设置了真正的理智责任——所拥有的具有驱动作用的思想（当我们发现我们受到这些忧虑困扰时我们所拥有的具有驱动作用的思想）当作洞见而予以尊重，尽管与此同时我们将这些假定的责任揭露为错觉。现在，我的图像恰恰是以这样的方式不同于露骨的自然主义。我承认，这样的根本性的确信构成了一种洞见，它与印象就是自然中的发生过程（occurrences in nature）这种几乎没有任何疑问的构想结合在一起造成了那些忧虑。在我的图像中，那些认为哲学必须回答（而不是祛除）有关心灵如何能够与世界发生接触这样的问题的人在做出如下假定时并非是错误的：理由的逻辑空间是自成一类的——恰恰是以似乎导致了有关对理由的回应（responsiveness to reasons）如何能够融入自然世界的问题的方式。（而且，我认为这是我们的祖先在近代科学兴起之时所学到的一条首要的教训。）我们可以拒绝接受要努力回答近现代哲学面对的刻画性问题的责任，而与此同时又不必否认在如下现象之中有一种真正的洞见在起着作用，即我们貌似面对着这样的责任。

在此为了提出我的论点，我不必假装拥有这样一个论证：露骨的自然主义的纲领——用属于自然科学的理解的逻辑空间的术语来重构理由的逻辑空间的结构——是**不能**实施的。我的论点恰恰是这样的：我的可供选择的而且我断言也是更令人满意的祛除方法的可用性暗中去除了做出这个纲领**必定**是可行的这样的假定的哲学动机（这也是唯一与我在这本书中所关心的事项相关的哲学动机）。如果我们假定在理性（reason）① 不是自然的（在"自然的"这个词所具有的露骨的自然主义唯一赞同的那种意义上）这个思想中包含有洞见，那么这从哲学上来说并不会威胁到什么。

10. 下面这点应当是清楚明白的：在这个导论中，正如在这本书中一样，有关知觉经验的反思仅仅是作为一个类型的一个例子而起作用的。在我们打算谈论对理由的回应的任何地方都易于出现类似的困惑。"对理由的回应"是对一种自由观念的一个适当的注解。因此，就其一般的形式来说，这个困惑涉及的是这种意义上的自由如何融入自然世界的问题。如果我们受到引诱，将自然的事项与这样的概念的例示（exemplifications）等同起来，那么这样的融入似乎就难于理解了：它们的家园是这样的逻辑空间，塞拉斯将其与理由的逻辑空间对立起来。在第五讲我将简短地谈论一下属于这个类型的另一个实例。

一些友好的读者质疑我在本书中表明要坚持的那种对我所谓的"构建性哲学"（constructive philosophy）的负面态度（参见比如第五讲之§3最后一段话）。在此，请允许我将我意在用那些词项提出的论点与我在本导论中组织相关事项的方式联系起来。我用"从事构

---

① "reason"既有理性的意义，又有理由的意义。这两种意义又是密切地关联在一起的。按照作者的理解，通常所说的理性结构实际上就是由提供理由的关系即所谓"辩护关系"所构成的结构。在本书中，通常情况下，当"reason"以复数形式出现时，它意为理由；当其以单数形式出现时，它意为理性。——译者注

建性哲学"所意指的东西是欲**回答**我所挑选出来的那个类型的哲学问题的企图：这样的"如何可能"问题，人们感受到它们所具有的那种紧迫性得自于这样一种心境，一旦明确地被彻底思考了，那么它就会给出这样一种论证的材料：人们通过这个问题所问的东西是不可能的。显而易见，只有在人们还不太理解似乎激发了这样一个课题的困境的情况下，开始实施它才可能看起来是明智的。如果这种心境还是停留在原地，那么人们便无法表明人们所问的无论什么东西如何是可能的；而如果这种心境被驱逐出去了，那么那个"如何可能"问题便不再具有那种它似乎具有的要义了。无论情况是哪一种，我们都无法指望在其一般所认定的那种意义上回答这个问题。因此，如果我的有关我打算处理的那些哲学忧虑的特征的话是正确的，那么毫无疑问，从事这种意义上的"构建性哲学"就不是处理它们的那种适当方式。正如我所表达的那样，我们需要祛除这些问题，而不是着手回答它们。诚然，这需要做繁重的工作：需要另一种意义上的构建性哲学——如果你愿意这样说的话。而且，的确，这就是我在本书中所提供的东西。

讲　座

第一讲　概念与直观

1. 我将要在这些讲座中考虑的总话题是概念居间促成心灵与世界之间的关系的方式。我将从一种大家都熟悉的哲学见解——戴维森将其描述为图式与内容的二元论——的角度来聚焦这个讨论。① 这将把我们快速地带到康德那里。我的主要目的之一是提议：康德仍然应当在我们有关思想与实在发生关联的方式（the way thought bears on reality）的讨论中占有一个中心的地位。

当戴维森讨论图式与内容的二元论时，"图式"意谓"概念图式"。如果内容与概念性的东西（what is conceptual）构成了二元对立，那么"内容"不可能意谓它在当代哲学中通常所意谓的东西，也即，由出现于比如一个信念归属中的"that"从句所给出的东西（what is given by a "that" clause in, for instance, an attribution of a belief）。仅仅是为了拥有一个标签，我们可以将这种现代意义上的

---

① 参见 "On the Very Idea of a Conceptual Scheme", in Donald Davidson, *Inquiries into Truth and Interpretation* (Clarendon Press, Oxford, 1984), pp.183-198，特别参见第187页："整个图式（或语言）与没有得到解释的内容的二元论"，第189页："概念图式与经验内容的二元论"。

内容称为"表现内容"(representational content)。表现内容不能以二元对立的方式与概念事项(the conceptual)对峙起来。无论我们对一部分表现内容是非概念性的(non-conceptual)这种想法表现得如何友善,事情显然都是这样的。(在第三讲我将讨论到表现内容的非概念性问题。)

那么,为什么在戴维森所批评的那种二元论中与概念相对而立的应当是内容?我们可以从这个术语在康德的评论"没有内容的思想是空洞的"①之中的出现方式来获得对它的某种理解。一个思想之为空洞的当是这样的:当一个人思维它时,根本不存在他所思维的东西;也即它缺少我现在所说的那种"表现内容"。这将意味着真正说来它根本就不是一个思想。这肯定是康德的观点;他并非是在荒谬地让我们注意到一种特殊的思想,即空洞的思想。这样,当康德说没有内容的思想是空洞的时,他并非是仅仅在断定一个同语反复式:"没有内容的"并非只是"空洞的"另一种说法。但是,如果"内容"简单地意谓"表现内容",那么"没有内容的"就只会是"空洞的"另一种说法。"没有内容的"指向了应当能够**解释**康德所想象的那种空洞性的东西。我们可以从康德的评论的另外一半内容——"没有概念的直观是盲目的"——琢磨出这种解释。没有内容的思想实际上根本就不是思想,而应该是与直观——也即经验接纳的片断(bits of experiential intake)——没有任何联系的概念游戏。就思想来说,正是其与经验接纳的这种联系提供了这种内容、这种实料(the substance);否则,它们便不会拥有它。

因此,这幅图像是这样的:思想不是空洞的这个事实,思想具有表现内容这个事实,是从概念与直观的一种相互作用(an interplay)之中产生出来的。戴维森所说的二元论之中的"内容"对应于直观,即经验接纳的片断(如果我们从有关这种相互作用的二元对立的构想的角度来理解直观的话)。

---

① *Critique of Pure Reason*, trans. Norman Kemp Smith (Macmillan, London, 1929), A 51/B 75.

第一讲　概念与直观

2. 这个康德式背景解释了，为什么在戴维森所考虑的那种二元论中与概念事项相对而立的东西常常被描述为所予。事实上，与"图式与内容的二元论"相比，"图式与所予的二元论"这个标签要好得多，因为它没有以一种令人困惑的方式让人联想到表现内容的观念。它也提示了有关如下事情的一种特殊的理解：为什么这种二元论是诱人的。

康德是在将经验知识表现为接受性（receptivity）和自发性（spontaneity）、感性（sensibility）和知性（understanding）之间的一种合作的结果的过程中，做出其有关直观和概念的评论的。① 现在，我们应该问一下，为什么从自发性角度来描述知性看起来是适当的（知性对于这种合作的贡献在于其对诸概念的掌控）。一个纲要式的但不无启发意义的回答是这样的：概念范围的地貌（topography）是由合理的关系（rational relations）构成的。概念的空间（the space of concepts）至少构成了韦尔弗雷德·塞拉斯所谓的"理由的空间"的一个部分。② 当康德将知性描述成一个自发性官能（a facul-

---

① 我所引述的段落的前导部分是这样的："如果我们的心灵的这种**接受性**，它在以任何方式受到刺激时接受表象（representations）的能力，可以被称为感性的话，那么这样的心灵从其自身中产生表象的能力，认识的**自发性**就应该被称为知性。我们的自然（our nature）是如此构成的，以至于我们的**直观**永远不可能不是感性的；也即它只是包含着我们受到对象的刺激的模式。另外，让我们能够**思维**感性直观的对象的官能则是知性。我们不可给予这些能力中的一种以高于另一种的优先性。没有感性，任何对象都不会给予我们；没有知性，任何对象都不会被思维。没有内容的思想是空洞的，没有概念的直观是盲目的。"

② "在将一个片断或一个状态刻画成**认识**的片断或状态时，我们不是在给出一个有关那个片断或状态的经验描述；我们是在将其置于理由的逻辑空间，辩护和能够辩护人们所说出的东西的逻辑空间之中。"["Empiricism and the Philosophy of Mind", in Herbert Feigl and Michael Scriven, eds., *Minnesota Studies in the Philosophy of Science*, vol. 1 (University of Minnesota Press, Minneapolis, 1956), pp. 253–329, 所引段落出现于 pp. 298–299.] 在这篇文章中，塞拉斯对所予的神话进行了堪称经典的攻击。在这些讲座的接下来的许多内容中，我关心的将是质疑塞拉斯的如下想法：将某个事物置于理由的逻辑空间之中这件事情本身就应当与给出一个有关它的经验描述对立起来。不过，对于我来说，将事物置于理由的逻辑空间之中这个主题具有中心的重要性。

我之所以说概念的空间至少构成了理由的空间的一个部分，是为了暂时让下面这点处于悬而未决的状态：理由的空间所扩展到的范围或许远大于概念的空间。（关于这种想法，请参见下文。）

ty of spontaneity）时，这反映了他有关理性（reason）与自由之间的关系的如下观点：理性上的必需（rational necessitation）不仅与自由是相容的，而且对于它来说是构成性的①。用一个口号来说，理由的空间就是自由的领域。②

但是，如果我们在经验思维中所享有的自由是完整的，特别是如果它没有受到来自于概念范围之外的限制，那么这似乎就威胁到了恰恰这样的可能性：经验的判断（judgements of experience）能够以这样的方式得到奠基（grounded），它将它们关联到一个外在于思想的实在之上（a reality external to thought）。如果经验要成为知识的一个来源的话，并且更为一般地，如果经验判断（empirical judgements）与实在的关联终究要在我们的图像中以一种可以理解的方式占有一席之地的话，那么肯定就必须有这样的奠基（such grounding）。我们越是重视理性与自由之间的联系，就越是面临着丧失我们对于下面这点的把握的危险：概念的行使（exercises of concepts）如何能够构成有关世界的被证明为正当的判断。我们打算构想成概念的行使的东西有退化成一个独立自足的游戏中的步骤的危险。而这恰恰让我们失去了它们是概念的行使这个观念本身。让经验信念适合于它们的理由，这点并不是一个独立自足的游戏。

6　　概念图式与"经验内容"、图式与所予的二元论是对这种担心（this worry）的一种回应。这种二元论的要点是：它允许我们承认，在我们自由地调用我们的经验概念时，我们的这种自由要受到一种外部限制。经验的辩护依赖于合理的关系，即处于理由的空间之中的关系。在此，一般认定具有安慰作用的观念（the putatively reassuring idea）是这样的：经验的辩护在概念的领域之外的事物对概念的领域

---

① "对于它来说是构成性的"原文为"is constitutive of it"，意为：是它的一个本质要素或成分。——译者注

② 关于这个想法的一个颇有见地的讨论，参见 Robert Brandom, "Freedom and Constraint by Norms", *American Philosophical Quarterly* 16（1979），187—196。

第一讲 概念与直观

的冲击中有一个终极的基础。因此，理由的空间被看作要比概念的空间更为广大。假定我们在追踪一个信念或者一个判断的根据、辩护，这种想法是这样的：当我们已经穷尽了概念的空间之内的所有可以利用的步骤、所有从一个概念上被组织了的项目到另一个这样的项目的可以利用的步骤之时，我们还有另外一个步骤可以采用，即指向（pointing to）某种仅仅在经验中接受到的东西。它只可能是指向，因为按照假定，辩护中的这最后一步是在我们已经穷尽了有关这样的事情的可能性之后来到的：从一个概念上被组织了的进而可以说出来的（articulable）项目到另一个这样的项目的追踪根据。

我是从表达于康德的评论中的如下思想开始的：表现内容这个观念本身而并非仅仅是有关适当地得到了辩护的判断的观念，需要（requires）概念与直观（即经验接纳的片断）之间的一种相互作用。否则，本来想当作一幅有关概念的行使的图像就只能描绘一个诸空洞的形式的游戏。我转而谈到了所予观念是如何出现在一个有关这样的奠基的思想之中的，它让一些经验判断有资格算作提供了知识。不过，这个明确无误的认识论观念直接地与我开始时所讨论的那个更为一般的观念关联在一起。一般而言的经验判断——无论它们是否反映了知识，而且甚至于无论它们是否终究得到了辩护（或许是以比知识所需要的更少实质性的方式）——最好具有这样一种内容，它容许经验的辩护，即使在现在的情形中还根本没有这样的辩护（比如在一个完全没有得到支持的猜测中）。我们不能开始假定，我们理解了对所予的一个片断（a bit of the Given）的指向如何能够辩护一个概念在一个判断中的使用——在极限情形中，如何能够将这个判断作为提供了知识的东西展示出来，除非我们认为这个正当性证明的可能性对于这个概念之是其实际上所是的东西这点来说是构成性的（unless we took this possibility of warrant to be constitutive of the concept's being what it is），进而对于它对它所出现于其中的任何能够思维的内容的贡献来说是构成性的，而不管这种能够思维的内容是一个能够带来知识的判断的内容,还是可以以更少实质性的方式得到辩护的判断的内容,抑或是任何其他的判断的内容。

这个假定的要求(this supposed requirement)立即关联到观察概念:适于出现在这样的判断中的概念,它们直接对经验做出回应(are directly responsive to experience)。这个假定的要求反映在一幅有关这样的概念的形成过程的熟悉的图像之中——这样一幅图像,它构成了所予观念的一种自然而然的对应物。相关的想法是这样的:如果诸概念至少部分来说应当是由它们出现于其中的判断是在所予之中得到奠基的这个事实构成的,那么那些相联的概念能力就必定是从与适当的所予片断的遭遇(confrontations)中获得的(这些遭遇也即这样的场合,在其中指向一个终极的正当性证明会是可行的)。但是,在任何对我们的感性的通常的冲击中,呈现给我们的都必定是一个有着许多部分的所予(a manifold Given)。因此,为了形成一个观察概念,一个主体就不得不从所呈现出来的杂多(the presented multiplicity)中抽象出那个恰当的元素。

吉奇(P. T. Geach)①曾经以一种维特根斯坦式的精神,对这幅有关所予在概念形成过程中的作用的抽象主义的图像进行过有力的批判。我将在这一讲的后面(§7)回过头来讨论维特根斯坦有关这类问题的思想。

一旦我们给自己配备上这样一幅有关如下事情的图像:在基础层面——即观察概念层面,经验实料(empirical substance)是如何注入概念之中的,那么从那里将这幅图像扩展开来似乎就是一件简单的事情了。相关的想法是这样的:经验实料被从基础层面传递到离直接的经验更为遥远的经验概念;这样的传递是沿着这样的渠道进行的,它们是由将一个概念系统掌控在一起的诸推理关联(the inferential

---

① 参见其著作 *Mental Acts*(Routledge and Kegan Paul,London,1957),§§6—11。

linkages）所构成的。

3. 我已经尝试解释了是什么东西使得所予观念具有诱人的作用的。但是，事实上，对于其目的来说它是没有用处的。

所予观念是这样的观念：理由的空间，辩护或者正当性证明的空间，所扩展到的范围远大于概念的范围。理由的空间的那个外加的范围应该允许它吸收来自于思想的领域之外的非概念的撞击。但是，就一个判断借以被证明为正当的那些关系来说，除非我们将其理解为概念的空间之内的关系，即诸如"蕴涵"（implication）或者"使……极有可能"（probabilification）这样的关系——它们均在诸概念能力的潜在的行使之间成立，否则，我们不可能真正地理解它们。欲将辩护关系的范围扩展到概念的范围之外的企图不能做到它应该做到的事情。

我们所要求的是这样一种再保证（reassurance）：当我们在判断中使用我们的概念时，我们的自由——我们在行使我们的知性时的自发性——受到了来自于思想之外的限制，而且是以这样一种方式受到限制的，即在将这些判断展示为得到了辩护的判断时我们可以求助于它。但是，如果我们声称理由的空间比概念的范围更为广大，以至于它能够吸收来自于世界的概念之外的冲击（extra-conceptual impingements from the world），那么结果将是这样一幅图像，在其中来自于外部的限制是在扩展了的理由的空间的外部边界施加的，是在一种我们不得不描绘为来自于外界的粗野的撞击（a brute impact）的东西之内施加的。现在，这幅图像或许确保了下面这点：我们不能因为发生在那个外部边界上的事情而受到指责，进而不能因为发生在那里的事情所施加的内向影响而受到指责。发生在那里的事情是一种外来的力量的结果，是世界的因果撞击。它是在我们的自发性所控制的范围之外进行着的。但是，免于受到指责（理由是：我们发现我们所处的位置最后可以追踪到粗野的力量）是一回事；而拥有一个辩护则完全是另一回事。实际上，在我们原本要求辩护的地方，所予的观念提供的是无罪证明（exculpations）。①

接受所予的神话是一个神话，这点有可能是困难的。事情可能看起来是这样的：如果我们拒绝了所予，那么我们只是让我们自己重新向这样的威胁开放，即我们的图像没有容纳对于我们在经验思想和判断中的活动所做的任何外部限制，而所予的观念就是对这种威胁所做出的一种回应。进而，事情可能看起来是这样的：尽管我们为自发性保留了一个角色，但是我们却拒绝承认接受性要扮演任何角色，而这是无法容忍的。如果我们在经验思想和判断中的活动终究要被认为关联到实在（bearing on reality）的话，那么就必须有外部限制。必须不仅有自发性所要扮演的角色，也要有接受性所要扮演的角色，即不仅要有知性所要扮演的角度，也要有感性所要扮演的角色。认识到这点之后，我们便承受着这样的压力：要退缩回去，求助于所予；最后只是再一次从头看到这根本于事无补。这里存在着陷入无休止的摇摆的危险。

但是，我们能够找到一种从跷跷板上跳下来的方式。

---

① 在我现在说"无罪证明"的地方，在做这个讲座时我说的是"原谅"（excuses）。茨韦·柯恩（Zvi Cohen）指出，这并没有给出我想要的那种对比。我想要的是这样的意义的一种类似物：在这种意义上，如果某个人被发现出现在一个他被禁止出入的地点，那么如下事实将证明他是无罪的：他是被一个龙卷风放置到这里来的。他之到达那里完全远离了他要对之负责的东西的领域（the domain of what she is responsible for）。事实并不是他仍然要负责，而是我们有根据减轻任何意义上的惩罚。

当我们受到所予的神话的诱惑时，我们总是小心翼翼地确保如下事情：跨越概念的空间的那条想象的外部边界的关系，所予的片断与最为基本的经验的判断之间的关系，可以是构成理由的关系（reason-constituting）。这就是认为理由的空间所扩展到的范围要远大于概念的空间这种看法的要义。但是，我们忘记了考虑下面这点：在理由的空间的这个崭新的外部边界事物看起来是什么样的（正是在这个边界理由的空间与独立的实在发生接触）。我们本来所要求的东西，是将我们对自发性的行使看作受到了世界本身所施加的限制，但要以这样一种方式受到其限制，以至于没有损害自发性观念的可应用性。我们想要能够以这样的方式认为我们自己享有负责任的自由（responsible freedom），以至于一路向外，一直到我们的心灵生活与世界之间的终极的接触点，我们都始终处在可能的辩护的范围之内。在这个讲座中，我的主要目的就是要表明，看到我们能够拥有下面这两个所急需之物是多么困难：从世界而来的合理的限制；一路向外，一直到最后的自发性（spontaneity all the way out）。所予的神话放弃了后者，而我在下文（§6）要考虑的戴维森式的回应则放弃了前者。

4. 原本的康德式思想是这样的：经验知识产生自接受性和自发性之间的某种合作。（在此，"自发性"可以仅仅是一个表示概念能力的涉入的标签。）如果我们能够紧紧地把握如下思想，那么我们便能够从跷跷板上跳下来：对于这种合作，接受性没有做出一个哪怕是从观念上说可以分离开的贡献（receptivity does not make an even notionally separable contribution to the co-operation）。

相关的概念能力是**在接受性之中**被加以利用的（The relevant conceptual capacities are drawn on *in* receptivity）。（重要的是，这并不是它们起作用的唯一的环境。我将在§5回过头来讨论这点。）事实并非是这样的：它们是**在接受性的一个概念之外的释放物之上**得到行使的（It is not that they are exercised *on* an extra-conceptual deliverance of receptivity）。我们不应当将康德称作"直观"的东西——经验接纳——理解为一个概念之外的所予的赤裸的获得（a bare getting of an extra-conceptual Given），而是应当将其理解为一种已然具有了概念内容的发生过程或状态。在经验中，人们接纳了——比如看到了——**这点：事物是如此这般的**（In experience one takes in, for instance sees, *that things are thus and so*）。这是人们也能够比如进行判断的事物。

自然，当事物并非如此这般时，人们也可能受到误导，以为他们接纳了这点：事物是如此这般的。不过，当人们没有受到误导时，他们接纳了事物所处的情况。人们可能受到误导这点并不怎么要紧。直到最后一讲我才会讨论它，而且在那时我也不会做太多的讨论。

在我所强烈主张的那种观点中，那些最接近于外部实在对人们的感性的撞击的概念内容并非作为概念事项已经离开了那种撞击有一段距离了。它们并非是理由的空间之内的这样的第一个步骤的结果：在摆出辩护时——按照这种活动在图式和所予的二元论中被构想的样子——我们所走的最后一步会将其重走一遍。这个假定的第一步将是一个从一个印象（被构想成对一个所予的片断的赤裸的接受）到一个由该印象所辩护的判断的步骤。但是，事情并不是这样的；相反，这种意义上的最为基本的概念内容已然被印象本身，即世界对我们的感性的冲击，所拥有了。

这点给这样一个不同的被给予性观念（a different notion of givenness）留下了余地：它没有混淆辩护和无罪证明。现在，我们不必试图声称理由的空间要比概念的空间更为广大。当我们追踪一个经验判断的根据时，最后一步将我们带到经验。而经验已然具有了概念内容，因此，这最后一步并没有将我们带出概念的空间。但是，它将我们带到了这样的事项那里，在其中感性——接受性——在起着作用，因此，我们无须再为隐含在我们的概念能力属于一种自发性官能这个观念中的那种自由而紧张不安。我们不必担心如下事情：我们的图像遗漏了这样的外部的限制——如果我们的概念能力的行使终究要被认作与世界有关的话，那么它就是必需的。

5. 我说过（在§4），当我们享用经验时，概念能力是**在接受性之中**被加以利用的，而并非是**在**某些假定在先的接受性的释放物**之上**得到行使的。事实并非是这样：我打算说它们是在其他某种东西上得到行使的。在这个上下文中谈论**行使**概念能力本身听起来就是不协调的。这种说法会适合于一种活动（activity），而经验则是被动的（passive）。① 在经验中，人们发现自己被迫承接了内容。对一个人来说，在该内容成为对他可以利用的东西的过程中，在他在这个事情上拥有任何选择之前，他的概念能力就已经被启用了（brought into play）。该内容并不是一个人自己组合起来的东西，像在他决定就某件事情要说些什么时那样。事实上，正是因为经验是被动的，是运作

---

① 自然，这并不是要否认对世界的经验涉及活动。搜寻是一种活动，观察、观看等也是活动。[一些人不无用处地强调了这点。但是，在他们看来，我们根本就不应该将经验设想成被动地接受。比如吉布森（J. J. Gibson）就是这样的。参见比如其著作 *The Senses Considered as Perceptual Systems*，George Allen and Unwin，London，1968.] 但是，人们对发生于经验中的事情的控制是有限度的：一个人能够决定将自己放置在哪里，将自己的注意力调整到什么样的高度，等等，但是在他做了所有这些事情之后，他最后会经验到什么，这点还是并非取决于他。我所坚持的就是这个最小论点。

中的接受性的一种情形（a case of receptivity in operation），我所推荐的那种经验构想才能够满足对于自由做出某种限制的渴求（而这种渴求构成了所予的神话的基础）。

因为经验是被动的，所以概念能力在经验中的涉入就其自身来看并没有提供一个有关自发性官能的观念的好的匹配物（a good fit for the idea of a faculty of spontaneity）。这也许让事情显得是这样的：我并非真的在消除所予的神话的杀伤力，而仅仅是在拒绝这样的词项，它们设置了它所回应的那个貌似真实的问题。让人们产生求助于所予的企图的东西是这样一种思想：自发性刻画了一般而言的概念知性（conceptual understanding in general）的行使，结果自发性一路向外，一直扩展到最接近于世界对我们的感性的撞击的概念内容。我们需要将这种扩张性的自发性（this expansive spontaneity）设想成这样：它遭受来自于我们的思维之外的控制；否则，我们就要受到这样的处罚：将自发性的运作表现成一种在虚空中进行的没有摩擦的旋转（a frictionless spinning in a void）。所予则似乎提供了那种外部控制。现在，当我强调经验是被动的时，事情可能看起来是这样的：我是通过简单地否认自发性一路向外，一直扩展到经验的内容（the content of experience）这点的方式来消除这种企图的，尽管我同时声称概念能力在经验中就是起作用的。

但是，事情并非是这样的。在我们有关自发性的图像中对于外部摩擦的渴求不是某种我们能够以那样的方式来满足的东西：简单地限制自发性的范围，让它的范围不像概念事项的范围那么广大。

如果在经验中起作用的能力仅仅显露在经验之中，显露在接受性的运作之中，那么我们就不能假定它们是概念性的。除非它们也能够在主动的思维（active thinking）之中——也即在确实提供了一个有关自发性观念的好的匹配物的诸方式中——得到行使，否则，它们根本不会被认作概念能力。最低限度说来，这样的事情必须是可能的，即决定是否做出如下判断：事物像我们的经验所表现的那样。我们的经验将事物表现成什么样，这点不受我们的控制，但是如下事情则取决于我们：我们是接受还是拒绝这个显象。① 而且，即使我们仅仅考虑记录经验本身的判断（在那种最低限度的意义上，它们就已经是主动的了），我们也必须承认，在那些判断中使用诸概念的能力并不是独立不依的（self-standing）；独立于一种在那个环境之外使用相同的概念的能力，这种能力不可能处于适当的位置。即使就那些最为直接地与经验本身的主观特征联系在一起的概念即有关第二性质的概念来说，情况也是如此。非常一般地说，那些在经验中被利用的能力只有在如下事实的背景之下才可以被认作概念性的：拥有它们的某个人在对这样的合理的关系——它们将经验的判断的内容与其他可判断的内容关联在一起——做出回应。正是这些关联赋予这些概念以这样的地位：它们构成了可能的世界观点（views of the world）之中的要素。

作为例子，请考虑颜色判断。这些判断涉及一系列这样的概念能力，它们被非常微弱地整合进了对世界的理解之中。即使如此，没有人能够被算作就颜色做出了一个甚至于直接观察的判断，除非是相对于一个足以保证了下面这点的背景：他将颜色理解为事物的潜在的性质。如果一个主体对比如如下观念没有任何领悟，那么他在对视觉系统的输入做出回应时生产出"正确的"颜色语词的能力（我相信，一些鹦鹉也具有这种能力）并没有显示他拥有了相关的概念：这些回应反映了对世界中的一种事态的敏感性（sensitivity），而这种事态无论如何都能够成立——独立于他的意识流中的这些扰动。这种必要的背景理解包括比如有关对象的可见的表面的概念以及有关如下事项的适当的条件的概念：通过向其看去的方式告知某物是什么颜色的。②

当然，能够出现在经验的内容中的概念不限于有关第二性质的概念。一旦我们考虑到这点，那么下面这点就变得更加清楚了：概念能力在感性中的被动的运作（the passive operation），独立于其在判断

---

① 通常的错觉情形很好地说明了此处的论点。在穆勒—莱尔错觉（the Müller-Lyer illusion）中，一个人的经验将两条线表现成非等长的，但是某个知情的人则控制住自己，不做出这样的判断：这就是事物所处的情况。

② 关于这样的论点的一种精致的处理，参见 Sellars, "Empiricism and the Philosophy of Mind", §§10-20。

第一讲 概念与直观

中进而在导致判断的思维中的主动的行使（active exercise），是无法理解的。

在经验中被被动地启用的概念能力属于一个由主动思想的能力构成的网络。这个网络合理地支配着人们对于世界对感性的撞击所做出的旨在寻求领会的回应。知性是一种自发性官能——概念能力是这样的能力，其行使处于负责任的自由的领域，这种想法的部分要义就是这点：这个网络（当一个个体思想者发现它支配着他的思维时）并非是神圣不可侵犯的。主动的经验思维是在对如下事项所承担的一项长久的责任（a standing obligation）的背景上发生的：要反思那些支配着它的一般认定为合理的关联的资质（the credentials of the putatively rational linkages that govern it）。我们必须有再造概念和构想（concepts and conceptions）的长久的意愿——如果这就是反思向我们建议的事情的话。毫无疑问，不存在任何这样的需要加以认真对待的前景：作为对于来自于系统内部的压力的回应，我们需要重塑处于系统最外层边缘的概念，最为直接的观察概念。但是，这个毫无疑问非真实的前景揭示了那个对于我们的目的来说关系重大的要点。这就是：尽管经验本身并不是一个有关自发性观念的好的匹配物，但是，即使最为直接的观察概念部分说来也是经由其在这样的某种东西——它确实是通过自发性来适当地加以构想的——之中的作用构成的。①

因此，我们不能简单地将概念能力在经验中的被动的涉入与自发性观念所蕴涵的那种自由的潜在的令人紧张不安的效果隔绝开来。如果我们认为利用经验的被动性的方式就在于否认下面这点：自发性一路向外，一直扩展到经验的内容，那么我们只是退回到了一种以误导人的方式表述出来的所予的神话的版本。如果我们试图让自发性留在这幅图像的外面，但是尽管如此还是谈论在经验中起作用的概念能力，那么这样的有关概念能力的谈论不过是单纯的语词游戏（word-

---

① 我意图通过这段话中的象喻让人想起蒯因的经典文章《经验论的两个教条》中的著名的结尾部分。参见其著作 *From a Logical Point of View*（Harvard University Press, Cambridge, Mass., 1961; 1st ed. 1953), pp. 20-46。

play)。所予的神话的麻烦是这样的：在我们原本要求辩护的地方，它提供给我们的却最多只是无罪证明。这种麻烦又出现在这里——在与所谓感性的概念释放物（the so-called conceptual deliverances of sensibility）对自发性的冲击有关的地方。如果那些冲击被构想成处于自发性的范围之外，处于负责任的自由的领域之外，那么它们所能带来的最好的结果是这点：我们不能因为相信它们引领我们相信的无论什么东西而受到指责，而并非是这点：我们在相信它时是得到了辩护的。

于是，我并非是在提议一种毫不费力地打败所予的方式——通过利用如下事实即可获得这样的胜利：经验是被动的，结果经验被留在了自发性的范围之外。我所推荐的观点是这样的：即使经验是被动的，它也启动了（draws into operation）真正属于自发性的能力。

6. 如果某个人在此未能看到一种可能性——如果某个人不能理解属于自发性的能力如何可能无法分开地牵连到单纯接受性的运作之中，那么这不必是一个单纯肤浅的疏忽。在此看到一条出路可能是困难的，而这个困难的根源则位于很深的地方。

关于这点，我打算以戴维森为例提供一个初步的说明。在他那篇向人推荐一种对待真理和知识的融贯的态度的著名的文章中①，戴维森显示出了他的一个盲点：他没有看到我所描述的那条出路。他并没有通过论证来反驳它；它干脆就没有出现在他所思考的诸可能性之中。

戴维森清楚地知道下面这点：如果我们从发生于概念的空间之外的对感性的撞击的角度来构想经验，那么我们一定不要认为我们能够求助于经验来辩护判断或者信念。这样做将陷入所予的神话，后者混淆了辩护和无罪证明。理由的空间并非扩展到了比概念的空间更远的地方，以至于接纳了对所予的赤裸的接受（a bare reception of the

---

① "A Coherence Theory of Truth and Knowledge", reprinted in Ernst LePore, ed., *Truth and Interpretation: Perspectives on the Philosophy of Donald Davidson* (Basil Blackwell, Oxford, 1986), pp. 307–319.

Given)。至此，这正好就是我一直极力主张的东西。

但是，戴维森认为，经验只能是一种概念之外的对感性的撞击。因此，他下结论说：经验必定处于理由的空间之外。按照戴维森的理解，虽然经验从因果上说与一个主体的信念和判断有关，但是它与它们之得到了辩护或者被证明为正当的身份无关。戴维森说道："除了另一个信念以外，任何其他东西都不能算作坚持一个信念的理由"（第310页），而且他特别想到的是下面这点：经验不能算作坚持一个信念的一个理由。

我自然同意那个作为这个思路的起点的论点。但是，其结论完全不能令人满意。戴维森从所予的神话一路退缩回来，以至于否认经验具有任何辩护性作用。这种融贯论（coherentism）的后果构成了将自发性看成无摩擦的东西的构想的一个版本，而恰恰是这种构想使得所予的观念对人们产生了吸引力。这只是我所谈及的那种摇摆中的一种运动形式。没有什么能够阻止在轮到它时它便引发那种人所熟知的退缩。按照戴维森的图像的描绘，我们的经验思维不与任何合理的限制发生交锋（engaged），而只与来自于外部的因果影响发生交锋。这恰恰让人们产生了这样的担心：这幅图像能否容纳经验内容所意谓的那种与实在的关联，而这恰恰是那种可能使得求助所予之举似乎成为必要的担心。而且，戴维森没有做任何事情来减轻这种担心。他心安理得地确信：即使我们小心翼翼地规定，世界对我们的感官的撞击与辩护没有任何关系，经验内容还是能够以一种可以理解的方式出现在我们的图像之中。我认为，我们应当对他的这种平静的信心表示怀疑。

戴维森当然相信，他的立场构成了这样一个场所，在其中思想可以停下来，而并非等于一种无休止的摇摆中的运动。但是，我认为，他只是通过如下方式设法使得事情看起来是这样的：不去对所予的神话的动机做足够深入的探究。

他评论说：一种有关经验的基础主义的构想"导致怀疑论"（第314页）。自然，下面这点是真的：在认识论中求助于所予不会让我们有任何进展。但是，这样的说法不是真的：有关怀疑论的哲学担心源于所予的观念的失败。所予的观念并不是这样的某种东西，作为有关经验知识的认识论的一个可能的基础，在平静的反思过程中，它好像不知从哪里来到我们的心灵之中；结果，当我们发现它根本不起作用时，我们可以愉快地将其弃置一边。相反，所予的观念是对这样一种思维方式——它构成了我们所熟悉的有关经验知识的哲学忧虑的基础——所做出的一种回应，而这种思维方式恰恰是戴维森所赞成的。

我们可能看起来被迫要采纳所予的观念。这就是当我们处于如下处境之中时所发生的事情：我们一方面对概念能力属于一种自发性官能这个思想产生了深刻的印象；另一方面又不能不担心，我们的图像使其自身不能享有概念的行使能够是它所描绘的东西这个可能性，因为它没有考虑到任何来自于思想的范围之外的合理的限制。这种担心所采取的一种形式就是这样的恐惧：我们没有任何令人信服的方式让我们认为自己能够具有经验知识。这种担心——无论是就其一般的形式来说（事情如何能够是这样的：自发性的行使终究与思维领域之外的实在有关？），还是就其特殊的认识论形式来说（自发性的行使如何能够意味着知识？）——所导致的向所予的退缩恰恰就是对戴维森所推荐的那种"关于真理和知识的融贯理论"的一种自然而然的回应。这样的理论恰好表达了如下令人紧张不安的想法：概念思维的自发性没有遭受来自于外部的合理的限制。融贯论的辞令（rhetoric）让人想起了被禁闭于思维范围之内（与这样的处境相对：保持着与其外的某种东西的接触）的象喻。对于一个发现这样的象喻既适当而又让他担心的人来说，所予的观念能够提供这样的显象：思想与实在间的联系得到了恢复。在论辩的这个阶段，如果那种能够使得所予的观念看起来不可避免的担心依然是紧迫的，甚或被加深了，那么向人指出下面这点是没有任何用处的：这个显象是错觉，所予的观念并没有实现其貌似真实的诺言。这个结果直接表明了：这两种我们被要求从中进行选择的立场都不能令人满意。

第一讲 概念与直观

戴维森没有做任何事情阻止我们从禁闭象喻来理解他的融贯论辞令。相反，他明确地鼓励我们这样做。在一个地方他说道："我们当然不能走出我们的皮肤之外（get outside our skins）去发现正在引起我们所觉察到的在内部发生的事情的东西（the internal happenings）。"（第312页）按照其现在的样子，这是一个很不令人满意的评论。为什么我们应当这样假定，为了发现外部对象的情况，我们必须走出我们的皮肤？（我们当然无法做到这点。）而且，为什么我们应当假定，我们感兴趣于发现正在引起我们所觉察到的在内部发生的事情的东西，而不是这样假定：我们直接感兴趣于环境的布局？自然，走出我们的皮肤不同于走出我们的思想。不过，如果我们坚持如下看法，那么我们或许就能够理解戴维森如何能够如此随便地做出这个评论了：我们之照字面意义上说被禁闭于我们的皮肤之内在他看来构成了我们之从隐喻意义上说被禁闭于我们的信念之内（他很高兴让他的融贯论蕴涵这点）的一种类似物。戴维森的图像是这样的：我们不能走出我们的信念之外。

戴维森当然知道，这样的禁闭象喻趋向于激起人们退缩回到所予的观念，即这样的观念：真理和知识取决于与概念的领域之外的某种东西的合理的关系。他认为，他能够一方面让禁闭象喻自由地起作用，而另一方面通过在他的融贯论的框架之内主张"信念就其本性来说就是说真话的"（第314页）这个显然具有安慰作用的论题的方式来预先阻止这种退缩。戴维森是通过如下方式来论证这个论题的：将信念与解释联系起来，并且竭力主张，按照解释的本性，一个解释者必定会发现他的解释对象（subjects）大多数情况下在其有关世界（他可能观察到他们正在与其进行因果的互动）的断言中是对的。

我不想辩驳这个论证。不过，我确实想提出这样的问题：如果我们担心戴维森的融贯论图像能否包含思想与实在的关联，那么这个论证如何能够有效地安慰我们？假定人们以这样的人所熟知的形式感受到了这种担心：就这幅图像的现状来说，一个人或许是一名疯狂的科学家的一口缸中的一个大脑。对此，戴维森式的回应似乎是这样的：

— 37

如果一个人是缸中之脑，那么这样解释他的信念将是正确的，即它们大多数说来都是有关该大脑的电子环境的真的信念。① 但是，如果我们要免受所予的吸引力之害，这就是我们所需要的那种再保证吗？这个论证应当始自于这样的信念的整体，在我们为了使我们的思维适应于可以利用的辩护而做出主动的努力时，我们应当被限制于其上。它应当通过再次向我们保证那些信念大部分说来是真的方式使得那个禁闭象喻变得不那么具有威胁性。但是，这种对缸中之脑的担心的回应在向相反的方向起作用。这种回应并没有平息这样的恐惧：我们的图像可能让我们的思维丧失了与我们之外的世界的接触。它只是给予了我们这样一种让人眩晕的感觉：我们对于我们所相信的东西到底是什么这点的把握并非像我们所设想的那样坚实。②

我认为，正确的结论是这点：无论我们给予戴维森的有关一个信念整体大部分说来肯定都是真的这点的论证以什么样的信任，这个论证都开始得太晚了，以至于无法证明戴维森的立场是一条真正的逃离那种摇摆的道路。

出现在戴维森的思考中的有关所予的神话的唯一的动机是一种浅

---

① 我们的这种说法来自于理查德·罗蒂的证词。参见其文章 "Pragmatism, Davidson, and Truth", in LePore, ed., *Truth and Interpretation*, pp. 333-355, 特别参见 p.340。

② 为了准确地说出这种回应为什么是不能令人满意的，我们需要小心行事。事情并不是这样的：我们被告知在我们的信念所处理的是什么这点上我们或许是令人震惊地出错了。如果我声言我的某个信念并不是有关电子脉冲以及其他类似的事物的，而是有关比如一本书的，那么回答可能是这样的："你的信念肯定是有关一本书的——考虑到像你那样使用'一本书'这个短语时它是如何得到正确的解释的。"这种所设想的再次解释——为了适合于我是缸中之脑这个假设——影响我关于我的一阶信念所处理的是什么这点的更高阶的信念的方式恰恰与它对我的一阶信念所产生的效果相匹配。问题是这样的：在罗蒂归属给戴维森的那个论证中，我们在变着法子谈论实际的环境（像其被解释者所看到并带到解释中来那样），而并没有谈到事物让相信者产生印象的方式（we ring changes on the actual environment … without changing how things strike the believer），尽管这种解释应当捕捉到相信者是如何与世界发生接触这点的。我觉得，这使得我们无法做出如下断言了：这个论证在处理（traffics in）任何有关与某种特别的东西发生接触这件事情的真实的观念。就那个解释对象来说，被该解释者看作他的信念所处理的东西的那些对象似乎变成了单纯本体性的（noumenal）。

薄的怀疑论。在这种怀疑论中，人们一方面将他们拥有一个信念整体这点当作理所当然的，另一方面又担心诸信念的资质。但是，所予的神话在如下思想中拥有一个更深层的动机：如果自发性没有遭受来自于外部的合理的限制（像戴维森的融贯论立场所坚持的那样），那么我们便不能让我们自己理解自发性的行使究竟如何能够表现世界。没有直观的思想是空洞的，认为直观对思想具有一种因果撞击，这并没有回应这个论点。只有在我们能够承认思想和直观是合理地结合在一起的情况下，我们才能够让经验内容进入我们的图像之中。在拒绝了这点之时，戴维森便损害了他拥有有关一个信念整体的观念的权利，而他的那个本来想具有安慰作用的论证恰恰是以这样的观念作为出发点的。在这种情况下，他欲消除禁闭象喻的杀伤力的企图是不起作用的，而他的立场之为我们上面谈到的那种摇摆的一个阶段的一个版本的事实则被暴露无遗。一条真正的逃离之路所需要的是：在没有放弃经验是对思维的一种合理的限制这个断言的前提下避免所予的神话。

我已经建议：如果我们能够承认世界对我们的感官所造成的印象已经拥有了概念内容，那么我们便能够做到这点。不过，有一个障碍让戴维森无法看到处于这个方向上的任何可能性。在后面的讲座中我将回到这点。

7. 所予的神话表达了一种对来自于思想和判断领域之外的合理的限制的渴求。这种渴求的最为人熟知的情形是与有关我们周围的世界的经验知识——即通过康德所谓"外感官"① 而获得的知识——相联的情形。不过，看到下面这点是富有教益的：我刚才所使用的那个空间短语"思想和判断领域之外"只是在隐喻意义上使用的。恰恰相同的企图也出现在与康德所谓"内感官"② 相联的情形之中。思想和判断的领域包括有关思想者自己的知觉、思想、感觉以及类似的东西的判断。在这样的判断中起作用的那些概念能力恰好与任何其他概念

---

① 比如在 B 67 上。
② 比如在 A 22/B 37 上。关于这两个短语在一次讨论中一起使用的情形，参见 B xxxix–xli 脚注。

能力一样在同等程度上属于自发性，而在这个思想区域这也会产生虚空中进行的无摩擦的旋转的幽灵。于是，以那种到现在为止我们应当已经很熟悉的方式，确保存在为真实的内容所要求的那种摩擦力这件事可能看起来就迫使我们将概念在这个区域中的行使看成合理地奠基在概念之外的某种东西之上，即作为判断的终极根据的赤裸的呈现（bare presences）。

对一种表面上看不无强制性的思维方式的如是描述适合于维特根斯坦在所谓私人语言论证中所树立的靶子。如果我们将那个论战理解为在应用对于所予的一种一般性的拒斥，那么我们便让自己能够清晰地欣赏其说服力了。而且，或许，我们也可以通过考虑这个一般论点在维特根斯坦的那些人们所熟悉的段落中的出现方式的途径来获得对其更为丰富的理解。①

我之所以说"所谓私人语言论证"，是因为按照这种解读，维特根斯坦所攻击的这种构想的主要之点在于断言"内感官的判断"最终奠基于赤裸的呈现之上，而并非在于设计出一种将这样的赤裸的呈现说出来的方式。如果某个被这种构想牢牢地把控着的人信服了一个旨在说明语言不能容纳（embrace）这些假定的项目的论证，那么他可以回复说真正说来这恰恰就是他的论点。如果语言能够容纳它们，那么这就意味着它们处于概念范围之内，而承认它们的目的就在于承认某种从外部限制自发性的东西（这种自发性就在那个范围之内活动）。因此，语言肯定不能捕捉到它们；但是，尽管如此，我们似乎还是有必要坚持认为，它们就待在那里，以便作为我们的"内感官"的判断的终极的辩护为我们所指向。维特根斯坦的攻击的根本要旨并非在于消除私人语言的观念；就其自身来说，私人语言观念只是推进了他至此所反对的思路。通过应用一种赤裸的呈现无法成为任何事项的根据

---

① 在如下文章中我对我的这种对于维特根斯坦的解读做了更多的讨论："One Strand in the Private Language Argument", *Grazer Philosophische Studien* 33/34 (1989), 285–303. 同时参见我的文章 "Intentionality and Interiority in Wittgenstein", in Klaus Puhl, ed., *Meaning Scepticism* (De Gruyter, Berlin, 1991), pp. 148–169。

第一讲 概念与直观

这个一般性的教训，维特根斯坦的攻击甚至于破坏了这种已经放弃了私人语言观念的立场。

不过，如果一个人已经确信经验的判断的终极根据必须是所予的片断，那么他将自然而然地认为自己承诺了这样的概念的可能性：它们位于尽可能接近于那些终极根据的地方——在这样的意义上，即它们的内容完全决定于如下事实：涉及它们的判断是由适当种类的赤裸的呈现证明为正当的。这些概念将是应该能够由一个私人语言的语词所表达的概念。只有一个人能够成为这样的主体，即所予的一个特定的片断被给予了他（the subject to whom a particular bit of the Given is given）。因此，任何由与一个赤裸的呈现的某种辩护关系所构成的概念在这样的程度上都将不得不是一个私人概念。如下假定因此会是自然而然的：这些私人概念是通过从一个有着许多部分的所予所做的抽象而获得的，像在我稍早前提到的那个有关概念形成的故事中那样。这种抽象工作就是出现在维特根斯坦的论战中的私人的实指定义。

以这样的方式将私人语言论证放在对于所予的一种一般性的拒斥背景之中并没有免除我们考虑反对私人语言的论证的责任，或者说无论如何没有免除我们反对私人概念本身的责任。尽管如此，我认为，如果我们将维特根斯坦所做的特别涉及私人语言的评论看作强调如下一般论点对于语言的后果的努力，那么我们便将它们放在了正确的光线之下：一种赤裸的呈现不能从外部向一个概念上的全部节目（a conceptual repertoire）提供一种辩护输入（a justificatory input），即概念和自发性之间的联系让我们追求的那种事项。如果一个概念是由与一个赤裸的呈现的辩护关联（a justificatory linkage to a bare presence）构成的（这点恰恰就是它之为一个私人概念所意味的东西），那么自发性不会一直扩展到它那里。事实上，这种构想的目的真的就是要免去这些假定的概念的行使所承担的与自发性伴随而来的责任。我们这里所拥有的东西是我较早前（§5）联系着有关经验是被动的这个事实的一种误解所提到过的一种结构的一个版本。将自发性扩展不到其上的某种东西称为"一个概念",并将这种关联称为"合理的",这是欺骗性的贴标签行为(fraudulent labelling):事实上是将一种单纯的无罪证明标记为一种辩护,幻想着这能够让它成为一种辩护。

我曾经提到过吉奇对有关概念形成的抽象论的解释所做的维特根斯坦式的攻击(§2)。我一直在这样建议:私人语言论证应用了对于所予的一般性的拒斥。不过,将私人语言论证表现成一个更为一般的思想的一个特定的应用会误导人。像我说过的那样,任何经由与一个赤裸的呈现的辩护关系所构成的概念都必将是一个私人概念。做出为了形成这样一个概念所必需的那种抽象就会是在给自己提供一个私人的实指定义。实际上,认为我们能够从对所予所做的抽象中形成概念这种观念恰恰就是有关私人的实指定义的观念。因此,私人语言论证恰恰就是对于所予的拒斥——在其与语言的可能性有关的范围内;它并非是对于所予的一种一般性的拒斥在一个特定的区域之上的一个应用。作为对这个一般论点的一个应用的东西是对于赤裸的呈现的拒斥——在人们将它们看作感觉等实际上所是的东西的范围内。

即使实施一个私人的实指定义的适当的场合应该是由其他人通过信号示意出来的,这也不会造成任何区别。在讨论私人的实指定义过程中引入其他人的示意,这是人们或许希望借以完成如下任务的一种方式:将一种私人因素,对一种赤裸的呈现的合理的回应(rational responsiveness to a bare presence),整合进一个也拥有这样一个公共的方面——即一个延伸到一个可以共享的概念上的全部节目之中的合理的关联——的合成概念(composite concept)之中。在如下段落中维特根斯坦表达了这种想法:"或者情况是这样的吗:'红色'这个词表示某种我们所共同熟悉的东西;而且,对于每一个人来说,除此之外,它还表示某种只为他所熟悉的东西?(或者,如下说法或许更好:它**指涉**某种只为他所熟悉的东西。)"① 如果有关对一个赤裸的呈现的

---

① *Philosophical Investigations*, trans. by G. E. M. Anscombe (Basil Blackwell, Oxford, 1951), §273. (所注 *Philosophical Investigations* 出版年代有误,当为 1953 年或 1958 年。——译者注)

合理的回应的观念是一种混乱的话，那么这种延伸到一个可以共享的全部节目之中的关联也不能挽救这些假定的合成概念，使其免于受到它们的私人成分的侵害。对辩护和无罪证明的混淆恰恰出现在这个合成概念的诸假定的成分之间的接合处。

所予的神话在"内感官"的情形中尤其具有危害性。在"外感官"的情形中，相关的想法是这样的：所予在经验着的主体与一个独立的外部实在之间起居间调节作用（该主体就是通过这种居间调节作用觉察到该外部实在的）。如果我们拒斥了所予，那么我们并没有因此就取消了外部实在，而只是责成我们自己不要做出这样的假定：对它的觉察是经由那种方式居间促成的。但是，"内感官"的对象则是由"内部经验"所构成的那种觉察的内在的宾格（internal accusatives）；独立于那种觉察，它们根本就不存在。① 这也就意味着，如果我们让赤裸的呈现进入这幅图像之中，那么它们是作为起作用中的觉察的唯一的对象而出现的；它们不能作为这样的事项出现，即居间促成了对于它们之外的某种其他东西的觉察（至少在如下情形中事情是这样的：这种居间促成的觉察本身要通过工作中的"内感官"来构想）。② 结果便是这样的：当我们在此拒斥所予时，我们可能看起来就是在拒斥整个"内部"觉察。这时，似乎根本就不存在任何其他的东西，"内部经验"构成了对于其经验。

我们如何能够一方面拒斥了所予，另一方面又没有因此抹掉"内部"觉察？为了在对判断进行辩护时给予"内感官"的印象以适当的角色，我们需要将它们构想成本身就已经拥有了概念内容，正如"外感官"的印象的情况一样。为了对自发性的自由提供必要的限制，我们需要坚持认为它们的确是印象，是接受性的产品。因此，"内感官"的印象必须是——正如"外感官"的印象一样——这样的被动的发生

---

① 参见 P. F. Strawson, *The Bounds of Sense* (Methuen, London, 1959), pp. 100-101.
② 事情并非是这样的："内部经验"不能居间促成觉察。比如，某种感觉或许产生了一种对于某个身体状况的居间促成的觉察。不过，在此这种居间促成的觉察的对象并非是"内部的"（在那种康德式意义上）。见下文。

的事情，在其中概念能力被启动了。但是，如果我们要尊重那个有关内在的宾格的论点，那么我们就不能精确地按照"外感官"的印象的模式来构想概念能力的这些被动的运作。我们不能假定，这些概念能力的运作构成了对于这样的情形的觉察：它们无论如何都成立，它们之所以像实际上那样让一个主体对其产生了印象，是因为它们与他的感性处于某种适当的关系之中。毫无疑问，存在着这样的情形，它们无论如何都成立，并且出现在"内感官"的印象的原因的说明之中：比如，在疼的感受的情形中出现的身体损伤。但是，如果我们要尊重那个有关内在的宾格的论点，那么我们便不能假定，这样的情形是由"内感官"的印象所构成的某种觉察的对象。（尽管人们毫无疑问能够从"内感官"的印象那里学习如何发现有关这样的情形的情况。）如果我们能够声称"内感官"的判断是有关某种东西的，那么它们必定是有关"内感官"的印象本身的，而并非是有关这样的某种独立的东西的，印象构成了对于它们的觉察。

这是一个相当困难的领域。维特根斯坦自己有时似乎暴露出了想回避困难的可以理解的愿望。我心中想到的是这样的事实，即他有时似乎不太认真地考虑要否认下面这点：有关感觉的自我归属（self-ascriptions of sensation）终究是断言，终究是有关事态的判断的表达。①

我断言了：我们应当将"内部经验"与概念能力联系起来，以便尽可能地以一种与"外感官"平行的方式来思考"内感官"。有关这种做法的一个明显的困难来源是：没有任何自发性官能的生物肯定能够比如感受到疼。（请记住："自发性"暗示了概念能力。我不是在试图抹掉单纯的动物生命的自我移动的特征。）在后面的讲座中我将回

---

① 比如，在 *The Blue Book* [in *The Blue and Brown Books* (Basil Blackwell, Oxford, 1958)] 第 68 页："命题'我具有疼'和'他具有疼'之间的区别不是'路德维希·维特根斯坦具有疼'和'史密斯具有疼'之间的区别。相反，它相应于呻吟和说某人呻吟之间的区别。"我不想反对这些句子中的第一句。不过，像第二句话那样的语句则暗示了这样一种学说（至少对于一些注释者来说是这样）：它将"表露"（avowals）归类为其他式样的表达式，以至于将它们与断言区别开来。我觉得这像是一种逃避。

到这点。我此处的目的不是将事情就此做完,而仅仅是引入这样的建议:我们应当将私人语言论证解读成对所予的一种攻击。

8. 在这一讲中我断言了:我们易于陷入一种不可容忍的摇摆:在一个阶段,我们被拉到这样一种融贯论,它无法理解思想对客观实在(objective reality)的关联;而在另一个阶段,我们则退回来求助于所予,而这被证明是没有用处的。我极力主张的是:为了逃离这种摇摆,我们需要将经验构想成这样的状态或发生过程,它们是被动的,但是反映了运作中的概念能力,属于自发性的能力。在下一讲中我将开始考虑有关这种构想的某些困难。

第二讲　概念事项的无界性

²⁴ 1. 在第一讲中，我讨论了一种在一对无法让人满意的立场之间的摇摆趋向：一方面是威胁着将思想与实在隔离开来的融贯论，另一方面是对于赤裸的呈现（它们被认为应当构成了经验判断的终极的根据）意义上的所予的徒劳的求助。我提出的建议是：为了逃离这样的摇摆，我们需要承认经验本身就是将接受性与自发性无法分开地结合在一起的状态或者发生过程。我们一定不要这样假定：自发性最初仅仅是出现在这样的判断之中，在其中我们将一种构造给予经验，而经验在此被构想成接受性的释放物，自发性对其构成没有做出任何贡献。经验的确是运作中的接受性；因此，它们能够满足要对我们的经验思维中的自由进行外部控制的需要。但是，诸概念能力，属于自发性的那些能力，在诸经验本身之中就已经起作用了，而并非仅仅是在以它们为基础而做出的判断之中才起作用；因此，经验能够以一种可以理解的方式与我们对于自由（它就隐含在自发性观念之中）的行使处于合理的关系之中。

在本讲中我将开始考虑有关这种构想的诸问题。

在此，看到有这样一种构想的余地可能是一件困难的事情。在第一讲（§6）中，我引入戴维森的融贯论来说明这点。我提议说：戴维森的立场代表了这样一种思维风格，在其中我所极力主张的东西甚至于根本就没有作为一种可供选择的办法出现在人们的视野之中。在后面（从第四讲开始），我将试图说一说为什么获得这样的构想如此困难，以至于我们很想假定我们无法摆脱这样的处境：只能在原来的那对立场之间做出一种选择。我的目的是要表明，我们在这个领域上的困难是由施加于我们的思想的形制（cast）之上的一种可以理解地强有力的影响所造成的。不过，我们可以从这样的影响中解脱出来。

但是，这并不是我这一讲所要完成的事情。我不想做出这样的暗示：我现在将要考虑的那种反对意见本身就揭示了我们的困难的深层根源。它至多可能不是不相关的。不过，我确实希望对它的讨论会将我所推荐的那种构想放在一道更为清晰的光线之下。

2. 我打算在这一讲中考虑的事项是人们出于唯心论的考虑而提出来的一种反对意见。

如果我们要将思维和判断理解成终究是与思想之外的一个实在（a reality outside thought）有关的，那么我们就似乎需要来自于外在于它们的一个实在的合理的限制。戴维森否认存在着任何这样的需求，并且提议我们只要有因果的限制就可以对付下去了。我的建议是：他之所以能够设法坦然地接受这点，仅仅是因为他认为没有任何其他的选项了——既然所予的神话是毫无希望的（像他清楚地认识到的那样）。我断言在此他错了。事实上还有一个选项，而这个事实便排除了否认对于来自于外部的、合理的限制的需求的唯一貌似真实的理由：排除了否认这点——没有与直观的、合理的联系的思想将是空洞的——的唯一貌似真实的理由。

当我们试图承认对于外部合理的限制的需求时，我们可能发现我们自己在假定必须存在着这样的终极的奠基关系，它们延伸到整个概念的领域之外。这个想法便是所予的神话，我描述的这种构想当然没有向它做出任何让步。所予的神话恰恰构成了这样的两口对立的陷阱之一，这种构想意图做的事情便是让我们从其中解脱出来。

在我所推荐的那种构想中，对于外部限制的需求从经验就是运作中的接受性这个事实之中得到满足。但是，这并非就让经验失去了在辩护中扮演一个角色的资格（像在所予的神话中相应的思想所起的作用那样），因为相关的断言是这样的：经验本身已经配备有概念内容了。接受性和自发性的这种联合的涉入允许我们说在经验中人们能够接纳事物所处的情况。事物所处的情况是独立于人们的思维的（当然除了在这样的特殊情形中以外：在其中事物所处的情况就是这点，即人们思维如此这般的事情）。通过在经验中被接纳的方式，事物无论如何所处的情况便可以用来向人们对自发性的行使施加所要求的那种源于人们的思维之外的合理的控制。

毫无疑问，人们可能受到误导——至少是在"外部经验"的情形中。我已经将有关这点的任何讨论推迟至最后一讲。不过，在此我提前做出如下主张：当我们承认有受到误导的可能性时，我们并没有使得我们自己不能使用"接纳事物所处的情况"这样的说法来描述当人们没有受到误导时所发生的事情。在人们没有受到误导时人们所处的特定的经验之中，人们所接纳的东西是**事物是如此这般的**。**事物是如此这般**就是这个经验的内容，而且它也能够是一个判断的内容：如果这个主体决定按照其表面价值接受这个经验，那么它便成为一个判断的内容。因此，它就是概念内容。但是，如果人们没有受到误导，那么**事物是如此这般的**也是世界的布局的一个方面：它就是事物所处的情况。因此，概念上被给予了结构的接受性的运作让我们能够将经验说成向实在的布局的开放（openness to the layout of reality）。经验使得实在的布局本身能够向一个主体所思维的东西施加一种合理的影响。

我们之所以能够随意地使用这个向实在开放的象喻，原因在于我们安置这样的实在——它在经验中给一个主体造成印象——的方式。尽管实在独立于我们的思维，我们却不能将它描画成这样：处于一个围绕着概念的范围的外部边界之外。**事物是如此这般的**是一个经验的概念内容，但是，如果这个经验的这个主体没有受到误导，那么**事物是如此这般的**这同一个事项也是一个可以知觉到的事实，可以知觉到的世界的一个方面。

现在，事情可能看起来是这样的：拒绝将可以知觉到的实在安置在概念的范围之外这种做法必定是一种唯心论——在这样的意义上：称一种立场是"唯心论"就是抗议说它没有真正地承认实在是依某种方式独立于我们的思维的。如果这是真的，那么我对于实在的独立性的肯定就将是不真诚的，仅仅是空口的应酬话而已。不过，尽管这种批评易于理解，甚至于是可以予以同情的，但是它是错误的。它反映了这样的信念：我们必须在这样的两个选项之间进行选择——一方面是融贯论者对于思维和判断要遭受来自于外部的合理的限制这点的否认；另一方面是对于作为设置了这种限制的东西的所予的求助。如果某个人认为这两者是唯一的选项，而且如果与他对于所予的无用性的把握相比，他对没有限制的融贯论（unconstrained coherentism）的缺陷的把握更为牢靠，那么任何少于对所予的相信的东西都会让他觉得是轻视了实在的独立性。但是，我所极力主张的第三个选项的要点恰好是这样的：它让我们能够一方面承认独立的实在向我们的思维施加了一种合理的控制，但是另一方面，又没有陷入混淆辩护和无罪证明的境地（这样的混淆恰好刻画了对于所予的求助）。

3. 我发现在此反思一下维特根斯坦的如下评论不无益处："当我们说出并且**意指**某某是实际情况时，我们——以及我们的意指——并非在事实前面的某个地方便止步不前了：相反，我们意指：**这——是——如此这般的**。"① 维特根斯坦将这点称为一个悖论。这是因为，它可能激起人们做出这样一种反应（尤其是与"**思想**可能是有关非实

---

① *Philosophical Investigations*，§95.［麦克道威尔使用的是安斯康姆（G. E. M. Anscombe）英译本的译文。据德文原文，中译文当为："当我们说出、**意指**事情是如此这般的时候，我们与我们所意指的东西一起并非在事实前面的某个地方便止步不前了：相反，我们意指某某——是——如此这般的。"——译者注］

际的情形的"这个事实结合在一起来看时①），在其中我们的心灵对于最为一般意义上的思维——在这种情形中为意指我们所说出的话——所具有的"将实在捕捉在其网之中"这样一种看似神奇的能力感到吃惊。不过，维特根斯坦也——正确地——说，这个评论"具有一个自明之理的形式"②。

我们可以以一种会令维特根斯坦感到不舒服的方式来表述这个要点：在人们能够意指的那种东西——或者一般说来，人们能够思维的那种东西——与能够是实际情况的那种东西之间不存在任何存在论上的空隙（ontological gap）。当人们以真的方式思维时，人们所思维的东西**就是**实际情况。因此，既然世界就是所有实际情况（像他曾经写道的那样③），那么在思想本身与世界之间便不存在任何空隙。当然，思想可能因为是假的而与世界拉开距离，但是在思想这个观念本身之中绝没有隐含着与世界的距离。

但是，说在思想本身与世界之间不存在任何空隙，这只是用夸张的语言来修饰一个自明之理。全部论点不过是这样的：人们能够思维比如**春天开始了**，而且**春天开始了**这同一个事项能够是实际情况。这是自明之理，不可能包含着某种从形而上学上说有争议的东西——诸如轻视了实在的独立性等。如果我们用夸张的词项将这点表达出来——说世界是由人们能够思维的东西构成的，那么对唯心论的某种恐惧便可能让人们怀疑我们在拒绝承认实在的独立性——好像我们在将世界表现成我们的思维的影子，甚至于将其表现成是由某种心灵材料（some mental stuff）构成的。我们倒不如以相反的方式来领会这

---

① §95 继续写道："不过，这个悖论（它的确具有一个自明之理的形式）也可以这样来表达：**思想**可能是有关非实际的情形的。"[麦克道威尔使用的同样是安斯康姆英译本的译文。据德文原文，中译文当为："不过，人们也可以这样来表达这个悖论（它的确有一个自明之理的形式）：人们能够**思维**非实际的情形。"——译者注]

② 参见 *Philosophical Investigations*，§429："下面这点是如何可能的：思想处理这个对象**本身**？我们感觉，好像借助于它我们将实在捕捉在我们的网之中了。"（"§429" 当为 "§428"。——译者注）

③ 参见 *Tractatus Logio-Philosophicus*, trans. D. F. Pears and B. F. McGuinness (Routledge and Kegan Paul, London, 1961), §1。（"§1" 当指该书评论1。——译者注）

个事实：人们能够思维的那种东西同于能够是实际情况的那种东西，即将其看成这样一种邀请：请根据对于能够是实际情况的那种东西的某种假定在先的理解来理解有关人们能够思维的那种东西的观念。①事实上，没有任何理由在两个方向的任何一个之上寻求一种优先性。

如果我们说必须有一种来自于思想之外的对它的合理的限制，以确保我们对于实在的独立性的一种适当的承认，那么我们便让我们自己受到了一种熟悉的歧义性的摆布。"思想"（thought）可以意味着思维**行为**（the *act* of thinking）；但是，它也可以意味着一段思维的**内容**（the *content* of a piece of thinking）：某个人所思维的东西。现在，如果我们要给予实在的独立性以适当的承认，那么我们所需要的东西就是一种来自于**思维和判断**——我们对于自发性的行使——之外的限制。这样的限制不必是来自于**能够思维的内容**（thinkable contents）之外。如果我们将一般而言的事实等同于概念能力的行使——思维行为——或者将事实表现成这样的事项的反映；或者，如果我们将诸如可以知觉到的事实这样的特别的事实等同于这样的状态或者发生过程，在其中概念能力在感性中被启动了——即经验——或者将它们表现成这样的事项的反映，那么这的确轻视了实在的独立性，的确是唯心论的做法。但是，如下说法并非是唯心论的：在后一种状态或发生过程之中可以知觉到的事实本质上说来能够在知觉者之内造成有关它们的印象；在自发性的行使过程——前一种发生过程——之中一般而言的事实本质上说来能够被容纳进思想之内。

经验是被动的，是一个运作中的接受性事件，这个事实应当向我们确保了下面这点：我们拥有我们可以合理地欲求的所有外部限制。这样的限制来自于**思维**之外，但是并非来自于**能够思维的**东西之外。

---

① 人们常常以这样的方式解读《逻辑哲学论》（*Tractatus*）。关于这种解读方式的一个最近的版本，参见 David Pears, *The False Prison*, vol. 1 (Clarendon Press, Oxford, 1987)。该著作所给出的这种解读的反对者有时倾向于在《逻辑哲学论》中找到反向的优先性论题，或者至少倾向于不将他们的解释与这样的东西清楚地区别开来。（这种做法理应受到人们有关唯心论的抗议。）不过，我不能肯定我们是否能够在《逻辑哲学论》中找到这两种优先性断言中的任何一种。

当我们追溯辩护时，我们所到达的最后的事项依旧是一个能够思维的内容；而不是某种比这样的东西更为终极性的东西，一种对于一个所予的片断的赤裸的指向（a bare pointing to a bit of the Given）。但是，这些最终的能够思维的内容是在接受性的运作中获得其适当的位置的，而这就意味着，当我们求助于它们时，我们所注意到的是我们所要求的那种对于思维的限制，它来自于一个外在于思维的实在。处于辩护次序的终点的那些能够思维的内容是经验的内容，而在享受一种经验时人们是向着这样的显而易见的事实开放的——无论如何它们都是成立的，它们在人们的感性上造成有关它们的印象。（至少人们似乎是向事实开放的，而且当人们没有受到误导时，人们实际上是向事实开放的。）作为对维特根斯坦的评论的一种形式的改述，我们可以这样说：当我们看到事情是如此这般的时候，我们以及我们的看到并非在事实前面的某个地方便止步不前了。我们看到的东西就是：某某一是一实际情况。

4. 就任何有关主体性的概念塑造来说（for any conceptual shaping of subjectivity）我们都可以像上面那样来改编维特根斯坦的格言。支持这个开放性象喻的东西并不是单独来看的这种一般的可能性。开放性象喻特别适合于经验；而且，为了启用这个象喻，我们需要求助于经验的这种独特的被动性。不过，这种一般的语境对于这个象喻的可用性来说是重要的。

为了表明事情如何是这样的，我打算回忆一下我在第一讲（§5）所说过的话，以便反击人们对于概念能力被动地在经验中起作用这个想法的一种误解。这个误解是假定这点：当我们求助于被动性时，我们便将对概念事项的这种援引与使得这样的做法——将一般而言的概念能力归属给一种自发性官能——看起来合理的东西隔离开来。与此相反，我极力主张如下观点：对于那些在经验中起作用的能力来说，如果不是因为它们被整合进这样一个合理地组织起来的网络的方式的话——它是由主动地调节人们的思维以适应经验的释放物的能力所构成的网络，我们根本就不能将它们认作概念能力。这点便是经验概念

第二讲　概念事项的无界性

的全部节目（a repertoire of empirical concepts）实际上所是的东西。这种整合的作用是将甚至于最为直接的经验的判断都作为可能的要素而置于一个世界观点（world-view）之中。

即使我们将自己限制在有关第二性质的概念之上，我们也能够看出这点。如果抽离掉了经验的主观的特征（the subjective character of experience）①，我们是无法理解有关第二性质的概念的。比如，除非与有关这样的事项——某种东西看起来是红色的这点实际上所是的东西（what it is for something to look red）——的某种理解综合在一起看，否则某种东西是红色的这点实际上所是的东西（what it is for something to be red）就是不可理解的。有关是红色的观念（the idea of being red）并没有超出有关如下事项的观念：具有红色的事物在适当的情形中看起来的样子（the idea of being the way red things look in the right circumstances）。这点有一种我可以这样来加以表述的含义：尽管做出某种东西是红色的这个判断的行为是主动的，是自发性的一种行使，但是在所有判断行为中它与经验的被动性的距离是最小的。颜色判断仅仅是最低限度地被整合进了这样的主动的事务之中：让自己的思维适应于连续不断的经验的释放物，进而仅仅是最低限度地整合进了可能的世界观点之中。尽管如此，它们仍然是被以这样的方式加以整合了，即使仅仅是最低限度地被如此整合的。任何主体都不能被认作具有颜色经验，除非是在这样一种背景理解（a background understanding）之中，即它使得认可这样的经验的判断（judgements endorsing such experiences）融入他的世界观点这样的事情成为可能。他必须配备有诸如下面这样的事项：有关对象的可见表面的概念，以及有关这样的事情——通过察看来告知人们某

---

① 在本书中，"subjective"意为与主体（或心灵）相关的，依赖于主体（或心灵）的，甚或存在于主体（或心灵）之中的。在通常情况下，我遵照通行译法，将其译作"主观的"；在少数地方我将其译作"主体性的"。相应地，"objective"意为与客体（或对象）相关的，不依赖于主体的，更非存在于主体（或心灵）之中的；通常我将其译作"客观的"。与这两个形容词相应的名词形式"subjectivity"和"objectivity"分别译作"主体性"和"客体性"或"客观性"。——译者注

物的颜色是什么——的适合条件的概念。

  这些重述了我在第一讲中所说的话的评论涉及这样的经验和判断，它们将颜色放在显而易见的环境（the apparent environment）之中。还有另一种颜色经验，我们也需要为其留有余地："颜色经验"这个标签可以适用于单纯的感觉，即"内感官"的运作。① 比如，对其脑袋的一击能够导致一个人"看到红色"，与此同时这种经验并没有将所"看到的"颜色引向显而易见的环境。现在，我一直极力主张一般而言的经验是这样的状态或发生过程，在其中概念能力被被动地启动了。这点最好也适用于这些有关颜色的"内部经验"，正如它适用于任何其他经验一样。而且，我相信，我们应当根据颜色概念在"外部经验"中的角色通过推断来理解它们在"内部经验"中的角色。在刻画一种"看到红色"的"内部经验"时，红色概念之所以站稳了脚跟，是因为这种经验在相关的方面从主体角度说来类似于这样的经验：看到某物——某个"外部"事物——是红色的或者至少貌似看到这点。

  在此，以相反的方式看待事情可能是诱人的：假定颜色概念的"内部"角色自动地就是可理解的，并且试图根据这样的观念来解释它们的"外部"角色：一个"外部"对象之属于一个颜色概念就意味着在适合的察看条件下它导致了适当的视觉上的"内部经验"。我们可能是在如下思想的鼓励下采取这种态度的：如果是红色的和看起来是红色的彼此只有通过对方才是可理解的，那么这就使得任何人如何能够打破这个循环这点成为谜了：一个我们或许希望通过这样的方式消解的谜，即借助于"看到红色"的"内部"经验来同时解释是红色的和看起来是红色的两者。

  但是，我们应当抵制这种诱惑。如果颜色概念的"内部"角色是一个独立不依的起始点，那么颜色的"外部经验"就变成不可领会的了。经由什么样的炼金术一个"内部经验"能够被变成"外部经验"？

---

  ① 参见第一讲，§7。

第二讲 概念事项的无界性

如果在我们的知性（our understanding）的展开过程中一种颜色首先是作为"内部经验"的一种特征而不是作为对象的一种显而易见的性质（apparent property）而出现的，那么我们的知性如何设法将**这个特征**向外投射到世界之中？从那里出发，我们也许设法外在化至多这样一种倾向（a propensity），即在我们之内诱发出"内部经验"的那种相关特征。但是，下面这点是很令人生疑的：拥有这样一种倾向的观念是否就等于被适当地着色的观念（the idea of being appropriately coloured）。后者恰好需要我们的经验和思想将某种现象性的事项（something phenomenal）放到外部世界之中，而这种"倾向"构想则让现象性的事项处于心灵之中。① 无论如何，那个循环——是红色的概念和看起来是红色的概念的互相依赖——完全是无辜的。例如，对于一种有关诸颜色概念是如何获得的这点的健全的观点来说，它构不成任何威胁。我们只需要假定：它们仅仅是作为一束必须一起习得的概念中的要素而出现的。② 因此，我建议我们将关注的焦点放在颜色概念——更为一般地，第二性质概念——在"外部经验"中的角色之上，认定这就是根本性的东西。

在"外部经验"之中，一个主体被动地承接了概念内容，启动了这样的能力，它们被无缝地整合进一个概念上的全部节目（a conceptual repertoire）之中。在下面这种连续不断的活动中该主体所运用的就是这个概念上的全部节目：调节其世界观点以便使得它能够通过对它的合理的资质（rational credentials）的审查。正是这种整合使得我们能够将经验构想成对于一种独立于经验的实在的觉察，或者至少是对其一种貌似的觉察（seeming awareness）。我们可以通过继

---

① 通过"是这样的，以至于看起来是红色的"这点来注解"是红色的"这种做法是一回事；通过"是这样的，以至于在我们之内诱发了某种'内部经验'"这点来注解"是红色的"这种做法是完全不同的另一回事。请注意："看起来是红色的"中的"红色的"与"是红色的"中的"红色的"一样，也表达了一个有关"外部经验"的概念。实际上，它们表达的恰恰是同一个概念。（在"Empiricism and the Philosophy of Mind"中塞拉斯强调了这点。）

② 参见塞拉斯，"Empiricism and the Philosophy of Mind"，§§18-20。

续考虑颜色在经验的内容中的出现方式这样的途径来体会这个论点。在此延伸到该整个系统之中的关联是最低限度的。但是，即使在这里，相关的概念能力也被以这样一种方式整合进了一般而言的自发性之中，即它使得相关主体能够将那些概念能力在其中被启动了的经验理解成对世界的瞥见（glimpses of the world），或者至少是对其貌似的瞥见：对于这样一种实在——它超出了在诸经验本身之中显而易见的东西的范围——的诸方面的接纳，至少是对其貌似的接纳（takings in, at least seemingly）。如果一个颜色概念在经验中被启动了（在其中该概念扮演着其"外部"角色），那么该概念的合理的联系便进入到对于相关的显象的内容的塑造之中，以至于显得是实际情况的东西被理解为对于相关主体在世界中的认知处境来说充满了意蕴：譬如，他面对着这样一个对象，它具有一个以如此这般的方式被照亮了的正面（facing surface）。

瞥见的观念具有独特的视觉特征。不过，我们可以对其加以推广，使其容纳非视觉的经验。借助于那些在一个经验中被启动的概念能力被合理地联结进该整个网络之中的方式，该经验的主体将该经验所接纳的东西（或者至少是其貌似的接纳的东西）理解成一个更广阔的实在的一个部分。这个更广阔的实在是这样一个实在，它全部都可以容纳于（embraceable in）思想之中，但是对这个经验来说，它并非全部都是可以利用的。在此，相关经验的这个对象被理解成这样：它被以这样的方式整合进了一个更广阔的实在之中，这种方式映现了诸相关的概念是如何被整合进一般而言的自发性的全部节目之中的。即使在颜色经验的情形中，这种整合也允许我们将一个经验理解成对于某个独立于该经验本身的东西的觉察：即这样的某个东西，它如此地经由其延伸到这个更广阔的实在之中的关联而保持着适当的位置，以至于即使它没有被经验到是这样的，我们仍然能够理解它会是这样的这个思想。

我一直在主张这样的观点：即使我们将我们自己限制在关于第二性质的概念出现于经验的内容之中的方式之上，上面所讨论的想法也都是成立的。而且，对于这个受限的情形来说，如下说法无法确保这个论点：就任何特定的第二性质经验来说，我们都必须在其他第二性质的经验（无论是可能的还是现实的）的背景上来理解它。我们不能完全从这样的判断——它们仅仅最低限度上说离开了经验的被动性（归属第二性质的判断便是这样的）——的独特的题材中制作出这样一个世界，第二性质经验或许以一种可以理解的方式构成了对它的瞥见。① 我们必须将可以经验到的世界理解成主动的思维的一个题材。这种主动的思维受到了经验所揭示的东西的合理的限制。那些在经验中被被动地启动起来的能力之所以能够被认作概念能力，这仅仅是因为我们能够让自发性观念配合进来（we can get the idea of spontaneity to fit）。如果我们试图描画这样一种思维实践，它只是在这样的范围内与经验的被动性的实际的情形拉开了距离，即思考了更多相同的情形，包括单纯可能的情形，那么我们并没有真正地让自发性观念配合进来。以这样的方式，我们至多是让我们自己有资格拥有关于一个井然有序的"内部经验"的序列的观念。事实上，我不相信我们甚至于有资格拥有这样的东西，因为在世界不在场的情况下我们甚至于都不能理解"内部经验"。不过，直到较晚的时候（在第五讲），我为什么会这样说的原因才会变得清楚起来。而且，甚或在那时这点也不会变得清楚起来。现在的论点恰恰是这点：如果我们试图描画这样一种模式的比如颜色经验，它只是如此轻微地整合进一种主动的思维和判断的实践之中，那么下面这点便变得神秘莫测了：我们正在描画的东西如何能够等同于有关颜色的"外部经验"——所经验到的颜色如何能够被经验成一个"外部"实在的一个特征。

当我们停止将我们自己限制在有关第二性质的概念之上时，这个有关这样的事情——经验是如何被合理地联结进调节一个世界观点的

---

① 这以某种方式表达了格雷斯·埃文斯在如下文章中竭力主张的观点："Things without the Mind——A Commentary upon Chapter Two of Strawson's *Individuals*", in Zak van Straaten, ed., *Philosophical Subjects: Essays Presented to P. F. Strawson* (Clarendon Press, Oxford, 1980), pp. 76–116。

活动之中的——的论点就变得更为清楚了。自然，其他的概念也出现在经验之中。做出如下假定会是完全错误的：经验只是接纳了实在的这样的特征，其概念被以这样的方式——存在于是红色的实际上所是的东西和看起来是红色的实际上所是的东西这两者之间的那种紧密联系（the tie between what it is to be red and what it is to look red）便例示了这种方式——不可分离地捆绑在了有关显象的模式的概念（concepts of modes of appearance）之上。（好像世界的其他方面只是在理论思维中而非在经验中才能出现在心灵之内。）经验本身从能够思维的世界中所接纳的东西要多于这样的性质，它们从这种意义上说是现象性的。

加以推广之后，作为我的出发点的维特根斯坦的那个评论所说的是这点：思维并非在事实前面便止步不前了。世界可以容纳于思想之中。我一直在竭力主张，这点构成了这样一种背景，不借助于它，经验把握世界的那种特别的方式就是不可理解的。而且，这种依赖性不仅仅表现在这个方向之上。事实并非是这样的：在不考虑经验的情况下，我们可以首先理解世界是能够思维的这个事实；由此出发，我们进而去理解经验。我们所考虑的东西不可能是能够思维的世界，或者换一种说法，我们的有关知性的装备的图像不可能是它需要成为的东西——也即一幅关于有着实质的经验内容的概念和构想的系统的图像，如果下面这点并非已经构成了这幅图像的一个部分：这个系统构成了这样的中介物（medium），在其内人们从事着合理地回应着经验的释放物的主动的思想。没有直观的思想确实会是空洞的。为了理解一般而言的经验内容，我们需要在它在一种自我批评的活动中所处的动态的位置上察看它（我们旨在借助于这种自我批评的活动领会世界——当它冲击我们的感官时）。

5. 以这样的方式谈论对我们的感官的冲击并非是在邀请我们做出这样的假定：那个整体的动态系统，我们在其中进行思维的那个中介物，是由其与其外面的某种东西所处的那些概念之外的关联而被保持在适当的位置之上的。这仅仅是再一次地强调下面这点：我们一定

第二讲　概念事项的无界性

不要描画一条围绕着概念事项的范围的外部边界，而一个处于这条边界之外的实在则由外向内地冲击着这个系统。任何跨越这样一条外部边界的冲击都只能是因果的冲击，而非合理的冲击。这就是戴维森的那个完全正确的论点，而且他竭力主张的是，我们要满足于坚持这一点：在经验中，世界对我们的思维施加了一种单纯因果的影响。但是，我在试图描述一种主张如下观点的方式：在经验中，世界对我们的思维施加了一种合理的影响。而这点要求我们从这幅图像上抹掉这条外部边界。我们的感官上所形成的印象——正是它们让这个动态的系统运转起来——已然被配备上了概念内容。在那些印象中诸事实被显露给我们，或者至少似乎被显露给我们；它们并非处于一条围绕着概念范围的边界之外，而且世界对我们的感性的冲击并非是在向内跨越这样一条边界。我的论点是坚持认为：我们能够在没有陷入唯心论、没有轻视实在的独立性的情况下抹掉这条外部边界。

当我们在这样一个动态的系统之内进行概念活动时，我们总是发现我们自己已经在与世界交锋了。对于这种状况的任何可以有意义地予以希求的理解必定来自于这个系统内部。这种理解不可能是这样一种事情：从一侧描画这个系统对世界的调适（picturing the system's adjustments to the world from sideways on），也即，在做出这样的描画时，这个系统四周被限制在一条边界以内，而世界则处于其外。这恰恰就是我们的图像一定不要采取的形式。

自然，起初我们可能发现另一个思想者是不透明的（opaque）。为了使得另外某个人与世界的交锋的概念内容对于我们来说成为可以利用的，我们也许需要费一些力气。与此同时，他与之交锋的那个世界肯定已经处于我们的视野之中了。我说过的任何话均威胁不到这个明显的事实。我确实想排除的东西是这样的想法：在我们致力于使得另外某个人成为可以理解的过程中，我们在利用我们已经能够辨明的这样一些关系，它们存在于如下事项之间：一方是世界；另一方是某种已经作为一个概念系统进入我们的视野之中的东西（这另一个人就是在这个概念系统之内进行思维的）。结果，当我们开始探知那些起初不透明的概念能力的内容时（这些概念能力是在这个系统内起作用的），我们就是在详尽地填充一幅从一侧画出的图像（a sideways-on picture）（这里是概念系统，那里是世界），而这幅图像本身一直是可以利用的，尽管起初只是一幅轮廓图。如下假定必定是一种错觉：这种想法适合于我们为了最终理解某些人而需要进行的那种解释工作，或者它的一个版本适合于我们习得有关这样的事情——在通常的教养（upbringing）过程中我们理解我们自己的语言的其他说话者——的能力的方式。这幅图像将世界放在围绕着这样的系统——根据推测，我们已经最终理解了它——的一条边界之外。这也就意味着，它所描绘的不可能是任何真正可以认作对于一套这样的概念的理解的东西，它们具有经验实料。这些假定的概念只能因果地而非合理地与来自于世界的撞击捆绑在一起（这再一次地是戴维森的观点）。我一直竭力主张如下立场：这点让这些概念作为具有经验实料的概念的身份，让它作为与经验世界有关的判断的内容的潜在的决定者的身份，成为一个谜了。（我认为这些考虑不利于人们的如下做法：动辄求助于戴维森的极端解释观念。所谓极端解释是这样一种程序：借助于它，人们在没有诸如词典之类的外部资源可以利用的情况下尽力领会一个陌生的语言。）①

这种错觉具有潜在的危害性，以至于可能诱惑我们渴望找到对于我们自己的思维的一种从一侧而来的理解（我们将这样的理解看成是理解我们的另外某个人的条件）。在一个对我们来说不透明的思维者的情况下，**某一幅**从一侧画出的图像必定是无害的。于是，事情可能看起来显然是这样的：克服这种不透明性只是在于填充那幅从一侧画出的图像中的空白之处，而让其取向（orientation）保持不变。但是，这一定是错误的。错误在于没有给予如下事实以适当的重视：在那幅无害的从一侧画出的图像中，我们还没有理解的那个人只是以最为抽象且不确定的方式作为思维者而出现的。当他的思维的特有的特

---

① 我心中想到的是罗蒂在下面这篇文章中对于戴维森的利用："Pragmatism, Davidson, and Truth"。

征开始进入我们的视野之中时,我们并非是在填充这样一幅预先就已经存在的从一侧画出的图像——它描画的是他的思想关联到世界的方式——之中的空白之处,而是最后与他共享了**处于一个概念体系之内**的一个立足点——这样一个立足点,从其出发我们能够与他一起将一种共享的注意力引向世界,而与此同时我们并不需要突破一条包围着这个概念系统的边界。①

6. 我一直在谈论那些在经验中被启动的概念能力是如何被整合进一般而言的自发性之中的。我提出了这样的建议,即正是这种整合使得如下事情成为可能:一个主体将一个"外部"经验理解成对于某种客观的东西——某种独立于该经验本身的东西——的觉察。一个经验的对象被经验为成立的事态,被理解成一个完整的能够思维的世界的一个部分。既然这个整体独立于这个特殊的经验,在我们追问下面这点时(如果这个经验未曾发生,那么事物会是什么样的),我们就可以使用这种延伸到这个大部分说来还没有被经验到的整体之中的关联来让这个特殊的经验的对象保持在其适当的位置之上。这点依赖于概念被整合进一般而言的自发性之中的一种特有的方式。像我已经断言的那样,颜色概念最低限度地例示了这种整合方式。

在第一讲(§7)中我说过:一个"内部经验"的对象不具有这种相对于经验本身的独立性。我那时说,一个"内部经验"的对象,如果独立于该经验所构成的那种觉察,根本就不存在。

这点可能给我们有关"内部经验"的理解带来沉重的负担。人们易于提出这样的想法:除非我们将"内部经验"的对象释作这样的所予的片断,它们以某种方式构成性地关联到对它们的接受的发生场合

---

① 我说上面的话的意思是想让人们想起汉斯-格奥尔格·伽达默尔(Hans-Georg Gadamer)所利用过的"视域融合"(fusion of horizons)概念。参见其著作 *Truth and Method* (Crossroad, New York, 1992; rev. trans. by Joel Weinsheimer and Donald Marshall), pp. 306–307。("视域融合"德文为"Horizonverschmelzung"。相应的原文语境参见 *Wahrheit und Methode*, 4. Auflage, J. C. B. Mohr Tübingen, 1975, SS. 289–290。——译者注)

(the occurrences of their reception)——也即，将它们释作"私人对象"，否则，我们不能保住这样的断言：独立于相关的经验，一个"内部经验"根本没有任何对象。如果我们被维特根斯坦反对这种假定的构想的论战说服了，那么我们便承受着如下压力：或者根本就否认"内部经验"是一件有关觉察之事，这会让我们免于为存在于意识流中的事件与这样的事件的假定的对象之间的关系而担心，但是这看起来像是那种令人尴尬的"假装麻木"（feigning anaesthesia）① 的哲学策略；要不然，在保留觉察的情况下放弃这样的断言："内部经验"的一个对象并非是独立于经验的。按照后面这个观点，"内部经验"终究是对于这样的情形的觉察，即它们无论如何都是成立的——独立于对它们的这种觉察。在相关的"内部经验"是一种感觉的地方，适当地相关的身体上的情形将似乎是符合这种要求的。这就将"内部经验"同化为"外部经验"了——在其构成了对于某种东西的觉察范围内。只不过，这种经验的对象并非处于外面很远的地方。所有这些立场都如此无法令人满意，以至于人们可能同情维特根斯坦的如下倾向：根本否认有关感觉的自我归属等表达了判断。（至少一些注释者发现维特根斯坦至少有时屈服于这种倾向了。）

我认为，在此利用如下事实是有帮助的：有关"外部经验"的概念被以一种特有的方式整合进一般而言的自发性之中。对于有关"内部经验"的概念来说，我们能够发现一种不同的特有的整合方式。直到某一点为止，"内部经验"的印象类似于"外部经验"的印象。它们都是这样的被动的发生过程，在其中概念能力被启动了。事实并非是这样的：那些在"内部经验"中被启动的概念能力没有被整合进一般而言的自发性之中，或者说一个"内部经验"的对象不是以这样一种方式被理解的，它将它作为一个可能的要素置于一个世界观点之

---

① 该短语取自于艾耶尔（A. J. Ayer）的如下文章："The Concept of a Person", in *The Concept of a Person and Other Essays* (Macmillan, London, 1964), pp. 82–128, 特别参见 p. 101. 艾耶尔将这个想法归功于奥格登（C. K. Ogden）和理查兹（I. A. Richards）。

第二讲 概念事项的无界性

中。这两个说法最后是一样的，它们只是会阻止我们在此认出概念能力。不过，"内部经验"情形中的整合模式不是那种会将独立性赋予觉察的对象的整合模式。

如果一个主体不理解有关"内部经验"的判断涉及的那种情形是如何融入一般而言的世界的，那么我们不能认为他拥有在这些判断中使用比如疼概念的能力。这样的理解所需要的东西是这样的：该主体必须将他之处于疼之中理解成**某个人处于疼之中**这个一般类型的事态的一个特殊的情形。因此，他必须理解这点：在相关的"内部经验"之中得到利用的那种概念能力并非局限于它在"内部经验"和有关"内部经验"的判断之中所扮演的角色，也即，并非局限于其第一人称现在时的角色。① 这点产生了我们可以看作构成了觉察和对象的结构的一种极限情形的东西。我们可以将"内感官"的这样一个印象——在其中比如疼的概念被启用了——理解成对于如下情形的一种觉察：相关主体处于疼之中。觉察和对象的结构之所以适当地出现在这里，这恰恰是因为，相关主体在构想他之处于疼之中实际上所是的东西（即作为他的觉察的对象的那种情形）时并没有仅仅从有关那种情形的"内部的"或者第一人称的角度出发（这个角度构成了他对那种情形的觉察）。他理解这点：同一种情形不仅可以在一个表达了"内部经验"的思想之中得到思维，而且也可以以其他的方式得到思维——被另外某个人或者被他自己在不同的时候。这点给予了有关该情形的观念以一种相对于他对它的觉察的独立性。不过，尽管他对这种情形的构想并非仅仅是经由那种作为感性的"内部"运作的觉察而接近它的，但是这种情形恰恰就是感性的运作本身（the operation of sensibility itself）。

将"内部经验"的对象——就其极限情形的实体性方面来说（in their limiting-case substantiality）——与"外部经验"的第二性质加

---

① 参见 P. F. Strawson, *Individuals：An Essay in Descriptive Metaphysics* (Methuen, London, 1959), chap. 3. 同时参见埃文斯在如下著作中对斯特劳森的这个思想的利用：*The Varieties of Reference* (Clarendon Press, Oxford, 1982), chap. 7。

以比较是值得的。一方面，与第二性质相比，"内部经验"的对象在客观实在中的根扎得没有那么牢固；但是，另一方面，它们更加独立于它们借以得到认同的那种特有的经验，因此，它们具有更大的实体性。一方面，第二性质在某处的存在独立于任何在其中它们的在场得以揭示的特殊的经验，而"内部经验"的一个对象在某处的存在则并非独立于该经验；但是，另一方面，一个主体仅仅是通过经验到它像是什么这点（exclusively through what it is like to experience it）来理解一个第二性质的感觉上的特异性的，而一个主体则必须理解这点：他的"内部经验"的潜在的对象除了能够从他之经验到它们这个立足点来思维以外，本质上也能够通过其他的方式来思维。①

7. 我一直竭力主张，在经验的判断之中，概念能力并非是被行使在感性的非概念的释放物之上（non-conceptual deliverances of sensibility）。在感性的释放物本身之中概念能力就已然起作用了。在第一讲（§5）中，我曾经提议，我们最好不允许提出这样的问题：在经验中概念能力被行使在什么东西之上了。如果我们在这样的语境中谈论概念能力的行使，那么我们便将我们坚持经验的被动性的资格（ability）置于危险之中；而如果我们要压制住对于所予的渴求，那么这种资格便是必不可少的事情。不过，在不允许提出那些概念能力被行使在什么东西之上这个问题的时候，我并没有不允许提出这样的问题：那些在经验中被动地接受到的概念内容与什么东西有关，或者所处理的是什么东西。显而易见的回答是这样的（如果这个问题是以

---

① 这个对比的第二部分某种意义上说是脆弱的。我们或许会说一个"内部经验"的对象的感觉上的特异性同样仅仅是经由经验到它像是什么这点来理解的。我在思想中所容纳的东西不可能是另外某个人的**疼**，除非我心中想到的是他的经验对于他来说所像的样子。当我这样说时：某个人之处于疼之中这种情形除了通过他对于它的"内部经验"以外，还能够通过其他方式得到思维，我并非是意在暗示这样的结论：这个情形在不考虑他对于它的"内部经验"的情况下也是能够思维的（比如以行为主义的术语）。但是，在第二性质的情形中不存在任何相应于第一人称与第三人称的立足点之间的交替（the play between first-person and third-person standpoints）的东西。这个脚注回应的是丹尼乐·麦克白斯的一个评论。

这样的一般形式提出的)：它们所处理的是世界——显现给（或者至少是似乎显现给）相关的经验主体的世界，或者说向相关的经验主体显露自身（或者至少是似乎在显露自身）的世界。这不应当激起对唯心论的某种恐惧。

当我们拒斥所予的神话时，我们拒斥的是这样的想法：对一个判断的根据的追溯能够终止于对一个赤裸的呈现的指向。现在，这可能让人产生不适的感觉。事情可能看起来是这样的：我们使我们自己丧失了这样一种辩护角色，即如果我们要能够让我们自己确信我们有关思维的构想足够承认了实在的独立性的话，那么将它归属给指向就必定是可能的。对判断的辩护必须能够包括从某个相关的范围向外指向世界的特征这样的事情；要不然，这个相关的范围便面临着这样的危险：看起来它像是一个封闭的圆圈，在其内我们对自发性的行使没有任何摩擦地运行着。

但是，既然我们谨防着诸如"思想的范围之外"（§3）这样的短语中的歧义性，处理这个问题便很容易了。存在着两种不同的有关起作用中的指向所能承担的辩护角色的构想。按照我所推荐的那种构想，辩护能够完好地包括这样的事情：从思维的范围向外指向世界的特征。只有在我们做出如下假定时我们才会陷入所予的神话：这种指向将不得不突破一条围绕着能够思维的内容的范围的边界。

8. 人们有时反对类似于我一直在竭力主张的那种立场的立场，其根据是它们包含着一种傲慢的人类中心论，一种对世界完全处于我们的思维能力所及的范围以内这点的毫无根据的自信。这看起来至少类似于一种唯心论的指控。如果不是因为我们将世界构想成我们的思维的一个影子或者映像，我们为何竟然会如此地确信我们领会世界的能力？①

不过，对于我所推荐的立场来说，一种傲慢的指控是无效的。在

---

① 关于这种形式的唯心论指控，参见 Thomas Nagel, *The View from Nowhere* (Oxford University Press, New York, 1986), chap. 6。

第一讲（§5）中我曾经说过，自发性官能随身携带着一种对如下事项的长久的责任：要反思那些一般认定为合理的关联的资格（人们认为，这些合理的关联在任何时候都支配着在对经验做出回应时调节人们的世界观点这样的主动的业务）。对于知性来说，确保我们的经验概念和构想合乎要求是一项持续而艰苦的工作。这需要耐心和某种像谦逊这样的东西。就一个概念和构想的系统在其历史发展过程中的某个特殊的时刻所处的状态来说，我们不能保证世界完全处于其所及的范围之内。事实恰好相反。正因如此，这种反思的责任是永久性的（perpetual）。

存在着这样一种趋向：不接受这种责任是永久性的这个事实。如果人们考虑有这样一个事态，它理应被称作"探究的终结"，那么人们便想象这个责任就不再适用了。① 这将是这样一个事态，在其中探究——包括对目前被当做探究的东西本身的资质的反思式探究——将不再是必要的。我们可以很有道理地争辩，即使作为理性的一个单纯的理想，这种构想也是可疑的：如果它不是那种对于我们的能力的不正当的确信的残留的反映（上述反对意见所抱怨的就是这种确信），它还能够是什么？但是，探究的终结的观念绝不是我所推荐的立场的一个部分。

9. 在前面这两讲中，我介绍了这样一种趋向：在信奉所予的神话和否认经验与思想具有一种合理的关联（a rational bearing）两种立场之间摇摆不定。我断言，为了逃离这种交替状态，我们必须坚持这样的立场：在经验中，自发性无法分开地牵连到接受性的释放物之中。我们一定不要这样假定：对其与自发性的合作，接受性做出了一个哪怕是从观念上说可以分离开的贡献。在这一讲中我一

---

① 这种想法暗含在皮尔斯（C. S. Peirce）的一些著名的评论之中，比如如下评论："那种最终注定得到所有从事研究的人的同意的意见就是我们用真理所意指的东西，而在这样的意见中得到表现的那个对象便是实在的东西。"引自"How to Make Our Ideas Clear", in *Writings of Charles S. Peirce*, vol. 3 (Indiana University Press, Bloomington, 1986), pp. 257–276, 所引段落出现于 p. 273；原载于 *Popular Science Monthly* 12 (January 1878), 286–302。

第二讲 概念事项的无界性

直在讨论一种唯心论（在未能承认实在独立于思维这样的意义上）的指控。这构成了这样一种适合的语境，在其中可以提出这样的问题：我对这个逃离路径的描述如何关联到康德（我当然一直在利用他的术语）。

康德坚持这样的看法吗：对其与自发性的合作，接受性做出了一个可以分离开的贡献？事情似乎是这样的："不是"和"是"这两种回答都是正确的。

从经验的立足点来看，回答为"不是"。如果一个人设定了一个来自于接受性的经验上可以分离开的贡献，那么他便让自己承诺了某种在经验中被给予的东西（something Given in experience）。对于一切概念性的事项来说，这种东西能够构成其终极的概念之外的奠基（the ultimate extra-conceptual grounding）。作为表达一个具有核心意义的康德式思想的方式，我们可以说：一定要拒斥这个想法。对于康德来说，经验并非接纳了这样的终极的根据，我们可以通过指向能够思维的内容的范围之外的方式来求助它们。在经验中，经由对于感官的撞击我们接纳了这样一个实在之内的诸要素，它恰好并非处于能够思维的内容的范围之外。

但是，康德还有一个先验的故事，而就这个先验的视角来看，接受性似乎确实做出了一个可以隔离出来的贡献。就这个先验的视角来看，接受性是作为对一种超感觉的实在（a supersensible reality）的撞击的易受性（susceptibility）而出现的。这种超感觉的实在被认为可以在一种比任何适合于普通的经验世界的意义更强的意义上独立于我们的概念活动。

如果我们将自己局限于经验的立足点本身，那么我们在康德那里所发现的东西恰恰就是我们一直在推荐的那幅图像：这样一幅图像，在其中实在并非位于一条围绕着概念范围的边界之外。因此，下面这点并不是偶然的：我能够用康德式的术语表达我所竭力主张的观点。经验涉及接受性这个事实确保了我们所要求的那种来自思维和判断行为之外的限制。但是，既然接受性的释放物已经利用了属于自发性的能力，我们就能够前后一贯地假定这个限制是合理的。这就是这幅图像避免所予的陷阱的方式。

但是，这个先验的视角将这幅具有潜在的解脱作用的图像嵌进了我稍早（在§5）所提到的那种从一侧而来的观点（the sideways-on view）的一个独特的版本之内。在这样的观点内，概念的空间四周受到了限制，而某种东西则处于其外部边界之外。在这个版本中这种东西为超感觉的事项，而非通常的经验世界。在这样的框架内，那个具有解脱作用的思想无法采取适当的形式。一旦超感觉的事项进入到这幅图像之中，其相对于我们的思维的极端的独立性便趋向于将自己呈现为恰恰这样的独立性：任何真正的实在都必须拥有它。相形之下，经验世界的独立性要求最后像是欺骗而已。我们被要求做出这样的假定：经验世界的基本结构以某种方式是一件与超感觉的实在进行互动的主体性的产品（a product of subjectivity）；而一旦超感觉的实在进入到这幅图像之中，我们便觉得它构成了真正客观性（objectivity）的所在地。但是，如果我们部分地要对经验世界的基本结构负责，那么它如何能够真正地独立于我们？在此，如果有人告知我们下面这点，这也不会提供任何帮助：仅仅是先验地说，经验世界的基本结构出自于我们的制作。①

将通常的经验被动性（ordinary empirical passivity）归属给经验的这种做法满足了我们的要求：它确保了当我们联系着概念在经验思维中的运用援引自发性时，我们不用迫使我们自己将经验思维表现成没有受到合理的限制，将其表现成一种在虚空中进行的没有摩擦的旋转。无论如何，有关一种先验被动性（transcendental passivity）的观念在最好的情况下都是成问题的——以一种人所熟知的方式：按照康德自己所信奉的原则，我们应当将因果作用

---

① 关于这样一种不满的生动的表达，参见斯特劳德（Barry Stroud）为一场题为"那个消失的'我们'"（"The Disappearing 'We'"）的讨论会所贡献的文章［他所评论的是乔纳森·里尔（Jonathan Lear）的一篇文章］，*Proceedings of the Aristotelian Society*，supp. vol. 58 (1984)，243-258。

（causation）理解成某种在经验世界之内运作着的东西。附加上这个成问题的观念仅仅是暗中破坏了经验被动性能够提供的那种再保证。

康德差一点儿就找到了一条令人满意的逃离这种摇摆的路径。他指出了那条减轻包含在所予的神话之内的主要混乱的道路。按照所予的神话，当我们达到思维和实在之间的终极接触点时，对理性的训令负责地保持敏感的责任（the obligation to be responsibly alive to the dictates of reason）便终止了。所予是世界的一种粗野的结果，而非某种由它所辩护的东西。但是，事实上，这种责任的生效范围必定一路向外，一直扩展到实在。世界本身必定对我们的思维施加了一种合理的限制。如果我们假定合理的负责（rational answerability）终止于理由的空间的某个最外面的点之上，而没有最后达到世界本身，那么我们的图像便不再描绘任何可以识别为经验判断的东西了，我们便完全抹掉了经验内容。如果不是因为那个先验的框架（the transcendental framework），我们本来是可以将那个洞见的一种清楚的表述归属给康德的。这就是我在前面解释他的几近明确的断言——没有直观的思想是空洞的——的方式。

有关一种自发性官能的观念就是有关让我们能够管理我们的生活的事项的观念。康德指出了通向这样一种立场的道路：在其中，我们能够令人满意地将这种观念应用到经验思维之上——我们能够主张经验的探究是我们的生活中的这样一个区域，在其上我们行使一种负责任的自由，而不是让那个思想带来这样的威胁：让我们失去对于经验思维要受到来自于世界本身的限制这样的要求的掌控。但是，那个先验的框架迫使我们做出了一种限定。先验地说来，我们在经验思维中享有的负责任的自由似乎不是真实的。事情是这样的：好像康德说的是，尽管一种无罪证明不能充当一种辩护，并且尽管经验上说来我们能够拥有对于经验判断的辩护，但是先验地说来，我们能够提供给经验判断的东西在最好的情况下仍然是无罪证明。

这是康德哲学中的一个极为不能令人满意的方面。① 到现在为止，我就此所说过的话太过简单了，特别是它们会给人以这样的印象：去除这个先验的框架是一件简易的事情。后面（在第五讲）我将对这点做出更多的讨论。

我认为我们必须承认，那个先验的框架的效果就是使得康德哲学成为我所考虑的那种意义上的唯心论。这完全违背康德的意图。不过，尽管他做出了坚定的否认，他的哲学的后果就是轻视我们的感官准许我们接近的那个实在的独立性。对此负有责任的事项恰恰是康德哲学中的那个使得他的一些继承人觉得构成了对唯心论的背叛的方面，也即这个事实：他承认处于概念事项的范围之外的实在。那些继承人竭力主张，我们必须丢弃超验的事项，以便得到一种前后一致的唯心论。事实上，这个步骤解放了康德的洞见，以至于它能够保护一种对于通常的世界的独立性的、常识性的尊重。

像我说过的那样，如果我们抽离掉超感觉的事项在康德的思考中所扮演的角色，我们还留有这样一幅图像，在其中实在并非位于一条

---

① 请对照埃利森（Henry E. Allison）的著作：*Kant's Transcendental Idealism：An Interpretation and Defense*（Yale University Press，New Haven，1983）。埃利森捍卫先验唯心论，其根据是：它是一种心理主义的现象主义之外的唯一的选项。他的基本思想在如下段落中得到了扼要概括："的确，人们可以断言，《纯粹理性批判》所提出的根本问题是我们是否可能隔离出一组有关事物的认识的可能性的条件……这样的条件可以与有关事物本身的可能性的条件区别开来。既然前一种条件会被算作就其显现而言的事物（things as they appear）的条件，后一种条件会被算作就其本身而言的事物（things as they are in themselves）的条件，对这个问题的一个肯定的回答就蕴涵着对于这个先验的区分（即就其显现而言的事物和就其本身而言的事物之间的区分）的接受，进而蕴涵着对于先验唯心论的接受。另外，如果这个问题是被以否定的方式回答的（像标准的图像对之所做出的回答那样），那么任何据称是'主观的'（subjective）条件都不可避免地被以心理学的术语加以解释。对康德所做的那种主观主义的、心理主义的、现象主义的解读——这点刻画了标准的图像，因此就是其对这个问题所给出的否定性回答的一个直接的后果。"（第13页）我同意我们不应该在康德那里发现一种心理主义的现象主义。[不过，埃利森所挑选出的"标准图像"——这种图像在康德那里发现了一种心理主义的现象主义——的代表是斯特劳森的《感觉的界限》（*The Bounds of Sense*）。我觉得以这样的方式解读斯特劳森是荒唐的。] 但是，我不同意这种观点：对埃利森的问题的一种否定性回答不可避免地意味着心理主义。这种观点使得我们无法理解费希特（Fichte）——特别是还有黑格尔——对康德所做出的回应。

第二讲 概念事项的无界性

围绕着概念事项的边界之外。在此,我一直在竭力主张如下观点:这样一幅图像并没有轻视实在的独立性。这幅图像对常识并非是攻击性的;相反,它恰恰保护着它。

对于绝对唯心论来说,具有中心意义之点是这样的态度:拒斥概念的领域具有一条外部边界的这个想法。我们已经达到了这样一点,从其出发,我们能够开始驯服那种哲学的辞令。请考虑比如黑格尔的这个评论:"在思维中,我**是自由的**,因为我不是在一个**他者**之中。"① 这精确地表达了我一直在使用的那个象喻,在其中概念事项是无界的,其外没有任何东西。这个论点同于我前面(在前文§§3,4)已经花了一些时间加以讨论的维特根斯坦的那个评论的论点:"我们——以及我们的意指——并非在事实前面的某个地方便止步不前了。"我是愿意将这个讨论继续进行下去的,但是出于几个理由(如下事实或许是其中最不严肃的理由:就一讲的内容来说,我已经说得够多了),我现在不能这样做了。

10. 我一直在声称:经验的内容是概念性的。许多人认为这不可能是正确的。在下一讲我将讨论这个问题。

---

① *Phenomenology of Spirit*, trans. A. V. Miller (Oxford University Press, Oxford, 1977),§197, p.120. 在其著作 *Hegel's Idealism: The Satisfactions of Self-Consciousness* (Cambridge University Press, Cambridge, 1989)第 164 页上,皮平(Robert B. Pippin)将这个评论主要解读成斯多葛主义的一种表达,尽管他说道:"它也清楚地指示了黑格尔正在向其行进的立场。"后者就是我所需要的一切。不过,我愿意建议,实际上这是关于这个评论我们首先要说出的话。《精神现象学》中的一小节的开započ诸段通常会勾画出"黑格尔正在向其行进的立场"。只是在相关小节的后面某种不充分之处才显露出来。这个评论出现在题为"斯多葛主义"的那一小节。但是,它属于该小节的标志着前进的阶段——在用以保持那个辩证的钟摆摆动下去的东西出现之前。

第三讲　非概念的内容

1. 我一直在谈论一对对立的陷阱：一方是这样一种融贯论，它不承认对于思维的任何外部限制，因而——我断言——它根本不能真正地为经验内容留出余地；另一方是向所予的神话的退缩，在我们需要的东西是辩护的地方，它提供的至多只是无罪证明。我竭力主张的是，终止在这样两口陷阱之间摇摆不定的途径是像康德那样将经验知识构想成感性和知性之间的一种合作。为了避免使得如下事情成为不可理解的：感性的释放物如何能够与诸如判断和信念这样的知性的范例性的行使处于奠基关系之中，我们必须以一种完全特殊的方式来构想这种合作，即我们必须坚持知性已然无法分开地牵连到感性的释放物本身之中。经验是世界在我们的感官之上所造成的印象，是接受性的产品；但是，那些印象本身就已然具有了概念内容。

这个不加限制的断言——知觉经验的内容是概念性的——自从我的第一次讲座以来就已经一直引起人们的怀疑了。在此我要捍卫这个断言，使其免受这些怀疑的侵害。

在开始之前，我要强调下面这点：这个问题不能仅仅当做有关我个人特有的术语方面的事情而被平息下来——好像我仅仅是将"概念的"这个标签黏附在了经验的内容之上，而实际上我也是按照我的反对者通过如下说法——它不是概念性的，至少不完全是概念性的——所表达出的那种方式看待经验的内容的。对于我所推荐的那幅图像来说，下面这点具有本质意义：经验是经由在感性中启动这样的能力——它们真的是一个自发性官能中的要素——的方式拥有其内容的。这同一些能力也必须能够在判断中得到行使，而这就需要它们被合理地联结进这样一个概念和构想的整体系统之中，在其内它们的拥有者从事着调节他的思维以适应经验这样一种连续不断的活动。的确，在这样的系统中可能存在着这样的其他的要素，它们根本不能出现于经验之中。在上一讲中我断言，仅仅是因为经验涉及属于自发性的能力，我们才终究能够将经验理解成对于世界的觉察或者说貌似的觉察。我利用康德式自发性观念的方式迫使我对诸如"概念"和"概念（性）的"这样的语词给以一种苛刻的（demanding）解释。对于如此苛刻意义上的概念能力来说，本质之点是：它们能够在主动的思维中被利用（主动的思维即向着有关它自己的合理的资质的反思开放的思维①）。这就是当我说经验的内容是概念性的时候我用"概念性的"所意指的东西。

2. 为了聚焦这个讨论，我将考虑埃文斯就这个问题所说过的话。

埃文斯同样不加限制地断言：知觉经验的内容是非概念性的。按照埃文斯的理解，在知觉语境中，概念内容首先是在以经验为基础而建立起来的判断中起作用的。当人们在经验的基础上形成一个判断时，人们便从非概念的内容前进到了概念内容：

> 一个主体通过知觉所获得的信息状态是**非概念性的**或者**非概念化的**（non-conceptualized）。**以**这样的状态**为基础**的判断（Judgements *based upon* such states）必然涉及概念化（concep-

---

① 在此，下面这点值得特别提出（因为它有助于表明相关的概念事项的观念是多么苛刻）：对于反思的这种开放性蕴涵着思维主体方面的自我意识。不过，在这个阶段，我只是在脚注中提及这点，因为直到稍后的时候（在第五讲中）有关自我意识的问题才会占据最为突出的地位。

tualization）：在从一个知觉经验到一个有关世界的判断（通常可以表达成某种语词的形式）的前进过程中，人们将行使基本的概念技能。……概念化的过程或者说判断将该主体从他之处于一种信息状态（它带有某种内容，也即非概念的内容）带到他之处于另一种认知状态（它带有一种不同的内容，即概念内容）。①

这些非概念性的信息状态是知觉在埃文斯称为"信息系统"（第122页）的东西中扮演其角色的结果。信息系统是当我们做下面这些事情时我们所行使的那些能力所构成的系统：通过使用我们的感官收集有关世界的信息（即知觉），在交流中从其他人那里接受信息［即见证（testimony）］，以及历经时间而保留信息（即记忆）。②

对于埃文斯的观点来说，下面这点具有核心的意义："信息系统的运作"要比合理地互相结合在一起的诸概念技能［正是它们为有关判断的观念和一种有关信念的严格的（strict）观念留出了余地］"更为原始"（第124页）。③ 如果用我一直在使用的术语来表达的话，这个思想是这样的：信息系统的运作要比自发性的运作更为原始。这点在知觉和记忆的情况下是明确的。像埃文斯所说的那样，知觉和记忆为"我们与动物所共享"（第124页）；也即，它们为我们与这样的动物所共享，自发性观念掌控不到它们。引人注目的是，就见证而言，埃文斯也坚持同样的观点："那种我们借以从其他人那里得到信息的机制……在人类智力发育的这样一个阶段便已经起作用了，它发生在更精致的观念能够应用之前"（第124页）。他此处的思想是这样的：对于我们通过接触其陈述而拥有的知识中的一大部分来说，在接触这些陈述时，我们并不能理解它们。

埃文斯于是将知觉经验等同于信息系统的这样的状态，它们具有

---

① *The Varieties of Reference*, p. 227. （引文中的强调源于原作。）除非另行注明，在本讲座中所有来自于埃文斯的引文均引自该著作。我要立即清楚地指出这点：我相信，我在此与埃文斯争论的这个论题对于埃文斯这本具有深远重要性的著作的主要断言来说不具有本质意义。在第五讲（§6）中我将回过头来讨论这些主要断言。

② Ibid., pp. 122-129.

③ 在§6中我将谈论一下这种有关信念的严格的观念。

第三讲 非概念的内容

非概念的内容。① 按照埃文斯的理解，概念能力只是在这样的时候才首次被启动起来，在那时人们做出了一个经验的判断，而在此刻一个不同种类的内容就开始起作用了。请对比那种我一直在竭力主张的解说。按照我一直在推荐的那幅图像，一个知觉经验的内容已然是概念性的。一个经验的判断并非引入了一种新的内容，而只是认可了（endorses）那个它在其上得到奠基的经验已然具有的那个概念内容（或者其中的一个部分）。②

在此，不误解这个分歧是重要的。按照埃文斯的观点，经验是信息系统的状态，而且作为这样的东西，它们具有的内容是非概念性的。但是，他并没有将有关一个经验的观念等同于有关这样一个知觉信息状态的观念，它是经由信息系统的运作以独立于自发性的方式产生的。相反，他坚持认为，知觉信息状态，连同它们的非概念的内容，"并非根据这个事实本身就是知觉**经验**——也即一个有意识的主体的状态"（第157页）。按照埃文斯的观点，一个知觉信息系统的状态只有在如下条件下才算作一个经验，即其非概念的内容可供用作"向一个**思维的、应用概念的以及推理的系统**的输入"（第158页）；也即，其非概念的内容可供这样一个自发性官能使用，它可以在这个知觉状态的基础上合理地做出或拒绝做出经验的判断。因此，由一个缺乏自发性官能的生物之内的信息系统的知觉要素所产生的一个非概念的信息状态并不被算作一个知觉经验，即使一个经由其对于自发性的可用性而确实被算作了知觉经验的状态就其自身来说恰恰就是这样一个非概念的信息状态（其非概念的内容是以独立于自发性官能之启

---

① 将埃文斯的解说复杂化，以使其容纳如下事实并不是一件困难的事情："经验"不仅能适合于状态，而且也能适合于发生过程。

② 请注意：奠基不必依赖于从一个内容到另一个内容的推导步骤。事物是如此这般的这样的判断可以奠基在这样一种知觉显象之上：事物是如此这般的。这并没有抹掉经验（特别是视觉经验）的刻画性的丰富性。一个典型的经验的判断从作为它的基础的那个经验的内容那里进行选择。那个为事物是如此这般的这个判断奠基的经验不一定为如下事实所穷尽：它提供了事物是如此这般的这个显象。从已然是概念的内容的丰富供应物中进行选择并不是埃文斯认为由判断所完成的事情——从一个种类的内容向另一个种类的内容的过渡。

用的方式被赋予的)。

3. 在第一讲快要结束的地方(§7),我着重提到了这样一个困难,当我们打算将我一直在推荐的那幅有关一般而言的经验的图像应用到"内部经验"时,我们就会自然而然地感受到它。按照那幅图像,经验是这样的状态或发生过程,在其中概念能力被启动了。我一直在断言,对于概念能力来说具有本质意义的是它们属于自发性,也即属于这样一种官能,它在人们根据经验的释放物对他们所思维的东西进行主动的自我批评式的控制时得到行使。但是,这就意味着我们不能将那些会出现在我所赞同的那种有关"内部经验"的解说之中的概念能力——比如使用疼概念的能力——归属给许多这样的生物,否认它们感受到疼将是骇人听闻的。并非只有主动的自我批评的思想者才能感受到疼。按照我一直在推荐的那幅关于经验的图像,不管适合于一个感受到疼的、没有自发性的生物的说法会是什么样的,它都不可能是这样的说法:它具有"内部经验"。

这点显然并非是"内部经验"所独有的。对于"外部经验"的应用也是类似的:按照我所推荐的那种解说,声称揭露了事物是如此这般的这个事实的"外部经验"是一种涉及这样的概念能力的运作的状态或者发生过程,在人们做出事物是如此这般的这个判断时它们将被主动地加以利用。如果事情是这样的,那么"外部经验"只能被归属给一个能够从事这样的主动的思维的生物。因此,在这种情形中我们便有了一个类似之点:我不得不否认一些生物具有有关它们的环境的特征的"外部经验",尽管否认它们从知觉上说对于那些特征是敏感的将是骇人听闻的。并非只有主动的自我批评的思想者才是这样的:从知觉上说对于它们的环境的特征是敏感的。

在这个阶段,我只是要承认这种双重的不适,而并非是要缓解它。后面(在第六讲中)我将试图这样做。在此,一个直接的回应将是断定:我们有必要将经验的观念与任何酷似自发性观念的东西完全切割开来。于是,我们就不必就有理性的动物和非理性的动物的感受生活(the sentient lives)讲述两则不同的故事了。我现在关心的要

第三讲　非概念的内容

点恰恰是，任何受到这样的道路诱惑的人都不能轻易地将埃文斯吸收为同盟者。在他的图像中，正如在我的图像中一样，经验的概念有一个受限的用法，受到一种与事实上是自发性观念的东西的关联的支配（这种关联大体说来是康德式的）。

　　4. 在这些讲座中我所关心的是一种陷入哲学忧虑的长期存在的威胁。如果我们所特别关注的是自发性观念所蕴涵的自由，那么通常认为是一幅有关带有经验内容的思维的图像便有退化成一幅有关在虚空中进行的没有摩擦的旋转的图像的危险。为了克服这种危险，我们需要承认在经验思维中自发性的行使要有一个外部限制。但是，现在我们便来到了这个长期存在的困难的另一面：我们必须避免以这样一种方式构想这种外部限制，在我们本来需要辩护的地方，它至多只是带来了无罪证明。有人可能通过如下方式直接拒绝面对这个困难：拒绝在对经验的解说中给予任何像自发性观念那样的东西以任何位置。但是，像我刚刚强调过的那样，这并不是埃文斯所采用的路线。

　　为了承认那种所要求的外部限制，我们需要求助于接受性。我竭力主张，引入接受性而同时又没有只是让跷跷板向后倾斜、再次回到所予的神话的途径是这样的：我们一定不要假定，对其与自发性的合作，接受性做出了一个哪怕是从观念上说可以分离开的贡献。

　　然而，埃文斯并没有尊重这条规则。在埃文斯有关经验的解说中，接受性是以信息系统的知觉要素的面目出现的，而且他的想法是这样的：这个知觉系统是以独立于自发性的任何运作的方式产生其负载着内容的状态的。的确，作为结果而产生的这些负载着内容的状态仅仅是因为如下事实才被算作经验的（在埃文斯所运用的那种某种程度上讲康德式的、受限了的意义上）：它们可供自发性使用。但是，自发性并不进入决定它们的内容的过程。因此，信息系统的独立的运作是作为接受性对其与自发性的合作所做出的一个可以分离开的贡献而出现在埃文斯的解说中的。

　　如果事情是这样的，那么在埃文斯的图像中经验关联到概念能力的方式恰恰就是在有关经验知识的这样一幅图像中直观关联到概念的方式，康德已经表明（按照我的解读来看）它是没有任何希望的——至少当它被当成一幅有关从经验的立足点来看的事物所处的情况的图像时。的确，康德试图在先验的层面上允许一幅具有这样的形式的图像具有某种正确之处。不过，埃文斯有关经验的解说并非仅仅意在从先验层面看是正确的（不管从先验层面看它是正确的这点意味着什么）。因此，除非我在前两讲中详述的康德式的思考有什么错误的地方，否则，埃文斯有关经验的解说应当已经被其驳倒了。

人们或许难以相信埃文斯的经验观是一种版本的所予的神话。埃文斯对于知觉信息状态的顺畅的自然主义的解说没有显示出任何这样的认识论的困扰（the epistemological obsessions）的迹象，它们通常在引发所予的神话的过程中起着作用。通常引起这个神话的东西是这样一种担心：自发性之涉入我们有关经验思想的图像使得下面这点变得神秘莫测了，即我们究竟如何可能是在描画与实在保持接触的东西。而在埃文斯那里没有有关这种担心的任何迹象。

而且，就将所予的神话归属给埃文斯这件事来说，似乎还存在着一个更为特别的问题。如果经验像埃文斯设想的那样是没有概念的直观，那么在一种意义上这将使得他的立场容易受到对于所予的神话的康德式攻击：它们应当是盲目的。但是，埃文斯在此很小心地将表现内容归属给了经验——甚至于以一种独立于对于自发性的可用性的方式（正是因为这种自发性，它们才被算作经验）。这样的内容肯定是非概念性的，但是人们或许很想知道这点如何能够证明盲目性的象喻是正当的。盲目的事项肯定将不得不是完全缺乏表现内容的——人们或许会这样想？

埃文斯的立场的结构可以与在第一讲（§5）中当我试图避免对于我所推荐的东西的误解时我所考虑的一种立场的结构加以比较。那种立场声称接受这点：在经验中概念能力被启动了。但是，它将它用那些词项所描述的状态和发生过程看作是与自发性隔绝开来的。其目的在于，确保它们不遭受自发性观念所蕴涵的那种自由的潜在地令人紧张不安的效果的支配。

那时我关于那种立场所说的话是这样的：在与自发性隔绝的语境中，谈论概念是单纯的语词游戏。经验涉及概念能力这个断言的要义在于，它让我们能够将与经验思维的合理的关联归属给经验。但是，隔绝策略的要义则在于它将自发性限制在这样一条边界以内，它让经验留在它之外。这就意味着存在于经验（该立场不将它们设想成自发性的运作）和判断（该立场确实将它们设想成自发性的运作）之间的那些推定的合理的关系本身不能处于自发性的范围之内——易受修改（如果这应当就是主动的思维的自我审查所推荐的东西）。而这也就意味着我们不能真正地将那些关系承认为潜在地构成理由的关系。我们不能给理性的自我审查设置界限。如果我们想要能够认为概念能力在经验中的运作合理地冲击着我们的思维（像我们必须做的那样——如果它们终究要能够被承认为概念能力的运作的话），那么我们就必须承认那些合理的关系属于自发性的范围之内。很难理解，我们如何能够既承认这点，同时又拒绝接受处于这些关系一端的知觉状态和发生过程涉及运作中的自发性的能力。

　　埃文斯关于经验的解说没有犯**那种**欺骗性的贴标签之罪；恰恰没有，因为他让概念置身于经验的内容之外。但是，"内容"这个词在埃文斯的解说中所扮演的角色恰恰就是对"概念的"这个词的欺骗性使用在那种立场中所扮演的角色，也即，让事情看起来好像是这样的：我们可以承认经验和判断之间的合理的关系，结果我们能够说——像埃文斯所做的那样——经验的判断是"以"经验"为基础的"（第 227 页），尽管这些关系应当是跨越一条围绕着自发性的边界而成立的。相同的论点在这里也是适用的。如果这些关系能够被真正承认为构成理由的关系，那么我们便不能将自发性限制在这样一条边界以内，这些关系应当是跨越它而成立的。这些关系本身必须能够归入主动的思维的自我审查的范围之内。

　　埃文斯的立场拥有一副骗人的、无辜的外表。下面这点可能看起来是显而易见的：一个表现内容的一个拥有者，无论该内容是否是概念性的，能够与另一个表现内容的一个拥有者处于诸如蕴涵或者使极有可能这样的合理的关系之中。但是，在自发性受到了限制的情况下，我们便丧失了按照惯例抽引出如下结论的权利：处于这样一种关系之中的一个项目能够是某个人给出另一个项目的理由。如果经验被描画成从外部向自发性所做的输入，那么如下做法便构成了欺骗性的贴标签行为的另一种情形：用"内容"这个词表示某种我们甚至于能够以这样的方式认为被经验拥有的东西，即那些构成理由的关系能够以一种可以理解的方式成立于经验和判断之间。这个标签是用来掩盖如下事实的：存在于经验和判断之间的这些关系被设想成满足着这样的不一致的要求：一方面，它们是这样的，以至于让经验适合于成为判断的理由；另一方面，它们又处于理性的探究所及的范围之外。①

我在做出这样的断言：尽管埃文斯小心谨慎地将内容归属给了经验，但这并没有使得经验在这样一种意义上免于成为直观，即它让我们有权利将康德式的标记应用到它们之上：既然它们是没有概念的，它们就是盲目的。事实上，对于这个断言，存在着这样一种解释，在这种解释之下埃文斯并不怀疑它的正当性。在此做出如下建议是错误的：经验——像埃文斯所设想的那样——不可能有这样的可能性，即是盲目的，因为他给它们装备上了内容。一切区别均是由如下事实造成的：这样的内容应当是非概念性的。

我们究竟如何兑现盲目性象喻？说一个经验不是盲目的就是说对于它的主体而言，当它声称是对客观实在的一个特征的觉察时——当它被看作对世界的一种貌似的瞥见时，它是可以理解的（intelligible）。埃文斯自己坚持认为，只有在有关知觉和实在如何关联在一起这件事情的某种理解的背景之上，事情才可能是这样的。这种背景是这样的某种东西，它足以支撑起这样的想法：世界在不同的区域和方面向一个知觉着的主体显露自身——以一种取决于该主体在世界中的移动的

---

① 为什么我们不能承认经验和判断之间的这些**关系**必须是合理的，因此处于自发性的范围之内，而同时又没有因此而承诺做出一种有关经验本身的让步？我已经断言，很难理解这种组合如何能够是可行的；不过，只要是埃文斯的立场看起来是无辜的，那么这似乎就是容易的事情。在此，我宁可不彻底地重铸我做这个讲座时给予它的形式，而是将有关这个事情的进一步的讨论延后到编后记中。

第三讲　非概念的内容

方式。① 这样一种背景只有对于这样一个主体来说才可能是准备好了的，即他对于他的经验以何种方式与世界发生关联这件事情拥有一种自我意识到的构想（a self-conscious conception）。在缺乏一种很强意义上的概念能力、一种自发性官能的情况下，我们根本无法理解这点。②

因此，当埃文斯说就其自身来考虑的经验具有非概念的内容时，他并没有因此就抢先阻止了我的如下建议：经验——像他所设想的那样——是盲目的，因为它们是没有概念的直观。按照他的观点，使得经验思想之眼（the eyes of empirical thought）睁开了这点成为可以理解的东西的并不是这个断言：经验具有（非概念的）内容——即使在抽象掉其与自发性的任何联系而加以考虑的情况下；而是这个断言：那个内容可供自发性使用——它是这样一个候选项，人们要将其整合进一个具有自我意识的思想者的从概念上说有组织的世界观点之中。当我给出如下说法时，我仅仅是在强调埃文斯自己的观点的一个方面：按照他的理解，一个经验实际上所是的那个项目，就其自身加以考虑的话（在抽离掉其对于自发性的可用性的情况下——正是经由

---

① 埃文斯在"Things without the Mind"这篇文章中详尽阐明了这个思想。参见第176页："任何一个终究有能力对一个客观的空间世界进行思维的主体都必须这样来构想他的正常的经验：它们同时是由世界所处的状态以及他在其内的变化着的位置造成的。……一个人所具有的将自己看作处于空间之中并且在追踪着一个穿过它的连续的路径的能力必然卷入这样的能力之中：将他所遇到的现象设想成独立于他对于它们的知觉的——将世界设想成他'偶然遇到的'某种东西。"也请参见第222页："任何具有有关一个客观的空间世界的观念（即有关一个由这样的对象和现象构成的世界的观念，它们能够被知觉到，但是就其存在来说它们并不依赖于被人知觉到）的思想者都必定能够将他对于世界的知觉看成同时是由他在这个世界中的位置以及在此位置上的世界的情况造成的。有关一个可以知觉的、客观的、空间的世界的观念本身便随身带有有关这样的主体的观念，即他处在这个世界之中，他的知觉的进程是由他在这个世界中的变化着的位置以及这个世界所处的或多或少稳定的状态造成的。"这个思想在斯特劳森的康德解读中也居于中心的位置（参见 *The Bounds of Sense*, chap. 2, 特别参见 p. 104）。

② 在"Things without the Mind"这篇文章中，埃文斯争辩说，有关一个经验的对象的观念"不能独立自存，不能在没有周边理论的情况下存在"（第88页）。所需要的理论是一个有关这样的条件的理论，在其下某种能够被知觉到的东西实际上被知觉到了（第88~89页）。如果我们理解了康德式的自发性观念，那么我们肯定必然会假定自发性的拥有标志着这样的两种生物之间的区别：一为能够可以理解地被认为拥有（即便仅仅是含蓄地）这样一种理论的生物，一为不能可以理解地被认为拥有这样的理论的生物。

这种可用性它获得了"经验"这个称号），是盲目的。

如果我们能够理解与一个世界观点的合理的关联的潜能——正是这种潜能会使得这个项目成为一个经验，即某种并非盲目的东西，那么这将是没有问题的。但是，尽管将内容归属给经验实际上所是的项目——独立于其对于自发性的可用性——给出了这样的显象：为这种关联留出了余地，我所竭力主张的是这点：当这个内容被说成是非概念性的时候，这样的显象被表明不过是错觉。

我并不是在说任何有关非概念的内容的观念本身就有错误之处。坐在哲学的扶手椅上否认下面这点是危险的事情：认知心理学是一门从理智上说值得尊敬的学科——至少当其待在其适当的界限之内之时。很难理解，如果认知心理学不以如下方式将内容归属给内在的状态和发生过程，它如何能够进行下去：这样的方式不受它正在试图理解其生活的生物的概念能力的限制（如果它们具有概念能力的话）。但是，如果我们模糊了下面两个事项之间的区别，那么这就会造成麻烦：一方面是非概念的内容在认知科学中所扮演的值得尊敬的理论角色，另一方面是属于在主动的、自我意识的思维中得到行使的能力的内容观念——好像我们的思想和意识到的经验的有内容的性质（the contentfulness）可以被理解为这样的内容中的一部分之涌现到表面之上（a welling-up to the surface），即一个好的心理学理论会将其归属给我们的认知机制中所发生的事情（goings-on in our cognitive machinery）。①

---

① 关于对于这幅涌现图像的一个清晰的且引人入胜的阐释，参见丹尼尔·邓耐特（Daniel Dennett）的文章："Toward a Cognitive Theory of Consciousness"，见其著作 *Brainstorms*: *Philosophical Essays on Mind and Psychology* (Bradford Books, Montgomery, Vt., 1978), pp. 149-173. 邓耐特建议，个人层次上（at the personal level）的内容的角色要根据我们对于这样的内容的某一部分的接近来理解，它出现在某个有关我们的内部机制的亚个人（sub-personal）的故事之中。我认为，邓耐特自己的讨论强烈地提示了下面这点：这幅图像的什么地方是错误的——它导致邓耐特坚持如下貌似极其没有道理的断言：知觉觉察（perceptual awareness）是预感或预兆（presentiments or premonitions）之事，这样的预感或预兆与人们通常如此称呼的东西的区别仅仅在于它们不是被隔绝开来的（参见第165~166页）。我在如下文章中讨论了这点："The Concept of Perceptual Experience", *Philosophical Quarterly* (1994), 190-205. （注意：作者所给出的文章名有误，当为"The Content of Perceptual Experience"。——译者注）

第三讲 非概念的内容

5. 为什么埃文斯认为他必须要将经验置于概念事项的范围之外呢?如果他的立场果真是滑入所予的神话的一种情形,那么它是一种特别的情形。像我说过的那样,它并非源自于那种通常的认识论的动机,即从这样一幅图像所做的退缩,它威胁着让经验思维丧失与实在的接触,因此使其根本无法被认作经验思维。

一个让埃文斯产生深刻印象的考虑是经验的内容所能够具有的那种细节的确定性。他断言,这样的细节不可能全都被主体所能随意支配的概念所俘获。"我们真的理解如下建议吗:我们拥有像我们能够从感觉上分辨开来的色度(shades of colour)那样多的颜色概念?"①除了埃文斯以外,还有一些人认为这种考虑要求我们将非概念的内容归属给经验。这个表述包括了这样的人,他们并没有像埃文斯那样将经验的内容全部归类为非概念事项,而是打算通过如下说法容纳埃文斯在此所提出的这个现象学的论点:经验的内容**部分说来**是非概念性的。②

当埃文斯提议说我们的颜色概念的全部节目就纹理来说要比我们分辨色度的能力粗糙,因此不能俘获颜色经验的精致的细节时,他心中想到的是那些与"红色"、"绿色"或者"赭褐色"(burnt sienna)这样的颜色表达式联系在一起的概念能力。这样的语词和短语表示的是有关光谱上的光带的概念,而埃文斯的思想是这样的:颜色经验能够呈现这样的性质,它们对应于更像是光谱上的线条的东西,后者不具有可以辨识出来的宽度。

但是,我们为什么应当接受这点:一个人将颜色纳入其概念思维范围内的能力被局限在像"红色"、"绿色"这样的语词和像"赭褐色"这样的短语可以表达的概念之上?获得有关一种色度的概念是可能的,而且我们大多数人都做到了这点。那么,我们为什么不这样说

---

① *The Varieties of Reference*, p. 229. 显然,颜色在此代表了许多经验特征。

② 克里斯多弗·皮考克(Christopher Peacocke)在最近的著作中采取了这种观点。关于这点的一个概述,参见 *A Study of Concepts* (MIT Press, Cambridge, Mass., 1992)。

呢：人们因此就能够将色度以这样的方式纳入他们的概念思维范围内，即它们带着与它们呈现在人们的视觉经验之内时它们所带有的那同一种确定性，结果，人们的概念恰恰能够像人们的经验清晰地呈现颜色那样清晰地俘获颜色？在深深地卷入一种被认定超出了人们的概念能力（conceptual powers）的经验——即这样一种经验，按照假定它提供了一个适当的样品——之中时，人们可以通过如下方式给予一个恰如该经验那样纹理细密的（fine-grained）概念以语言表达，即说出像"那个色度"这样一个短语，在其中那个指示词利用了那个样品的出现。

我们有必要小心处理这是一种什么样的概念能力这个问题。我们最好不要认为，这种概念能力只有在如下情形中才能够被行使：在给予它以语言表达时这样的实例——它应当使得它的拥有者能够将其纳入思想之中——可以用来充当一个样品。这将使人对其终究能够被认作一种概念能力这点产生怀疑。请考虑通过说出（可能是对自己说出）像下面那样的话的方式着手给予一个思想以表达（这种表达方式利用了一个样品的可用性）："我的视觉经验将某种东西表现为具有**那个色度的东西**。"假定我们试图认为这种对于一个思想的试探性的表达包含着有关这样一个颜色概念的表达式，它被局限在这个说出的场合之上。那么，这就像是维特根斯坦所提到的这样一个人的情形，他说"我知道我有多高"，并且与此同时将他的手放在头顶上以证明这点。① 这个假定的思想——"我是**这么高的**"、"我觉得某物好像具有**那个色度**"——被如此地解释了，以至于它缺乏与这样的事项的距离，它将决定它是真的。但是，这个思想为了终究能够被认作一个思想，这样的距离是必要的。

如果我们坚持认为将一种颜色纳入心灵之中的同一种能力从原则上说也能够在相关的经验本身持续期间以外还持续存在下去，那么我们便能够确保我们所考虑的东西真正可以被认作一种概念能力。在最

---

① 参见 *Philosophical Investigations*，§279。

第三讲 非概念的内容

初的样品在场的情况下,"那个色度"能够给予一个有关一个色度的概念以表达;确保它是一个概念的东西,确保利用了它的思想与这样的事项——它将决定它们是真的——具有必要的距离的东西,是这点:那种相联的能力能够在将来持续存在下去(即便是仅仅持续存在了一小会儿),而且既然持续存在着,它就能够被用在有关到那时已经成为过去(即便是仅仅最近的过去)的东西的思想之中。① 在这里起作用的东西是这样一种识别能力(a recognitional capacity),它伴随着这种经验而出现,可能持续很短的时间。能够借助于一个样品变得明确起来的东西就是这样一种识别能力的概念内容。这个样品是这样的某种东西,在这样的经验——该能力就是伴随着它而出现的——发生之时它保证是可以利用的。在这种能力的存留期的稍后的阶段,它能够再次地被给予语言上的表达——如果经验的进程有利的话;也即,如果经验再一次地或者说仍然将一个适当的样品呈现给人们的话。但是,即使是在缺乏一个样品的情况下,在建立在记忆基础上的思想之中这种能力仍将是持续地可以利用的——只要它持续存在着。(所谓建立在记忆基础上的思想是指这样的思想,它们并非必然能够接受到一种完全地决定了其内容的外在的表达。)

如果这样的识别能力是概念性的,那么埃文斯的问题得不到他认为它所得到的那种回答。的确,在我们的颜色经验实际上采取的那种进程发生以前,我们并非已经事先准备好了像我们能够从感觉上分辨开来的色度那么多的颜色概念。但是,如果我们拥有有关一个色度的概念,那么我们的概念能力完全适合于从其全部确定的细节上俘获我们的颜色经验。

人们能够有什么理由拒绝接受这点:这样的识别能力是概念性的?它们似乎完美地适合于出现在有关如下事情的理解之中:经验如何按照我前面两讲中所勾勒的方式把握世界的诸方面。我那时断言:如果我们假定经验涉及这样的能力的运作,它们在如下意义上是概念

58

---

① 显然,人们之间在对于精细的色度的记忆的保持这件事情上是有差异的。毫无疑问,它是能够培养的,像味道的记忆从雄心勃勃的食品或酒类鉴赏家那里得到培养一样。

性的，即它们被合理地整合进一般而言的自发性之中，那么我们便能够理解这个有关经验把握世界或者向其开放的象喻。埃文斯的现象学论点是这样的：经验所把握的世界比我们能够通过仅仅诉诸这样的概念能力——它们可由一般的颜色语词和短语来表达——所记录的更加纹理细密。没错，我所诉诸的那些纹理细密的能力具有一种特别的特征。这种特征被下面这点标记出来了：指示表达式必须出现于它们的语言表达之中。但是，为什么这点就阻止我们将它们认作这样的：它们以它们自己的方式被合理地整合进自发性之中，以至于它们能够直接在我的一般的框架中得到它们的适当的位置？为什么在埃文斯的论证之中以及在许多其他人诉诸有关纹理的细密性的考虑时（正是这样的考虑驱动着埃文斯的论证），它们事实上甚至于都没有被考虑到？①

这些可能是短期的识别能力中的一种能力的同一性本身与这样一种对于感性的冲击——那个相联的概念应当俘获了它——的一个特殊的情形捆绑在一起。当一个色度的一个实例出现在人们的经验之中时，这肇始了将该色度（在有利的情形中人们可以说：作为**那个**色度）纳入他们的思维范围内的能力。② 如果抽离掉这个起启动作用的经验本身，那么我们就无法说清它是哪一种能力。这就是这些能力允许这个出现于视觉生活的实际的进程中的纹理细密的感性细节被放进视觉经验的概念内容之中的方式。

这就意味着，从概念与直观的二元论的立场来看，这些能力似乎

---

① 皮考克是一个例外，参见其著作 *A Study of Concepts*，pp. 83-84。不过，要注意，即使皮考克在那里事实上承认这种纹理的细密性并没有对如下论题构成威胁：经验内容是概念性的，在稍早的段落中他还是心甘情愿地声称如下事实有利于他的不同的观点："论述经验的客观内容的作者经常评论说，一个经验可能具有这样一种内容，它比能使用该经验者所拥有的概念来加以表述的内容更加纹理细密。"（第 67 页）如果这些作者经常做出的这个断言是错误的，为什么容纳它竟然会有利于皮考克的观点呢？

② 在另一种意义上，让那个色度处于心灵之中的能力（the capacity to have that shade in mind）是一种长期存在的能力，它所需要的不过是对有关一个色度的概念的拥有以及主体的长期存在的分辨能力。经验将这种长期存在的潜能提升到了现实性的程度；让那个色度作为**那个**色度处于心灵之中的能力在这种经验中是实际地起作用的，而且事后在利用了对于该经验的记忆的思想中是潜在地起作用的。

第三讲 非概念的内容

是混合物。在其构成本身中有一种直观的混合料，而这或许解释了为什么它们甚至于都没有作为可以被认作概念事项的候选者而出现。但是，如果这就是为什么埃文斯的思考采取了它实际上所采取的那种路径的原因，那么它显然是破坏性的。埃文斯试图强行在概念事项与世界对感官的冲击之间放上一段距离。如果事先便假定直观在这些能力的构成中的角色便阻止我们将它们看作（纯粹）概念性的，那么这个距离是被假定下来的，而非得到了论证的。显然，这样的拒绝接受这些能力是概念性的这个断言的根据对于这样的人来说也同样是不合法的，他们利用经验的这种纹理细密的特征来推荐一种混合的立场，在其中经验的内容部分说来是概念性的，部分说来是非概念性的。

埃文斯认为，直观和概念——当它们被以二元论的方式加以构想时——需要在经验和判断之间加以分配。混合的立场的维护者不同于埃文斯，他们认为直观和概念能够并列地出现于经验之中。在这样的断言——被设想成非概念性的直观必须出现在经验之中——是建立在从纹理的细密性出发而进行的论证这个基础之上的这样的范围内，这种混合的立场与埃文斯的观点一样，其基础是不牢靠的。而且，通过将两类内容简单地并列于经验之中的方式，这种混合的立场便使得自己难于容纳埃文斯观点中的那个过人之处了，即如下康德式的洞见：为了使得经验不是盲目的这点成为可以理解的，我们需要诉诸概念能力。①

6. 埃文斯所求助的第二个考虑是这样的：信息系统的状态是——按照他的表达方式——"独立于信念的"（第123页）。一个知觉经验的内容不能被解释为一个适当的实际信念的内容，因为在此或许根本就不存在具有适当的内容的信念；一个人们熟悉的视错觉将继

---

① 我在这节中所说的话的主要线索始于我1986年在牛津［与科林·麦吉（Colin McGinn）合作］主持的一个讨论班。但是，我在这些问题上的思考自从那时起已经因与索尼亚·西德维（Sonia Sedivy）的讨论而变得丰富起来。她在对塞拉斯如下观念做出回应时独立地达到了类似的思想：知觉经验的感觉上的特异性需要根据与概念对立的印象来加以解释。参见她1990年在匹茨堡大学完成的博士论文："The Determinate Character of Perceptual Experience"。

_87

续呈现其错觉显象，即使相关主体不相信事物实际上像其看起来那样。一些人试图通过提出如下建议的方式来保留信息内容与信念内容之间的某种定义上的关联，同时又承认上述论点：一个经验的内容可以作为这样的某种东西被捕捉到，即该经验给予其主体"一种表面上相信"它"的倾向"（第124页）。对此，埃文斯回应道："我不能不有这样的感觉：这颠倒了事情的顺序。适当的做法是将'信念'留给有关一个更为精致的认知状态的观念：一个与**判断**观念进而也与**理由**观念联系在一起的（而且在我看来经由它们而定义的）观念。"（第124页）这也就是说（用我一直在使用的术语来表达的话）：我们应当将信念这一观念留给这样的某种东西，它只能在自发性观念的语境下才能得到理解（所谓自发性观念即这样一种主动的事业的观念，在其中一个主体合理地控制着他的思维的形式）。并非人们的所有信念都是主动地做出决定的结果。但是，如下做法是有意义的：将信念这个称号留给这样一种认知状态，它本质上处于人们主动地做出决定的能力的范围之内。即使在一个人们直接发现自己拥有的信念的情形中，他们对于它的资格的问题也总是能够被提起的。我们可以通过如下说法总结埃文斯就信念所建议的东西：信念是一种做出判断的倾向，而且做出判断本质上是一种自发性行为。

在此，埃文斯坚持着这样的观点：做出决定这样的主动的事务构成了这样的适当的环境，我们可以将概念能力置于其中。这恰恰就是我在这些讲座中一直在竭力主张的观点。但是，他用这个观点来论证如下事情：经验的内容不可能是概念性的。按照我的理解，这暴露出了一个盲点。这个观点并非对我一直在推荐的那种经验构想不利——按照这种构想，属于自发性的诸能力已然在接受性中起作用了，而并不是作用于接受性独立地提供给它们的某种东西之上。埃文斯并没有提出反对这种构想的理由；它干脆就没有出现在他所考虑的诸种可能性之中。

如果某个人认为经验的内容是概念性的并且将有关概念事项的观念放在适当的语境之中，那么他必须记录下那些他认为在知觉中起作

第三讲　非概念的内容

用的概念能力和自发性在判断中的主动的行使之间的某种关联。埃文斯只是考虑了人们或许试图记录下这种关联的一种方式，也即通过将经验等同于做出判断的倾向的方式。这个想法可能是这样的：只有当"在其他条件相同的情况下"这一条款得到了满足时这些倾向才在实际的判断中实现出来了。这就是这种立场容纳经验是"独立于信念的"这个事实的方式：在众所周知的错觉出现的情况下，而且在这样的任何其他情形中，在其中存在着经验而并不存在关联在一起的信念，其他条件并非是相同的。

对此，埃文斯反对说：这幅图像歪曲了知觉的现象学："这个建议似乎没有任何道理，因为事情并不是这样：我们直接发现我们自己具有一种应用某个概念的渴望——这样一种确信：它在直接临近的地方有一种应用。没有什么比这更能歪曲有关这个情形的事实了。"（第229页）这幅图像在经验本身和概念在判断中的主动运用之间插入了一段距离，而倾向的观念被认为弥合了这段距离。埃文斯的异议是这样的：即便如此，这幅图像也让经验的内容与主动的思维联系得太过紧密了，以致它不能公正地对待经验。假定"在其他条件相同的情况下"这个条款得到了满足，而且存在着一种在判断中应用某个概念的倾向。这个倾向并非只是无法解释地出现了。如果一个人确实做出了一个判断，那么它是由经验从他那里强行索取出来的，而经验在此就充当了他做出这个判断的理由。如果在一幅图像中作为一个判断的基础的东西不过是一种做出它的倾向，那么在这幅图像中经验本身便付诸阙如了。

这是一个非常有洞察力的评论。我认为，对于这样的建议来说，它是毁灭性的：我们可以通过将经验设想成做出判断的倾向的方式将其安放在一种自发性官能的范围之内。不过，这个论点并没有触及我所推荐的立场。按照我所推荐的立场，概念能力已然在经验本身中起作用了。事情并非是这样的：概念能力的实际的运作最初只是出现在做出判断的倾向（经验被与此等同起来）的现实化过程（actualizations）之中，结果，经验只是经由一种潜能（potentiality）而与概念关联在一起的。让事物以某种方式显现给一个人这件事情本身就已经是概念能力的实际的运作的一种模式了。

概念能力的这种运作模式之所以是特别的，是因为就主体这方面来说，它是被动的，是感性的一种反映。在这个断言的语境之中，要确保下面这点还是要费些力气的：这些能力可以被识认为真正的概念能力——援引概念事项不是单纯的语词游戏。所需要的东西是这点：同一些能力也能够在主动的判断中得到利用。成功地将在显象中起作用的能力与在判断中起作用的能力等同起来的事项是显象被合理地联结进一般而言的自发性之中的那种方式：显象能够构成有关客观实在的判断的理由的方式——而且在适当的情形中（"在其他条件都相同的情况下"）它们确实构成了判断的理由。

现在，经验与自发性之间的这种关联以某种方式类似于在埃文斯所攻击的那种立场中通过将经验设想成判断的倾向的方式所造成的那种关联。不过，与后一种关联不同，我所想象的那种关联是这样一种关联，它将经验作为判断的理由而与判断联系在一起。这就意味着，我的图像并不具有埃文斯所抱怨的那种特征：当存在着一种做出一个判断的倾向时，该倾向似乎神秘莫测地游离于相关的情形之外，拥有了这样一种无法说明的确信的样子：某个概念"在直接临近的地方有一种应用"。与此相反，当一个人确实拥有这样一种确信的时候，我的图像允许它以一种令人满意的方式奠基在事物之显现给他的方式之中。

在第一讲（§6）中，我暗示说，戴维森的融贯论反映了看到概念能力的运作可以是被动的这个事情中的一个障碍。同样的障碍似乎在埃文斯以经验是"独立于信念的"这个事实为基础而进行的论证之中也起着作用。事实上，戴维森和埃文斯代表了这个障碍所设置的二难困境中的两个角。如果人们没有看到概念能力能够在感性本身中起作用，那么人们有两个选择：或者像戴维森那样认为经验仅仅因果地而非合理地关联到经验思维；要不然就像埃文斯那样陷入所予的神话，认为被设想成处于概念之外的经验与经验思维具有合理的关系。

第三讲　非概念的内容

戴维森坚持认为，只有通过否认经验具有认识论上的意味的方式我们才能避免所予的神话。埃文斯出于很好的理由无法容忍这种否认，而且他表明他分享了戴维森有关这些可能性的观点，因为他相应地拥护一种形式的所予的神话。我的论点是这样的：我们不必将我们自己限制在这些可能性的框架之内。在下一讲中我将回到这点。

7. 我已经提到过埃文斯所求助的第三个考虑。它是这样的事实：我们与"动物"共享知觉（还有记忆）（第124页）。在此，所谓"动物"指这样的生物，我们不能将（埃文斯和我一致接受的那种苛刻意义上的）概念能力归属给它们。

这把我带回到了我前面（§3）提到过的那种双重的不适的地方。埃文斯和我都不得不承认，我们要针对在拥有自发性的生物之内发生的知觉事件和在并非拥有自发性的生物之内发生的知觉事件讲述不同的故事。在一种情形中我们能够应用经验观念——在那种与概念能力相关的严格的意义上，而在另一种情形中我们不能这样做。不过，事情看起来似乎是这样的：埃文斯的立场让这种含义变得不那么令人尴尬了，因为该立场提供给了我们这样一种东西，我们可以将其看作明显为这两种情形所共同具有的东西：即带有其非概念的内容的信息系统。

通过考虑信息系统的第三个要素即见证系统的方式，我们能够在某种程度上动摇这种印象。按照埃文斯的理解，我们拥有得自于见证系统的这样的运作的知识，它们发生于我们能够理解讨论到的语言活动（linguistic performances）之前。因此，见证系统本身要比理解"更加原始"。这部分类似于如下事实：我们与单纯的动物共享知觉和记忆。现在，假定我们与缺乏自发性的生物共享知觉这个事实构成了将非概念的内容归属给我们的知觉经验这件事的一个好的理由——因为如果我们说我们的经验的内容是概念性的，那么这便将这种内容放在了那些其他知觉者所及的范围之外。在这种情形下，由此类推下去，那个有关见证系统的原始运作的部分类似的事实就应当构成了做出如下假定的一个好的理由：非概念的内容涉入我们的成熟的与见证

64 系统打交道的过程——这时我们确实理解我们所见证的语言活动。但是，理解语言肯定是概念能力之事（如果有什么是这样的事情的话）。那么，如果所涉及的内容是非概念性的，这些概念能力在我们的成熟的与见证系统打交道的过程中扮演着什么角色？一个与埃文斯有关概念能力在经验中的角色的图像直接类似的图像会是这样的：那些在理解一个语言活动时得到行使的概念能力并没有进入决定人们认为呈现给自己的内容的过程之中，而只是用来说明人们对于那个由信息系统的运作独立地决定的内容的接近的。但是，这肯定是一个完全不具有吸引力的观念。

如果我们与单纯的动物共享知觉，那么我们当然与它们共同具有某种东西。现在，人们很想这样思考这个事情：通过剥离掉为我们所特有的东西的方式（以便达到这样一种剩余物，我们可以将其识认为出现于单纯的动物的知觉生活中的东西），隔离出我们与动物所共同具有的东西必定是可能的。这就是在埃文斯的图像中由带有其非概念的内容的信息系统所扮演的那种角色。但是，我们并非必须要以这样的因数分解的方式试图容纳某种共同的东西和一个显著的区别的组合：假定我们的知觉生活包含这样一个核心，我们也能够在一个单纯的动物的知觉生活中识认出它，此外它还包括一个附加的成分。而且，如果我们真的采用了这个思路，那么就根本不会有任何令人满意的理解我们的知觉生活中的那个假定的核心所扮演的角色的方式了。我们面对着这样的二难困境，其两个角分别为戴维森和埃文斯所拥护；而我则断言，他们中的每个人都受到了欺骗，均认为自己的立场是让人满意的。

我们能够避开这种二难困境。我们不必说我们具有单纯的动物所具有的东西，即非概念的内容，而且我们还具有另外某种东西，因为我们能够概念化那个内容，而它们则不能。相反，我们可以这样说：我们具有单纯的动物所具有的东西，即对我们的环境的特征的知觉敏感性（perceptual sensitivity），但是我们是以一种特别的形式具有它的。我们对我们的环境的知觉敏感性被提升到了自发性官能的范围，

第三讲　非概念的内容

这就是将我们与它们区别开来的东西。

我认为我们最终应当能够从容地接受这样的某种东西。但是，这样的表述或许开始揭示出了我一直在暗示的那个障碍的特征：对于我们的思维的形制的那种可以理解的强有力的影响，它趋向于抹掉这幅正确的图像的可能性本身。这个困难出现在像下面这个问题那样的问题之中：自发性如何能够弥漫（permeate）于我们的生活之中，甚至于达到这样的程度，即为我们的生活的那些反映了我们的自然性的方面——即我们的生活的那些反映了我们与普通的动物所共享的东西的方面——提供结构？这个思想是这样的：自发性的自由应当是自然的一种免除（a kind of exemption from nature），某种允许我们将我们自己提升到它之上的东西，而不是我们自己的过一种动物的生活的特别的方式。我将在下一讲中回到这些问题上来。

第四讲　理性与自然

66　　1. 到现在为止，我所关心的是这样的困难，在我们反思经验判断和知识时，如果我们试图容纳康德通过谈论自发性的方式所提出的那个论点，那么我们便可能陷入其中。

接受那个论点就意味着承认做出判断是那些使我们能够控制我们的思维的能力的一种主动的运用。但是，这给我们带来了这样的威胁：在两个均不合意的选项之间摇摆不定。最初的威胁是这样的：我们失去了经验思维与独立的实在之间的某种联系，而如果讨论中的事情要能够被认作与独立的实在终究有什么关系的话，就必须存在着这样一种联系。自发性观念是一个有关自由的观念，这点有让本来应当是经验思维的东西在我们的图像中退化成在虚空中进行的没有摩擦的旋转的危险。从这点往回退缩时，我们便很想假定我们可以通过如下方式恢复起思想和世界之间的摩擦：声称经验判断的辩护终止于纯粹实指（pure ostension）的对象，后者没有受到概念化的污染。但是，当我们彻底地思考过这个选项后，我们认识到辩护的这些假定的终止点不能以一种可以理解的方式充当一个主体的判断的理由。现在，我们便很想退缩回来，放弃摩擦的要求。

第四讲 理性与自然

我一直竭力主张，我们必须将经验构想成这样的状态或发生过程，在其中属于自发性的能力在接受性的现实化过程中起着作用。诸经验是经由这样的事实而具有其内容的，即概念能力在它们中起着作用。而这意指的是真正地属于知性的能力：对于它们之为它们实际上所是的那些能力这点来说，它们能够在主动的并且潜在的自我批评式的思维中得到利用这个事实具有本质的意义。但是，当这些能力在经验中起作用时，经验主体是被动的，独立的实在作用于其上。当经验让概念内容可供一个人使用时，这本身就是他的运作中的感性，而并非是在将一个构造置于感性的某些前概念的释放物之上的知性（that is itself one's sensibility in operation, not understanding putting a construction on some pre-conceptual deliverances of sensibility）。至少就"外部经验"来说，概念内容已然为独立的实在在人们的感官上所造成的印象所具有了。这点允许我们既承认有一种来自于外部的对于自发性的自由的限制，而又没有陷入不一贯的处境。因此，我们能够驱除没有摩擦的旋转的幽灵（正是它一度让我们失去了任何可以识认为经验内容的东西）。

我竭力主张的立场像所予的神话那样为了确保摩擦而诉诸接受性，但是它在下面这点上又不像所予的神话：它认为自发性的能力起作用的范围一路向外扩展，直到经验判断的终极的根据为止。这就是使得我们能够恢复摩擦而又没有暗中损害终极的根据这个观念本身的东西（与此相反，所予的神话则恰恰暗中损害了这些根据）。

我曾经建议说（第一讲，§6；第三讲，§§6, 7），在接受这种构想方面存在着一个困难，而其根源必定位于很深的地方。我们可以通过比较戴维森和埃文斯的观点的方式（在前一讲结尾我就是这样做的）来体会这点。戴维森和埃文斯都旨在容纳康德有关自发性的讨论的论点。他们二者都没有接受这样一种露骨的自然主义的诱惑：它选择完全退出了哲学的这个领域，因为它根本否认知性的自发性是自成一类的——以与自由观念的关联所暗示的那种方式。但是，他们甚至于都没有考虑到这样一种可能性：诸概念能力或许在感性的现实化之中已然起作用了。事实并非是这样的：他们通过论证表明根本不存在这样的可能性。这样的可能性根本就没有出现在他们的思考过程之中。这种缺失的结果就是他们面对着我所描述的那种选择。只要概念能力的某种被动的运作没有作为一种选择出现在人们的视野之中，那么在没有陷入所予的神话的情况下人们甚至于都无法尝试给经验分配上这样一种角色——对于经验思维做出一种合理的限制。但是，陷入所予的神话就意味着以这样一种方式描画应当是终极的辩护的东西，它使得这点成为不可理解的了：它们竟然可以施加合理的影响。现在，唯一的选项就是不再试图声称经验思维受到了经验的合理的限制。我一直竭力主张这是不可容忍的：在有关诸可能性的这种构想之内，我们没有任何办法将与独立的实在的摩擦归属给思想；但是，如果我们终究要让经验内容出现在我们的图像之中的话，我们就必须找到这样的办法。在此不存在任何舒适的休憩之所。在劝说戴维森和埃文斯以他们各自的方式做出相反的选择时，处于深层的某种因素必定是有影响的。

戴维森欣然接受这个二难困境的一个角的一种版本，即放弃来自于独立的实在的合理的控制。他认为，作为对于经验内容之要求有与外在于思维的某种东西的摩擦这个想法的一种解释，思维和独立的实在之间的一个单纯因果的而非合理的关联是合适的。但是，它并非是合适的。像康德几乎说出的那样，没有直观的思想是空洞的；如果我们要规避空洞性的威胁，那么我们就需要将直观看成与我们应当思维的东西处于合理的关系之中，而并非仅仅与我们事实上思维的东西处于因果关系之中。否则，有关我们思维的东西的观念就付诸阙如了。那些应当是思想的事项还仍然是没有直观的（在相关的意义上），因此是空洞的。戴维森之所以设法做到了与其融贯论——它省去了来自于思维之外的对思维的合理的限制——自在地相处，这仅仅是因为他没有看到空洞性构成了这种威胁。他认为，在直观和思想之间要有一种合理的联系的这个要求的唯一的意义是提供了如下再保证：我们认可相关的思想的举动是得到了辩护的——好像我们可以在任何情况下都能够理所当然地认为它们是思想，它们拥有内容。但是，如果我们没有让直观与它们处于合理的关系之中，成为问题的恰恰是它们拥有内容这点。当戴维森通过论证争辩说一个信念总体大部分说来肯定是真的时，他随心所欲地使用了有关一个信念总体——一个具有内容的状态的总体——的观念。而这也就意味着，无论这个论证就其自身的条件来说可能是多么成功地工作的，它来得都太晚了，以至于无法让这个二难困境的这个角所面临的这个实在的问题成为无效的。

埃文斯欣然接受这个二难困境的另一个角的一种版本。与戴维森一样，埃文斯认为经验是概念之外的东西（就其自身来说——在埃文斯的情形中我们必须附加上这个限制）。但是，与戴维森不同的是，埃文斯认为经验既能够是概念之外的东西，又能够构成对于自发性的运作的一种合理的限制。他认为判断能够"以"经验"为基础"，即使经验是外在于自发性的。与戴维森形成鲜明对照的是，埃文斯正确地坚持着如下未明言的信念（正是这个信念促使他坚持上述观点）：如果思想不要成为空洞的，也即，如果它们终究还要成为思想的话，那么它们就必须对直观做出合理的回应。但是，埃文斯的立场无法做到前后一贯。与埃文斯形成鲜明对照的是，戴维森正确地认为，如果经验是概念之外的东西，那么它们不可能是这样的东西，思想合理地以其作为基础。当埃文斯求助于非概念的内容时，这仅仅是用来掩盖如下事实的：通过将经验排除于自发性的领域之外的方式，他使得人们无法看到一个经验如何能够构成某个人对自发性所做的一次范例式行使（比如一个判断）的理由。

因此，形势是这样的：给定了戴维森和埃文斯所共享的一个假定，他们被限制在这样一对立场之上，他们在它们之间做出了选择。而他们中的每个人都拥有一个反对另一个人的看起来像是有着充分的说服力的论证。

2. 现在我就打算揭示那个产生了这种令人不舒服的形势的大概是具有深层的根源的心理阻隔（mental block）。这是一项我从第一讲以来就一直让其悬置在我头上的任务。

埃文斯为他所坚持的如下观点提供了许多根据：我们的知觉经验的内容是非概念性的。其中之一是我在上一讲结尾（§7）简短地讨论过的如下事实：我们与缺乏概念能力的生物共享知觉——在埃文斯所接受的那种苛刻的意义上：我们与不能进行主动的且自我批评式的思维的生物共享知觉。

我曾经坚持说，这个论点不能强行去除我一直竭力主张的那幅图像——在其中，自发性弥漫于我们与世界所进行的知觉交往（our perceptual dealings with the world）之中，一路向外，一直扩展到感性的印象本身。它不能强制我们用埃文斯的图像取而代之。在埃文斯的图像中，为我们的知觉生活所特有的那种自发性是附加在有关我们的真理的一个部分即我们的感性之上的，而后者则必定是独立于自发性的，因为它为我们和更为原始的知觉者所共同具有。我们与哑巴动物所共享的东西是对于环境的特征的知觉敏感性。我们可以说存在着两类知觉敏感性：一为弥漫着自发性的知觉敏感性，一为独立于自发性的知觉敏感性。这便容纳了我们与哑巴动物之间的相似性与差异性的组合。但是，这并非是像埃文斯所做的那样，将有关我们的真理分解为分别对应着相似性和差异性方面的独立的构成成分。幸好我们有这个选项可用，因为埃文斯的分解步骤将我们带回到了我开始时详细讨论过的那个二难困境。

因此，将我们自己与哑巴动物加以比较不可能要求我们将感性与知性分离开来，将直观排除于自发性的范围之外。不过，像我在上一讲结尾所提示的那样，这种比较能够帮助我们看清为什么人们会如此轻易地认为这种分离是强制性的。它能够开始解释为什么我们趋向于错失这样的可能性本身：严格意义上的概念能力或许在我们的感性的现实化过程中便起作用了。

哑巴动物仅仅是自然的存在物（natural beings）。它们的存在完全局限在自然之内。特别说来，它们与它们的环境的感性的互动是自然的事件。那么，我们类似于哑巴动物的方面在于我们也对我们的环境具有知觉敏感性。感受性（sentience）是它们的动物生活的一个特征；在我们这里它也应当是某种动物性的事项。哑巴动物的感受性是它们的动物的存在（their animal being）——它们的纯粹自然的存在（their purely natural being）——现实化自身的一种方式；我们的感受性作为我们的动物生活的一个方面也同样应当是我们的自然的存在（our natural being）现实化自身的一种方式。（即便我们愿意假定我们的存在并非是纯粹自然的，它至少部分说来是自然的。）

但是，如下事情可能看起来是不可能的：将感受性属于自然这个事实与自发性或许弥漫于我们的知觉经验本身（我们的感性的运作）这个思想调和起来。自发性，那种让我们能够控制我们的主动的思维的自由，如何能够给予单纯的自然的一个片断的运作以结构？如果我们在此看不到任何可能性，那么我们便被迫假定：直观必定是由这样的感官——它们以自然的方式对世界给予它们的撞击做出回应——以独立于知性的方式构成的。这时，我们便处于戴维森和埃文斯所置身于其中的诸选择的空间之中。

3. 在此起作用的东西是这样一种有关自然的构想，它可能看起来是十足的常识，尽管它并非总是这样的。只是因为人类思想在特定的时刻——近代科学兴起的时刻——历经艰辛所获得的一个成就，我们才得以享用我所想到的这种构想。近代科学理解其题材的方式至少有让其被祛魅的（disenchanted）危险。马克斯·韦伯（Max Weber）在一个现已成为老生常谈的象喻中就是这样表达这个要点的。这个象喻标记出了一个存在于两种可理解性之间的对比：（我们所称的）自然科学所寻求的那种可理解性；当我们将某物放在与"理由的逻辑空间"（再使用一次一个源于塞拉斯的富有暗示性的短语）中的其他的居住者的关系之中时，我们在它之内发现的那种可理解性。① 如果我们将自然等同于自然科学旨在让其成为可以领会的东西，那么我们至少就是在威胁着要抽空它的意义。可以说作为一种补偿，我们将它看成另一种可理解性——当我们将一个现象看成是由自然律支配着时我

---

① 参见第一讲，§2。当然，关于自然的诸多描绘（depictions of nature）是由辩护关系关联在一起的。相关的论点是这样的：在所描绘的东西之中不存在这样的关联。

们在其内所发现的那种可理解性——的或许无穷无尽的供应物的家园。① 当这第二种可理解性被清楚地与第一种可理解性划分开来时，这是近代思想所取得的一项成就。在普通的中世纪的观念中，我们现在看作是自然科学的题材的东西被构想成充满了意义，好像自然的全部对于我们来说均构成了一部教训之书（a book of lessons）。如下事实构成了理智进步的一个标记：受过教育的人现在无法认真地对待这个想法了——除非是在其充任某种象征性的角色时。②

现在，如果我们将自然事项构想成规律的领域，并且通过有关它的可理解性的适当的模式与那种属于理由的空间的居民的可理解性形成对比的方式来划定它的界线，那么我们便将下面这个观念本身置于危险之中：自发性可以刻画我们的感性的运作本身（the workings of our sensibility as such）。自发性官能是知性，即我们识认并创造那种

---

① 在此关键的对比是存在于理由的空间的内部组织与自然的内部组织之间的对比（按照近代自然科学吸引我们坚持的一种有关自然的构想）。这个对比呼应着存在于自由的领域和自然的领域之间的康德式的对比。它为一大部分后康德式的哲学设置好了日程，而且对于塞拉斯的思考来说它具有中心的意义。

在正文中我回避了塞拉斯的一些追随者加之于与理由的空间相对的东西之上的一种解释。比如，罗蒂以塞拉斯的名义谈到了一种存在于理由的逻辑空间和"与对象的因果关系"的逻辑空间之间的区分 [*Philosophy and the Mirror of Nature* (Princeton University Press, 1979), p. 157]，我认为这反映了一幅有关如下事情的有争议的图像：近代自然科学是如何最为根本地组织其题材的。罗素在如下论文中对这幅图像提出了异议："On the Notion of Cause", in Bertrand Russell, *Mysticism and Logic* (George Allen and Unwin, London, 1917), pp. 132–151（1963年平装本）。因果观念一般认为扮演着这样的角色：它为自然科学视野中的世界提供了一条基本的组织原则。罗素提议，我们应当用某种类似于受规律支配的过程的观念的东西取代这样的因果观念。因此，理由的空间的适当的对比物并不是原因的空间，而是规律的领域。我在正文中就采取了这样的看法。[这点并没有触动如下事实：一种**单纯**因果的关系（a *merely* causal relation）不能充作一种辩护关系。在我像塞拉斯那样解释所予的神话为何是一个神话时，我利用了这个事实（第一讲，§3）。]

事情不仅仅是这样的：对于这个对比的这种解读错误地看待了科学；而且，它所蕴涵的如下结论也是有争议的：因果联系的观念被局限在**不**是由理由的空间所构筑的思维之上。按照我的解读，这种对比是允许下面这点的可能性的：一个话语区域（an area of discourse）处于与对象的因果关系的逻辑空间之内，它并没有因此就被证明不处于理由的逻辑空间之内。与罗蒂的对比所蕴涵的结论相反，理由可以**是**原因。

② 参见 Charles Taylor, *Hegel* (Cambridge University Press, Cambridge, 1975), chap. 1.

为意义所特有的可理解性的能力。我们是通过如下方式展露这种可理解性的：将事物放在一个与自然律的领域相比自成一类的逻辑空间之中。但是，正如我说过的那样，感性是我们的自然的一个部分，是我们与单纯的动物所共享的东西的一个部分。如果这意味着它的诸运作之所以是其实际上所是的东西是因为它们在规律的领域中所处的位置，那么假定它们可以被概念加以塑造可能看起来就是不一贯的。这样的假定蕴涵着这样的结论：它们之是其实际上所是的东西这点也是它们在对比的逻辑空间中所处的位置之事。

而且，我们最好不要渴望将那种失去的魅力（the lost enchantment）再度放回到单纯自然的世界之中。按照我一直在推荐的那幅图像，我们的感性产生了带有概念内容的状态和发生过程。这让我们能够将一个经验主体看成是向着事实开放的。概念的范围并非排除了我们所经验的世界。换言之：我们所经验到的东西并非外在于那种为意义所特有的可理解性的领域（参见第二讲）。但是，只要我们所经验到的东西包括单纯自然的事实，上面这点可能看起来就像是这样一种召唤：请退回到一种前科学的迷信那里——就像是一种想重新给自然世界施魅（re-enchant the natural world）的狂热的怀旧企图。

请允许我强调一下这点：此处的问题不能局限在我们对于彼此的理解之上，即局限在某种必定涉及"理由的空间"的可理解性（"space of reasons" intelligibility）的东西之上。如果我们默许对于自然的祛魅，如果我们让意义从我一直叫作"单纯自然的事项"那里被驱逐出去，那么当我们开始考虑人类成员之间的互动时，我们肯定需要致力于将意义带回到这幅图像之中。但是，概念能力不仅仅是在我们对于语言的领会之中——并且在我们彼此以属于这种领会的那些其他的方式相互理解时——起作用。我所竭力主张的是这点：概念能力——属于这样的知性的能力，其关联者是为意义所特有的那种可理解性——也在我们对于除去人类成员之外的世界的知觉之中起作用。问题是我们如何能够在没有表示愿意复原如下想法的情况下接受这种观点：行星的运转或者一只麻雀的坠落均以我们处理一个文本或者一段话语或者其他某种行为的那类方式适当地得到了处理。

4. 像我已经评论过的那样（在§1），埃文斯和戴维森都没有受到我称作"露骨的自然主义"的学说的诱惑：即这样一种思维风格，它干脆就不考虑我给予自发性的那种过分关怀。实际上，他们认为，如果"自然主义地"（naturalistically）是按照我一直在描述的那种有关自然的构想来使用的，那么我们根本就不能自然主义地理解自发性观念。

那种构想显然引起了一个有关自发性的地位的问题，我将区别开三种风格的回应。

首先，存在着露骨的自然主义。它旨在驯服概念能力，使其待在被构想成规律领域的自然之内。这种处理方式不必否认概念能力属于一种自发性官能，一种让我们能够控制我们的生活的官能。不过，相关的想法是这样的：如果在自发性话语中存在着任何真理的话，那么它必定能够用这样的词项捕捉到，它们的基本角色在于展示事物在如此地构想的自然中所处的位置。或许我们应当承认，那些构成了理由的空间的结构的关系——辩护关系以及类似的关系——就其本身而言并没有显而易见地待在那里，待在范例式的自然科学所描绘的自然之中。但是，按照这种处理方式，我们能够从这样的概念材料——它们已经属于一种关于自然的自然科学的描绘——将理由的空间的结构重新构造出来。于是，那些将其题材置于理由的空间之中的思想模式，比如将自发性带入视野之中的反思本身，终究也能够算作自然科学的思想模式。毫无疑问，它们不是范例式的自然科学的思想模式。但是，这仅仅是因为我们需要费些力气，以表明它们的独特的概念是用来将事物置于自然之中的。

在这种处理方式的最为干脆的版本中，任务是将理由的空间的结构**还原**（reduce）为这样的某种东西，按照相关的构想，它已经没有任何问题地是自然的。但是，我不打算将这种处理方式限制在这样的还原论（reductionism）之上。重要的事情仅仅是这点：这样一些观念——其原本的家园是理由的空间——被描绘成终究是用来将事物置于相关的意义上的自然之中的。以这样的方式，我们便能够将自然与规律的领域等同起来，但是同时又能够否认如此构想的自然是完完全全地被祛魅了的。这个断言是这样的：即便是被如此地构想的，自然性（naturalness）也没有排除那种属于意义的可理解性。

这种自然主义的反对者坚持认为，那个设置了我们的困难的对比，即两种逻辑空间的对比，是真实的。理由的空间的结构顽强地抗拒被人挪用到这样一种自然主义之内，它将自然构想成规律的领域。因此，如果某种东西之为自然的事项的方式就是其在规律的领域中所处的位置，那么自然的事项本身就只能是被祛魅了的。我打算区别开可详尽地阐述这点的两种方式：对自发性的地位问题的三种风格的回应方式中的第二种和第三种。

一种方式是我所推荐的那种思维方式。尽管作为自发性观念的家园的逻辑空间不能与作为相关意义上的自然的事项的观念的家园的逻辑空间结成联盟，但是概念能力还是在我们的感性的运作本身中，在我们的动物自然（our animal nature）的现实化过程本身中起着作用。像我已经承认的那样，这可能看起来表达了一种对于前科学的世界观点的怀恋，一种重新给自然施魅的召唤。它肯定需要我们抵抗这样一种为近现代所特有的构想，按照它，某种东西之为自然的事项的方式就是其在规律的领域所处的位置。

第三种处理方式恰恰是在这个方面产生了分歧。我在此想到的是一种几乎明确地出现在戴维森那里的思维方式。

戴维森反对以一种露骨的自然主义的方式驯服实际为自发性观念的东西。他竭力主张，"命题态度"概念只有当受到一种"合理性的构成性理想"支配时才是有意义的。[①] 用我一直在使用的术语来说，这个断言意味着这点：那些概念的根本之点在于，服务于那种为意义

---

① 参见 "Mental Events"，见其著作 *Essays on Actions and Events*（Clarendon Press, Oxford, 1980），pp. 207–225，特别参见 pp. 221–223。

所特有的可理解性——当我们将某物置于理由的空间时我们在它之内所发现的那种可理解性。① 以此为基础,戴维森争辩说,我们不能将那些概念还原为受一种不同的"构成性理想"支配的概念,或者用塞拉斯式的术语说,不能将其还原为这样的概念,其家园是一种不同的逻辑空间。具体说来,而且再次用我一直在使用的术语来说:那些与自发性相关的概念的理智角色不能借助于这样的概念复制出来,其根本之点在于将事物置于规律的领域。

至此,这就是某种像是构成了露骨的自然主义的反对立场的共同点的东西。为戴维森的处理方式所特有的东西是这样一个存在论断言:那些满足自成一类的概念(这样的概念,其可应用性标志着自发性的在场)的事项本身对于这样一种研究——它所关心的东西是规律的领域——来说从原则上说就已经是可以利用的了。在这两种可理解性之上的构成性的聚焦(the constitutive focus on the two kinds of intelligibility)分离开了两批概念装备(two batches of conceptual equipment),但是它并没有分离开它们的题材。戴维森特别围绕着事件做出了这个存在论断言:每一个事件,甚至于那些属于服务于"理由的空间"的可理解性的概念的事件,原则上都能够根据自然律的运作而得到理解。

戴维森此处的意图是给如下看法留出余地:自成一类的概念的满足者(the satisfiers of the *sui generis* concepts)彼此处于因果关系之中,并且与其他事物也处于因果关系之中,与此同时这并没有威胁到这个论题:因果关系仅仅成立于规律的领域的居住者之间。考虑到这个论题,就自成一类的概念的满足者来说,只有在它们也是规律的领域的居住者的情况下,它们才可能因果地关联在一起。戴维森说它们事实上也是规律的领域的居住者,尽管它们不是经由满足自成一类的

---

① 在此我认为,戴维森的思想涉及我一直利用康德式的术语称之为"知性的自发性"的东西。我的这种看法的根据是下面两个事项之间的显而易见的汇合:戴维森之求助"合理性的构成性理想"来解释他所关心的那种概念装置的特别之处;塞拉斯式的理由的空间的象喻(我已经利用它来阐释康德的自发性观念)。

概念的方式而被表明是这样的。① 但是，如果我们考虑这样一个对等的意图（a counterpart purpose），在其中因果关系成立于规律的领域的居住者之间这个论题被是自然的（to be natural）就是在规律的领域中拥有一个位置这个论题取代了，那么我们便更加接近了我所关心的事项。在这样的语境中，这个存在论断言的要点就会是为如下看法留出余地：自成一类的概念的满足者就是自然中的事项，尽管它们之满足于自成一类的概念这点并没有揭示出它们在规律的领域中的位置。

我不想质疑这个存在论断言的真理性（至少在这里我不想这样做）。我只是想指出这点：这种处理方式排除了我所推荐的那种有关经验的构想。只要我们不反对这点，即某物是自然的方式就是其在规律的领域所处的位置，那么感性是自然的这个事实与自发性概念是在理由的空间起作用的这个事实合在一起最后便会产生这样的结果：排除了自发性可以弥漫于感性的运作本身之中这种可能性——至少如果我们坚决抵制这样一种露骨的自然主义的做法，即将理由的空间整合进规律的领域。按照这个存在论论题，那些例示了与自发性相关的自成一类的概念的事项在规律的领域之中有一个位置。但是，这些概念之所以是自成一类的，这恰恰是因为并非是经由其在规律的领域中所处的位置诸事物例示了它们。因此，如果我们继续将某物在自然中的位置与其在规律的领域中的位置等同起来，那么我们便被禁止坚持如下看法了：一个经验恰恰是作为它所是的无论什么样的自然现象而具有其概念内容的。

在此，不同立场的共同点是这样的：感官印象是感性生活的表露，因此是自然的现象。我正在考虑的这种策略保证了这点：诸印象不可能是作为它们所是的那些自然现象而得以从自发性这个角度来刻画的。它们在自然中的位置是它们在规律的领域所具有的那种完全不同的结构中的位置。因此，感性这样一种自然能力的现实化（actual-

---

① 因此，一个理由可以是一个原因，尽管它之处于因果关系之中并非是由它所处的那些合理的关系造成的。

izations of a natural capacity of sensibility），如果就其本身来加以考虑的话，根据一种二元论的构想，就只能是直观：以一种独立于自发性的方式运作着的、被祛魅了的自然的产品。而这便将我们锁定在这样的诸种可能性的框架之内，戴维森和埃文斯事实上就活动于其中。我已经争辩说这是无法容忍的。

5. 我已经区别开了有关自发性如何关联到自然这件事的三种构想。如果其中的一种是无法容忍的，那么我们还留有其他两种构想。

一种选项是回到露骨的自然主义。这个选项如何可能是吸引人的这点现在开始显露出来了。相关的原因不仅仅在于它合乎一种塑造了大部分当代思维的唯科学主义（scientism），而且在于它提供了可能看起来像是从一种哲学死胡同中逃离出来的唯一的路径的东西。我一直在利用这样的显象，即看起来我们被迫要在所予的神话和一种放弃了对于思维的外在的合理限制的融贯论之间做出选择。对于这个哲学困难的一个诱人的诊断将它追溯到这样的想法：除非我们确保了那些有关合理的辩护以及类似的东西的自成一类的观念——这些观念在它们自己的逻辑空间（这样的空间与规律的领域的结构不相容）中起着作用——有一种应用，否则在我们的图像中我们不能拥有思想。如果我们可以丢弃这个想法，那么该整个哲学之海便风平浪静了。露骨的自然主义告诉我们不要继续让这些忧虑烦扰自己；相反，我们应当通过如下方式着手抢救出我们有关我们自己的构想中一切值得抢救的东西：通过这样的概念装备——它是自然主义的这点已经被证明是没有任何问题的——重新构造出它们。

此外的唯一的选择是愿意接受我一直竭力主张的立场：一个自发性的概念尽管是自成一类的（恰恰是其自成一类的方式威胁着设置了这个问题），但是它还是能够参与这样的事情：刻画感性的状态和发生过程本身——作为我们的自然的现实化（the actualizations of our nature）的感性的状态和发生过程（它们事实上就是这样的现实化）。

露骨的自然主义将这个麻烦归咎于自发性是自成一类的这个观念，但是这并非是唯一可能的怀疑目标。此外还有将自然与规律的领域等同

第四讲　理性与自然

起来的自然主义。为了使得事情显得是下面这样的，我们需要那个背景：只有通过将我们自己定位于戴维森和埃文斯活动于其中的诸可能性的框架之内的方式，我们才能承认自发性的自成一类的特征。

如果有人反对说有关自然的自然主义不可能是成问题的，那么这将是一种欺骗，一种单纯的语词策略。如果我们能够重新思考我们有关自然的构想，以便为自发性留出余地（即使我们否认自发性可以被露骨的自然主义的资源捕捉到），那么因为同样的原因我们就将是在重新思考我们有关如下事情的构想：在什么条件下，一种立场理应被称为"自然主义"。

6. 这种重新思考需要一种有关我们的自然的现实化的不同的构想。我们需要将对意义的回应（responsiveness to meaning）带回到我们的自然的感受能力（our natural sentient capacities）的运作本身中来，尽管与此同时我们坚持对意义的回应不能用自然主义的术语捕捉到（只要"自然主义的"是从规律领域的角度得到阐释的）。

事情很可能看起来是这样的：在此没有任何活动的空间。如果我们抵制露骨的自然主义，那么我们便不得不坚持如下观点：熟悉理由的空间的观念（the idea of knowing one's way about in the space of reasons），对合理的关系的回应的观念，不能从自然主义（在我们正在试图取代的那种意义上）的材料重新构造出来。这很可能看起来让我们承诺坚持一种疯长的柏拉图主义（rampant platonism①）。事情可能看起来是这样的：我们必定是在将理由的空间描画成了一种自律的结构（an autonomous structure）——它之所以是自律的，是因为它是以独立于任何从类别上说属于人的东西的方式（independently of anything specifically human）而被构成的，因为从类别上说属于人的东西（what is specifically human）肯定是自然的［关于人类事项

---

① 在此我之所以使用了小写字母（指"platonism"中的"p"——译者注），是为了强调下面这点：我是在类似于其在数学哲学中所具有的那种意义的意义上意指"柏拉图主义"这个标签。我只是暗示了在作为这个术语在数学语境中的使用的基础的那种象喻之中的一般的相似性，而并没有此外还暗示了任何与柏拉图（Plato）这个人的联系。在第六讲（§1）中我将说些什么，以反对将这种立场与柏拉图联系在一起。

的观念（the idea of the human）就是关于与某类动物相关的东西的观念］，而我们正在拒绝对理性的要求（the requirements of reason）给以自然化的处理。但是，人类的心灵必须能够以某种方式附着在这种非人类的结构（to latch on to this inhuman structure）之上。因此，事情看起来像是这样的：我们在将人类成员描画成部分说来处于自然之中，部分说来处于其外。我们本来想要的东西是一种为意义留下了余地的自然主义，但是这根本就不是任何种类的自然主义了。①

但是，我们还是有一条出路的。如果我们将理由的空间是自成一类的这个断言解释成一种对于自然化理性的要求的拒绝，那么我们便面临着这种超自然主义（supernaturalism）的威胁。不过，在近代科学革命之时变得可供我们享用的东西是有关规律的领域的一种清晰的理解，而我们可以拒绝将这种清晰的理解等同于一种**有关自然的**新的清晰性。这便为我们的如下做法留下了余地：既坚持自发性是自成一类的（与规律的领域相比），而又没有陷入疯长的柏拉图主义的那种超自然主义之中。

为了让我们自己消除疑虑，相信我们对理由的回应并不是超自然的，我们应当总是想着如下思想：是我们的生活受到了自发性的塑造（shaped），被以这样一些方式给予图案（patterned in ways），只有在一种由戴维森称为"合理性的构成性理想"的东西所构筑的研究中它们才会进入视野之中。自发性的行使属于我们的过生活的模式（our mode of living）。而我们的过生活的模式就是我们现实化作为动物的我们自身的方式（our way of actualizing ourselves as animals）。因此，我们可以通过如下说法改述这个思想：自发性的行使属于我们现实化作为动物的我们自身的方式。这去除了任何这样的需求：要努力将我们自身看成以独特的方式分叉的（bifurcated）：我们的一个立足

---

① 戴维森式的一元论在此提供不了什么帮助。如果我们仍然纠缠于有关我们所谈到的事项中的一部分的看起来是超自然的真理之上，那么即使经由深思而认识到它们均出现在自然之中也不会给我们提供安慰。在一种将自然构想成规律的领域的自然主义的语境中，理由的空间和规律的领域之间的对比所设置的那个问题并不是存在论上的，而是意识形态上的。

第四讲 理性与自然

点位于动物王国之内，而此外我们还神秘地涉入一个自然之外的、由合理的联系构成的世界之中。

这并没有要求我们要让理由的空间和规律的领域之间的对比变得模糊不清。为了将自发性的行使看成自然的，我们不需要将与自发性关联在一起的诸概念整合进规律的领域的结构之中；我们需要做的是强调它们在这样的活动——捕捉包含在一种过生活的方式中的图案（capturing patterns in a way of living）——之中所扮演的角色。当然，如果有关生活及其形态（shapes）的观念仅仅属于或者原本就属于规律的领域的逻辑空间之内，那么在此就将不存在任何对比了。但是，没有任何理由假定事情是这样的。

7. 我所知道的渐渐进入这种有关自然的事项的不同的构想的最佳方式是反思亚里士多德的伦理学。

对于亚里士多德来说，严格意义上的品格美德（virtue of character）区别于一种以这样一些方式行事的单纯习惯性的倾向，它们与美德所要求的东西相称。① 品格美德（就适当地如此称呼的事项而言）包括实践理智的一种得到了特别的塑造的状态（a specifically shaped state of the practical intellect）："practical wisdom"（实践智慧）——按照标准的英语译文。② 这是对理性的需求（the demands of reason）中的一些的一种回应（尽管这不是亚里士多德表达这点的方式）。这幅图像是这样的：伦理学涉及这样的理性的要求，不管我们知道与否，它们都出现在那里，而通过获得"实践智慧"的方式我们的眼睛向它们张开了。因此，"实践智慧"是可以充当知性的典范的适当种类的事物。在此，所谓知性是指这样的官能，它让我们能够识认并创造那种作为在理由的空间中的放置之事的可理解性（the kind of intelligibility that is a matter of placement in the space

---

① 参见 *Nicomachean Ethics* 6.13。
② 大卫·罗斯（David Ross）的译文：*The Nicomachean Ethics of Aristotle*（Oxford University Press, London, 1954）。特伦斯·埃尔文（Terence Irwin）的译本（Hackett, Indianapolis, 1985）作："Intelligence"（理智）。（亚里士多德所用的语词为"*phronēsis*"。）

of reasons)。

现代的读者常常认为亚里士多德的主旨是将伦理学的要求从有关人的自然（human nature）的独立的事实中构造出来。① 这种看法是要将一个有关伦理学的自然主义基础的图式归属给亚里士多德。在此，自然扮演着这样的角色，它构成了现代自然主义伦理学中由祛魅的自然所扮演的角色的一个古老的版本。由于这样的解读在现代的流行，很难以我想要的那种方式让亚里士多德的图像进入视野之中——即将其用作对自然所做的一种彻底的重新思考的典范。相反，在这样的解读之下，亚里士多德有关伦理知性（ethical understanding）的图像被算作一个独特类型的露骨的自然主义。

但是，我认为这种解读是一个历史怪物（a historical monstrosity）。自然所扮演的这种安慰性的角色只有在当做对一种有关理由（在此指伦理的理由）的地位的忧虑的回应时才可能看起来是有意义的，而这样的忧虑对于亚里士多德来说是陌生的。构成这种忧虑的基础的东西恰恰是这样的有关自然的构想，我已经将其表现成为近现代所独有的。当那种属于规律的领域的可理解性的边界被清楚地划出来的时候，这枚硬币的另一面便是这样一种体会：两相比较，理由的空间的结构是特别的。存在着这样一种可以理解的趋向：宣称对于自然的研究是对于事物所处的情况的探究实际上所是的东西的范例。因此，当自然威胁着将理由的空间挤压出去的时候，有关合理的联系（作为我们能够在其上做对或出错的某种东西）的地位的哲学担心便产生了。对于这些担心的一种回应将是像露骨的自然主义那样抗拒这种挤压：让有关自然的构想处于不受质疑的状态，但是坚持认为我们想要维护的那些假定的合理的要求（the putative rational requirements）终究能够被建立在独立的自然事实的基础之上，或者说能够

---

① 关于这种类型的一个解读，参见 Bernard Williams, *Ethics and the Limits of Philosophy* (Harvard University Press, Cambridge, Mass., 1985), chap. 3. 在阿拉斯代尔·麦金泰尔 (Alasdair MacIntyre) 的如下著作中有类似的观点：*After Virtue* (Duckworth, London, 1981), chap. 9.

从它们构造出来。如果我有关这些担心的起源的看法是正确的，那么将与此类似的某种东西读进亚里士多德之中必定是犯了误植年代的错误（must be anachronistic）。①

如果一个人用一种特别的伦理观所提供的术语构想他的实践处境（practical situation），那么这将向他呈现某些貌似真实的行动理由。按照对于亚里士多德的图像的一种更好的理解，在其上这个人能够处理那些理由是否是真正的理由这个问题的唯一的立足点是这样的立足点，他之所以占据其上，这恰恰是因为他具有一种特别的伦理观。这是这样一个立足点，从其上那些貌似的要求（those seeming requirements）本身出现在视野之中，而不是这样一个基础性的立足点，在其上他可能试图从头做起，将那些要求的苛刻性（the demandingness of those requirements）从来自于一个独立的自然描述的材料中重新构造出来。

亚里士多德甚至于几乎没有考虑下面这点：人们可能对他认为是理所当然的那种特别的伦理观提出怀疑。② 按照我所攻击的那种解读，这表明了这样的信心：他能够通过求助于自然的方式确认那种伦

---

① 请比较那些我们所知道的认识论的担心。人们普遍承认它们是为近现代所独有的。根本上说要点是一样的。塞拉斯将近现代的认识论的忧虑追溯到这个事实：知识的观念就是有关在一个辩护网络中的位置的观念。他就是在这个语境中提到理由的空间的。当人们将这个事实与理由的空间被威胁着从自然中挤压出去这个事实并列放置时，人所熟知的近现代类型的有关知识的忧虑便作为结果而产生了。事实并非是这样的：作为理由的空间中的一个位置的知识的观念是崭新的——好像直到大约 17 世纪人们才偶然想到知识是一种规范性身份（a normative status）这个思想，而这个思想接着便成为近现代认识论中的一个具有深远意义的思想。不过，在近代以前，人们没有感到知识是一种规范性身份这种观念与比如知识可能是自然能力（natural powers）的一种行使的结果这种观念处于紧张关系之中。如下两种自然主义是完全不同的：其一为这样的自然主义，它通过这样的方式来回应这种紧张关系——尽力最终在自然之内为那些构成理由的空间的规范性的联系奠基（在此，自然恰恰被以这样的方式加以构想，它预示了这种紧张关系）；其二为像亚里士多德的自然主义那样的自然主义，它在此根本没有感到任何紧张关系，进而根本不需要有关奠基或基础的象喻。（我在如下文章中进一步讨论了这点："Two Sorts of Naturalism"，即将发表在如下纪念文集之中：*Festschrift for Philippa Foot*, edited by Rosalind Hursthouse and Gavin Lawrence。）

② 他没有表现出任何处理这样的怀疑的兴趣。他讲定：他只是在处理这样的人，那种伦理观已经被灌输给他们了（参见 *Nicomachean Ethics* 1.4，1095b 4—6）。

理观的需求的有效性（validate the demands of that ethical outlook）。但是，我认为它表明了他拥有对于我们的形而上学的忧虑的免疫力（immunity）；他根本就不容易受到这样一种构想所要处理的那类担心的攻击。它或许还表明了某种较少令人感兴趣的东西：一种沾沾自喜的趋向。我们可以很容易地纠正这种错误倾向。

像任何思维一样，伦理思维负有这样一种长久的责任：反思并且批评在任何一个时间它认为正在支配着它本身的那些标准。（关于这点在经验思维上的应用，请参见第一讲，§5；第二讲，§6。）就伦理学的情形来说，对于这种责任，亚里士多德或许没有保持适当的敏感。但是，它暗含在理智的塑造这个观念本身之中，而这就是"实践智慧"实际上所是的东西。现在，关键之点是这样的：对于这样的反思式批评来说，适当的喻象是纽拉特的喻象（Neurath's image），在其中一个船员要在他的船只漂浮在大海中时对其进行大修。这并非意味着这样的反思不能是彻底的。人们可能发现他们自己被要求扔掉他们的继承下来的思维方式中的部分内容；而且，那种反思揭露出来的继承下来的思维方式中的弱点可能指示人们要形成新的概念和构想（尽管这点可能更难于放进纽拉特的喻象之中）。但是，具有本质意义的事项是这点：人们只能从人们正在对其进行反思的那种思维方式之中进行反思。因此，如果人们怀有如下想法：将自己目前的伦理观应用到一种情形之上这样的事情让自己注意到了那些实在的需求，那么人们不必是在想象任何不同于纽拉特式的确认的对有效性的确认。这个想法是这样的：自己的伦理观的这种应用会经得起这种伦理观自身的反思性的自我审查。

毫无疑问，一种伦理观的自我审查可以关注有关规律的领域的布局的独立的事实——如果它们是相关的话。但是，这并不是说我们就能够从这种意义上的自然主义的材料中将有关我们的真正的伦理的需求的观念重新构造出来。有关如何把人们的伦理思维范围内的事情安排妥当这件事情的观念拥有某种自律性；我们不必设想它指向了伦理思维本身的范围之外。

第四讲 理性与自然

当然，在从内部对一种思维方式进行反思性的审查时，一个思想迄今为止被确定为合乎要求的这个事实并没有保证它是可以接受的。相关的思维方式，包括其未明说的自我审查的标准，或许具有迄今为止人们未曾注意到的缺陷，像褊狭（parochialism）或者对于坏的偏见（bad prejudice）① 的依赖。但是，我们只能做出诚实的努力，去消除我们知道我们的思维有可能产生的那些种类的缺陷，而且或许还要扩展我们有关事情可能出错的方式的构想，以便防备着其他的潜在的错误来源。我们能够获得的最好的结果某种程度上说总是临时性的并且是非决定性的，但是这并不构成如下做法的理由：屈服于有关一种外在的有效性确认的幻想。

于是，如果我们让亚里士多德的图像变得丰富起来，使其给予反思性以一个适当的位置，那么它便可以表达成这样的形式：伦理的事项（the ethical）是一块由这样的合理的要求构成的领域，无论我们是否对它们做出了回应，它们总是待在那里。通过获得适当的概念能力的方式，我们注意到了这些需求。当一种正当的教养把我们引领进相关的思维方式之中时，我们的眼睛便向理由的空间中这个地带的存在本身张开了。此后，我们对于其详细的布局的体会在对我们的伦理思维进行反思性的审查过程中要无限期地受到精致的改进。只有在处于这样一个概念和构想的系统——它让我们能够思考这些需求——之内的一个立足点之上，也即只有处在这样一个立足点之上，从其上看属于这个类型的诸需求似乎处于视野之中，我们才能甚至于理解理性向我们提出了这些需求这个思想（进而才能甚至于企图辩护这个思想）。

在第二讲（§4②）中我讨论了一种从一侧画出的有关理解和世界的图像——这样一幅图像，它将实在置于一条围绕着概念事项的边界之外。一种唯科学主义的自然主义（a scientistic naturalism）鼓励

---

① "坏的偏见"并不是一个赘语。偏见远非必然是一件坏事，相反，还是理解的一个条件。关于这种想法，参见 Gadamer, *Truth and Method*, pp. 277–285。
② "§4"当为"§5"。——译者注

这幅图像的一个版本，在其中处于这条边界之外的东西是规律的领域。如果将实在构想成规律的领域便让其处于祛魅的状态，那么这条边界之外的东西不能包含任何理性的需求或者类似的东西。因此，对理性的实在的需求保持敏感这种观念本身看起来就有些怪异了，除非我们能够将其从相关意义上的自然主义的材料之中重新构造出来。

这幅图像试图将规律的领域安排进康德给予超感觉的东西的那个角色的一个自然化了的版本之中。但是，这并不是改正康德有关超感觉的事项的思考中的令人不满之处的正当方式：保持其基本的形式，而仅仅是自然化位于概念事项之外的东西。以这样的方式，我们便丢失了被康德的这样的做法所糟蹋的那个洞见，即将其放进他有关超感觉的事项的话语的框架之内；我们丢失了我们在康德那里透过障碍所看清的东西，即一个借以做到下面这点的途径：将经验思维理解成是对它旨在处理的那个实在合理地负责的。而如果我们丢失了这样的东西，那么经验思维的可能性本身便成问题了。这种自然主义趋向于将自己表现为通过教育而获得的常识（educated common sense），但是真正说来它仅仅是原始的形而上学（primitive metaphysics）。改正康德有关超感觉的事项的思考中的令人不满之处的方式不如说是这样的：欣然接受黑格尔式的象喻，在其中概念事项在外部是无界的。我已经竭力（在第二讲，§8）主张这恰恰没有给常识——给世界独立于我们的思维这样的确信——带来任何威胁。

无论如何，这种伪康德式的自然主义（pseudo-Kantian naturalism）与亚里士多德没有任何关系。它所回应的是这样一种哲学忧虑，其根源后于亚里士多德两千多年。在亚里士多德的构想中，伦理的需求是实在的这个思想并不是一种来自于这样一些事实的投射，也不是从它们所做成的构造：即使没有观看者（viewer）对伦理生活和思想的参与，它们也能够进入视野之中，结果对于一种有关如下事项的从一侧而进行的研究来说它们是可以利用的：伦理生活和思想是如何与它们发生于其中的那种自然的背景发生关系的。① 这些需求与我们有关这个事实仅仅是其本身——以一种不可还原的方式。它是这样的某种东西，只有在那种根据这样的需求构想实践处境的思考之内它才进入视野之中。

在将这种独立不依的特征归属给伦理的需求和有关它们的思想时，我归属给亚里士多德的观点看起来像是一种柏拉图主义。但是，它并非是我称为"疯长的柏拉图主义"的东西（§6）。如果我们认为理由的空间的结构是自成一类的，但是又让自然与规律的领域保持等同，那么我们便陷入了疯长的柏拉图主义。这让我们的对理由做出回应的能力看起来像是一种玄妙的能力（an occult power），某种外加于我们之为我们实际上所是的那种动物这点之上的东西（然而，我们是我们实际上所是的那种动物这点恰恰就是我们在自然中的处境）。但是，在亚里士多德的构想中，伦理学的合理的需求（the rational demands of ethics）并非与我们作为人类成员的生活的偶然情况不相容。尽管我们没有假定如下事情：我们能够根据有关人类成员的独立地可以理解的事实来解释相关的苛刻性观念（the relevant idea of demandingness），但是通常的教养仍然能够以一种让这些需求进入视野之中的方式塑造人类成员的行为和思想。

为了聚焦这种构想能够为我们充当一个典范的方式，请考虑**第二自然**这个观念。该观念几乎明确地包含在亚里士多德有关伦理品格

---

① 按照我所反对的那种解读，亚里士多德将这个基础性的地位归属给有关如下事项的诸事实：一个人类成员的生活是令人满足的这样的事情所可能是的东西（what it would be for a human life to be fulfilling）。但是，有关一个令人满足的生活的观念（the notion of a fulfilling life）在亚里士多德那里是以这样的方式出现的，它已经是完完全全伦理性的。相关的动机是由自然是伦理性的关怀所塑造的（参见 *Nicomachean Ethics* 1.7，1098a 16-17）。

一个不同的为理性的诸多需求进行奠基的候选者是社会互动（social interactions）。在此，社会互动被设想成可以在不预设这样一种语境的情况下得到描述，即它的结构恰恰是由这样的需求——那些需求或者在进行了更好的反思以后在我们思维中会取代它们的其他的需求——给予的。在下一讲中我将就这样的立场说些什么。

(ethical character) 形成的方式的说明之中。① 因为伦理品格包括实践理智的诸倾向，而当品格形成之时所发生的事情的一个部分就是这种实践理智获得了一个确定的形态，因此，对于其拥有者来说，实践智慧就是第二自然。我一直主张，对于亚里士多德来说，伦理学的合理的需求是自律的；我们不应当感到要被迫从一个已经是伦理的思维方式之外确认它们的有效性。但是，这种自律性并没有让这些需求远离任何从类别上说属于人的东西，像在疯长的柏拉图主义那里一样。它们从本质上说来就处于人类成员影响所及的范围之内。我们不能将对于它们的体会归功于出现在一种祛魅的自然的自然主义中的人的自然（human nature as it figures in a naturalism of disenchanted nature）；因为祛魅的自然不包括理由的空间。不过，伦理的教养将人类成员以一种可以理解的方式引领进理由的空间的这个地带，它将适当的形态逐渐灌输进他们的生活之中（which instils the appropriate shape into their lives）。作为结果而出现的思想和行为习惯（the resulting habits of thought and action）便是第二自然。

这会平息人们对超自然主义的恐惧。第二自然不能游离于那些属于一个正常的人类有机体的潜能之外（Second nature could not float free of potentialities that belong to a normal human organism）。这点在规律的领域中给人类理性提供了足够的立足处（enough of a foothold），以便满足要对近现代科学给以适当的尊重的需要。

这个论点显然并非局限于伦理学。塑造伦理品格（moulding ethical character）——这包括将一个特别的形态强加给实践理智这样的事情——是如下一般的现象的一个特殊的情形：将人引领进这样一些概念能力——它们包括对伦理学的合理的需求之外的其他合理的需求的回应。这样的引领是一个人类成员之走向成熟这件事情之实际上所是的东西的一个正常的部分（a normal part of what it is for a human

---

① 参见 *Nicomachean Ethics*, Book 2。关于这点的一个精彩的讨论，参见 M. F. Burnyeat, "Aristotle on Learning to Be Good", in Amélie Oksenberg Rorty, ed., *Essays on Aristotle's Ethics* (University of California Press, Berkeley, 1980), pp. 69—92。

being to come to maturity），而这就是为什么尽管理由的空间的结构与被构想成规律的领域的自然的布局不相容，但是它并没有呈现出疯长的柏拉图主义所想象的那种与人类事项的远离性（the remoteness from the human）。如果我们对亚里士多德构想伦理品格的塑造的方式加以推广，那么我们便到达了有关如下事项的观念：通过获得一种第二自然的方式让自己的眼睛向一般而言的理由张开。我想不出关于这点的一个短小精悍的英语表达式。不过，它就是在德国哲学中作为 *Bildung*（教化）而出现的东西。

8. 在到现在为止的讲座中，我将知觉经验当作一个教训实例（object lesson），以便描述这样一种困境，当我们思考人类的状况的诸方面时我们趋向于陷入其中。我答应要努力揭示出施加在我们的思维之上的一个根深蒂固但又并非是强制性的（像我们能够最终认识到的那样）影响，正是这个影响解释了这个困境。我现在已经引入了我为那种角色所提供的候选者：让自然祛魅的自然主义。我们趋向于忘记第二自然这个观念本身。我所建议的是：如果我们能够再次捕捉到这个观念，那么我们便能够让自然可以说部分地保持其施魅状态，但是又没有坠入前科学的迷信或者一种疯长的柏拉图主义。这为这样一种有关经验的构想留下了余地，它对我所描述的那些哲学陷阱具有免疫力。

我们需要再次捕捉到一个正常的、成熟的人类成员（a normal mature human being）是一个有理性的动物（a rational animal）这个亚里士多德式的观念，同时又没有丢掉有理性（rationality)[①] 在其自己的范围内自由地运作着这个康德式的观念。这个康德式的观念反映在理由的空间的组织和自然规律的领域的结构之间的对比之中。近现代自然主义忘记了第二自然。如果我们试图在那种自然主义的框架之内保留理性是自律的这个康德式的思想，那么我们便断开了我们的

---

① "rationality" 在此意为拥有理性的性质（the quality of possessing reason）。就此而言，我将其简译为"有理性"。该词另一个比较常见的意义为基于或合于理性的性质，即合理性。

有理性与我们的动物的存在之间的联系,而正是这种动物的存在将我们的在自然中的立足处给予了我们。结果,人们便产生了这样一种企图:丢掉这个康德式的思想并且按照露骨的自然主义的方式自然化我们的有理性。我已经将这种做法描述为退出这个哲学区域的抉择。如果我们想要将躲避这些问题的做法与一种对于它们的更具有实质性的承认结合起来,我们便需要将我们自己看成这样的动物,其自然的存在便弥漫着有理性,尽管有理性在此是用康德式术语适当地加以构想的。

  我所建议的立场可以从一个哲学任务的角度来加以表达。这个任务就是要实现一种和解。这可能让事情看起来像是这样的:我在坚守着这样一种哲学构想,理查德·罗蒂努力将其表现为过时了的。① 但是,我没有感受到罗蒂的反对所带来的威胁。原因有二。首先,对于我所想象的那种和解的需要是在观念史的一个特殊的阶段产生的,即这样一个阶段,在其中我们的思想以一种可以理解的方式趋向于受到这样一种自然主义的主导,它缩窄了自然的观念。我的建议没有牵涉一个罗蒂以令人信服的方式攻击了的观念:存在着一套与时间无关的哲学责任。其次,我所想象的任务不是罗蒂所解构的那个任务,即调和主体与客体,或者说思想与世界。我的提议是:我们应该努力调和理性与自然,而这样做的目的是获得这样的某种东西,罗蒂自己也有志于得到它,即这样一种心境,在其中我们将不再似乎面对着那些呼吁哲学将主体与客体重新带回到一起的问题。如果我们能够取得对一种第二自然的自然主义(a naturalism of second nature)的牢固的持守——这样一种持守,任何想让人退回到对于如何将心灵安置在世界之中这件事的通常的哲学担心的诱惑均不能让其发生动摇,那么这并非意味着产生了一点儿罗蒂旨在取代的那种构建性哲学。相反,它将意味着获得了"那种让哲学平静下来的发现"②(用维特根斯坦的切中要害的短语来说)。

---

 ① 参见 *Philosophy and the Mirror of Nature*。
 ② *Philosophical Investigations*,§133.

第五讲　行动、意义与自我

1. 我一直在讨论如何容纳康德的如下评论的要点:"没有内容的思想是空洞的,没有概念的直观是盲目的。"按照我所推荐的那种观点,概念能力从一种意义上说是非自然的:我们不能从将事物置于规律的领域的概念的角度捕捉到拥有并且运用知性即一种自发性官能实际上所是的东西。但是,自发性无法分开地牵连到接受性之中,而我们的接受性的能力,我们的感官,是我们的自然的一个部分。因此,从另一种意义上说,概念能力必定是自然的。否则,如果我们承认自发性观念是在一个自成一类的概念框架中起作用的,那么我们便让我们自己承诺将感性的释放物描画成没有概念的直观。这就让我们摇摆于如下选项之间:一方面是这样一种融贯论,它无法理解思想如何可能不是空洞的;另一方面是对于赤裸的呈现的徒劳的求助。这种尴尬的选择看起来像是一种露骨的自然主义之外的唯一的选项。露骨的自然主义是这样一种思维方式,它甚至于都不会让这些哲学困难发动起来。

在此,如果我们不否认自发性观念是在一个自成一类的概念框架内起作用的,那么可能就很难看到任何出路。感性是我们的自然能力之一种。自发性如何可能是非自然的（在任何一种意义上），然而，当我们的感觉能力被启动时它又无法分开地牵连进来？

但是，在上一讲中我提议说这个困难是错觉。我们的自然大部分说来是第二自然，而我们的第二自然之所以处于它所处的那种状态，这不仅仅是因为我们生下来就拥有的那些潜能，而且是因为我们的教养，我们的**教化**。给定了第二自然的观念，我们便能够说我们的生活被理性塑造的方式是自然的，即使与此同时我们否认理由的空间的结构能够被整合进规律的领域的布局之中。这就是我所谈到的那种对于自然的部分的重新施魅（the partial re-enchantment of nature）。

这并非是要陷入一种疯长的柏拉图主义。在疯长的柏拉图主义那里，理由的空间的结构——即这样的结构，当我们在事物中发现意义时我们便将它们置于其中了——干脆就是处于自然之外的。我们对那种结构给以回响的能力（our capacity to resonate to that structure）不得不是神秘莫测的；好像我们在动物王国之外——在一个极其非人类性的理念性的领域（in a splendidly nonhuman realm of ideality）——有一个立足处。但是，多亏有了第二自然的观念，在这里丝毫没有这样的事情。我们的**教化**现实化了我们生下来就拥有的诸潜能中的一些；我们不必假定它将一个非动物的成分引入了我们的构成（our constitution）之中。而且，尽管理由的空间的结构不能从有关我们之涉入规律的领域中的事实中重新构造出来，但是它之所以能够是这样的框架，在其内意义进入视野之中，这仅仅是因为我们的眼睛能够经由**教化**而向其张开。而教化是我们所是的那种动物正常地走向成熟过程中的一个要素。意义并非是一件从自然之外而来的神秘莫测的礼物。

这些考虑应当暗中损害了我称之为"露骨的自然主义"的东西的一个吸引人之处。如果我们拒绝在规律的领域之内自然化自发性，那么事情可能看起来是这样的：我们陷入了我开始时所讨论的那个哲学死胡同之中，即被迫在融贯论和所予的神话之间做出选择。但是，拒绝自然化自发性本身并没有产生这个死胡同。此外，还有这样的自然

第五讲　行动、意义与自我

主义，它将下面这两件事情等同起来：揭示某物如何融入自然之中和将其置于规律的领域。如果没有这种自然主义，那么我们不必做出这样的结论：既然感性的运作就其本身来说是自然的发生的事情（natural goings-on），那么就其本身来考虑的话，它们就只能是没有概念的直观。因此，一旦第二自然的观念占有了其适当的位置，这个死胡同就不必再看起来像是一种对于露骨的自然主义的推荐。我们便可以既宣称自发性观念是在一个与规律的领域的结构不相容的概念框架之中起作用的，又宣称为了描述自然能力的现实化本身（actualizations of natural powers as such）它是必需的。如果自然不得不被等同于规律的领域，这样的组合就将是不一贯的。但是，一旦我们允许了这点：自然能力可以包括第二自然的能力，那么不一贯性的威胁便消失了。①

2. 为了介绍一种宽松的自然主义（a relaxed naturalism）的吸引力，我已经利用了有关知觉经验的哲学困难。但是，这种聚焦并非是本质性的；这些困难例示了一个类型。

我已经强调了经验是被动的这点（第一讲，§5）。在这方面，我一直推荐的那种立场与所予的神话是一致的。经验的被动性允许我们承认对于我们的经验思维有一种外在的控制——如果被动性与自发性的某种涉入和谐一致的话。但是，我们很难看清这种组合如何是可能的。前一讲的目的便是揭示这个困难的来源。

现在看来，这个困难涉及的不是经验的被动性本身，而是其自然

---

① 或许对于依据我在这里所考虑的根据而采取的那种立场来说，"露骨的自然主义"并不是一个好标签。按照这样的方式进行思考的某个人也许意识到了有利于如下假定的理由：理由的空间的结构是自成一类的，与规律的领域的结构不相容。但是他会假定，尽管如此，它不可能是这样的；否则，我们就会受到陷入相关的哲学困境的处罚。在此人们坚持自然主义的动机源于对于无益的哲学的一种反思性的躲避（a reflective avoidance of unprofitable philosophy）。我的标签"露骨的自然主义"更好地适合于一种非反思性的唯科学主义（an unreflective scientism）：不是对于无益的哲学的一种原则上的躲避，而是这样一种思维方式，它没有明确地体会到威胁着导致这种哲学的东西。或许，就以类似于这样的方式进行思考的人来说，我们应当为其具有这样的免疫力而向他表示祝贺，但是我们不应当将它误认为是一个理智上的成就。

性。相关的问题是这样的：感性的运作是作为我们的自然的一个部分的一种潜能的现实化。当我们将感觉过程（sensing）当做是世界作用于我们之上的一种方式时，我们在将它看成一种自然的现象。于是，我们便很难看清一种自成一类的自发性除了外在地关联到它之外如何可能还是其他样子的。但是，被动性并不是有关这样的事项——一种自然的潜能之被现实化这件事情实际上所是的东西——的那个观念本身的一个部分。因此，我们应当能够构造出这样一条有关主动的自然能力（active natural powers）的现实化的思路，它复制出了我在被动的自然能力（passive natural powers）的情形中所利用过的困难。

请考虑比如活动你自己的四肢之一的能力——像其出现在这样的自然主义的框架之内那样，它让自然处于祛魅状态。我一直在讨论这样一种自然主义以什么方式让一种自成一类的自发性远离了一个主体对感性的享用——假定感性是一种自然能力。以类似的方式，它让一种自成一类的自发性远离了活动你自己的四肢的能力的行使——假定这种能力是自然的。结果便是出现在我们有关身体行动的反思之中的一个类似的困难。

康德说"没有内容的思想是空洞的，没有概念的直观是盲目的"。类似地，没有外部行动的意图是空转着的（idle），而没有概念的四肢的活动是单纯的发生的事情，而非施动性（agency）的表达。我极力主张的是这样的立场：如果我们能够接受如下断言——经验是我们的感受自然（sentient nature）的这样的现实化，概念能力无法分开地牵连到其中，那么我们便能够容纳康德的评论的要点。在此类似的断言是这样的：有意图的身体行动（intentional bodily actions）是我们的行动自然（active nature）的这样的现实化，概念能力无法分开地牵连到其中。

但是，正如给自然祛魅的那种自然主义将知性排除于我们的感受自然的现实化本身一样，在此它将我们对于概念的掌握排除于应当能够识认为我们的行动自然的现实化本身的东西之外：即将其排除于这

第五讲 行动、意义与自我

样的发生的事情之外,在其中自然之物(像四肢)做着自然的事情(像活动)。当我们反思行动时,这样的排除具有刻画性的后果。在被排除于由通常的自然的材料的活动所构成的发生的事情的领域之后,施动性的自发性通常试图在一个特别地构想的内在的领域中居住下来。这种对于自发性的重新安置可以被看作是对于自然主义的一种放弃,或者那个内在的领域或许被构想成自然世界的一个特殊的区域。① 无论采取哪种方式,这种思维方式均只是在这样一些内部事项的幌子下(in the guise of inner items)而在身体行动中给予自发性以一个角色的,即它们被描画成从内部肇始了身体的动作(bodily goings-on),据此被认为可以识认为意图或者意志力(volitions)。身体的动作本身是自然中的事件;在一种祛魅的自然主义的背景中,与对于概念事项是自成一类的这点的确信合在一起,这就意味着它们不可能浸透着意图性。② 它们是自然能力的现实化,正因如此它们只能作为单纯发生的事情而出现在这种思维方式之中。(毫无疑问,它们能够被从一般而言的单纯发生的事情中挑选出来,但是这仅仅是因为它们是自发性的那些内部运作的结果。)

---

① 第二种选择,与其在有关心灵事项的其他方面的哲学反思中的对应物一起,适合于笛卡尔式的心灵哲学——至少按照某种大家熟知的解读[吉尔伯特·赖尔(Gilbert Ryle)在 *The Concept of Mind*(Hutchinson, London, 1949)中所散布开来的那种解读],事情是这样的。按照这样的解读,我们可以将笛卡尔式的心灵哲学理解为反映了对于这样的事项的一种初步的觉察,只是在后来作为理由的空间的那种自成一类特征其轮廓才变得清晰起来。如下事情是可以理解的:在有关自然中的放置(placement in nature)(与其相比理由的空间是自成一类的)的构想的形成过程中的一个早期阶段,人们会倾向于假定在理由的空间中起作用的概念的特别之处在于它们将它们的满足者放置在自然的一个特殊的地带(在此,自然是按照那种确立了这种紧张状况的构想本身的一种初级的形式而加以理解的)。有关自然中的放置的构想就是这样的构想,当它变得清晰起来时,人们会将它看作排除了在理由的空间中起作用的概念所做的事情。

② 像其他任何事项一样,身体的动作可能符合于一种或许给出了一个意图的内容的详细说明(a specification)。但是,按照这种观点,正如意图不能密切地涉入比如树木的某些倒下情形之中一样,它也不能密切地涉入一个施动者的四肢的活动。在两种情形中我们都可能面对着这样的事件,它符合于由一个施动者所构述的一个详细说明(a specification framed by an agent),并且是作为这个说明的这个构述的后果而发生的。意图与这样的事件本身只具有一种外在的关系。

施动性从自然的这种撤离，无论如何从我们的身体的活动发生于其中的那个通常的自然的撤离，损害了我们对于如下观念的坚守：在我们的身体的活动中得到现实化的那些自然能力是属于我们——作为施动者——的能力。我们作为施动者所具有的能力（our powers as agents）向内部撤离；而拥有这样一些能力——我们的身体构成了其场所——的我们的身体则呈现出了外来的对象（alien objects）的面貌［后面这些能力似乎是不同的能力，因为它们的现实化并不是我们的作为（doings），而至多是这样的作为的结果］。事情最后看起来是这样的：我们所做的事情，即使是在我们看作身体的行动的我们的行动之中，至多是要好像从远处将我们的意志引向那些外来的对象中的状态的变化之上。① 这肯定不是一幅有关我们的与我们的身体的行动关系（our active relation to our bodies）的令人满意的图像。正如将自发性排除于感受自然之外抹去了任何我们能够识认为经验内容的东西一样，在这里自发性从行动自然的撤离去除了对于身体施动性（bodily agency）的任何真正的理解。

在此事情也是这样的，即如果我们能够重新捕捉到亚里士多德的如下观念，那么我们便能够重新回到清醒的状态：一个正常的、成熟的人类成员是一个有理性的动物，它的动物的存在进而自然的存在的有理性的部分并不是他在另一个领域拥有的一个神秘莫测的立足处。做到这点的方式就是认识到我们的自然大部分说来是第二自然。②

3. 在上一讲（§7）中我断言，亚里士多德的伦理学包含着这样一种自然主义的典范情形，它不会对一种令人满意的关于经验（还有

---

① 我之所以说"至多"，是因为这样一幅图像是不牢靠的。被认为是意志的行使（willings）的东西被以这样的方式与在通常的自然中发生的任何事情隔开了，它最终暗中损害了意志的行使这个观念本身。

② 我的这些有关施动性的评论的目的仅仅在于表明我们一直在利用的那些哲学忧虑是一般性的：在经验上的应用仅仅是一种应用情形。关于在行动上的应用可以说出更多的话。尤其是，我认为某些身体的动作之为起作用中的我们的自发性（而不仅仅是它的结果）的方式对于将自我看成世界中的一个有身体的呈现者（a bodily presence in the world）这样的适当的理解来说是至关重要的。这种理解在这一讲的稍后部分（§5）会走向前台。不过，在此我不去进一步发挥它了。

第五讲　行动、意义与自我

行动——我现在可以附加说）的构想构成障碍。这种立场是一种第二自然的自然主义，而且我暗示我们同样可以将其看作一种自然化的柏拉图主义（a naturalized platonism）。相关的想法是这样的：理性的训令无论如何就摆在那里，不管人们的眼睛向其张开与否；而人们的眼睛之向其张开是在一种适当的教养中发生的事情。除了从这样一种教养将人们引领进其中的那种思维方式之内，我们不必去尝试理解这个思想，即理性的训令就是一个启蒙了的觉察（an enlightened awareness）的对象。相关的思维方式就是这样一种思维方式，它构成了这样一个立足点，从其上看去那些训令已然进入视野之中。

这种自然化的柏拉图主义完全不同于疯长的柏拉图主义。在疯长的柏拉图主义之中，意义在其内进入视野之中的那种合理的结构独立于任何单纯人类性的东西，结果我们的心灵对其给以回响的能力看起来是玄妙的或者魔术般的。自然化的柏拉图主义之所以是柏拉图主义的，是因为理由的空间的结构拥有一种自律性；它并非是从有关人类成员的这样的真理——即使那个结构没有进入视野之中它们也是可以捕捉到的——之中派生出来的，或者是其反映。但是，这种柏拉图主义不是疯长的：理由的空间的结构并不是在与任何单纯人类性的东西极其隔绝的状态下（in splendid isolation from anything merely human）而被构成的。理性的需求本质上说来是这样的，以至于一种人类的教养能够让一个人类成员的眼睛向它们张开。

请注意，疯长的柏拉图主义在维特根斯坦后期有关意义和理解的著作中是作为一口要予以回避的陷阱出现的。[①] 而且，我认为，自然

---

① 疯长的柏拉图主义显然在有关一个"最高级的事实"（superlative fact）（*Philosophical Investigations*，§192）的观念之中起着作用。维特根斯坦将这个观念登记为这样一个观念，当人们反思"意指（某物）能够预先决定诸步骤的方式"（§190）时，人们可能被诱惑着采纳它。在维特根斯坦对这个综合征的呈现之中，那个假定的"最高级的事实"趋向于被从一种超级机制（a super-mechanism）的角度来加以描画。这样的机制除下面这点以外与一种普通的机制类似：它是由某种不可设想地刚性的材料制造而成的（参见§97）。（与"superlative fact"相应的德文为"übermäßigen Tatsache"，意为过量的事实、过分的事实，也可译作超级的事实。——译者注）

化的柏拉图主义是理解维特根斯坦在那里所要说的东西的一条不错的路径。

我要强调一下这种看法与对于维特根斯坦的许多解读多么不同。许多读者未明说地将我在上一讲（§7）中描述过的一种哲学立场归属给维特根斯坦：在这种立场中，人们发现在理性的要求待在那里等待着主体向它们张开他们的眼睛这个观念本身之中包含着某种怪异之处（a spookiness），除非这个观念能够被从独立的事实中重新构造出来。这设置了一项哲学任务，而相关的思想是这样的：通过诉诸社会互动的方式，维特根斯坦指向了一种完成这项任务的方式。在此，社会互动是以这样一种方式得到描述的，它没有预设那种要被重新构造出的材料。①

如果我们试图按照这种共同体的或者"社会实用主义的"风格（in this communitarian or "social pragmatist" style）构造出这样的某种东西，它能够被看作意义的拥有——由在理由的空间中的放置所构成的那种可理解性，那么我们便不能将意义看作自律的。其实，这就是这种解读的要义：这种怪异感（the sense of spookiness）反映了这样的确信，即任何关于意义的柏拉图主义，任何将自律性归属给意义的立场，都必定是一种疯长的柏拉图主义——其刻画性特征便是贩卖玄妙的事项。当意义的自律性以这样的根据而遭到拒斥之时，这就让一种貌似常识性的有关世界——我们对意义的掌握使我们能够思考和谈论的那个实在——的客观性的构想成了问题。如果对于那种意义

---

① 参见 Saul A. Kripke, *Wittgenstein on Rules and Private Language* (Basil Blackwell, Oxford, 1982)。克里斯平·赖特（Crispin Wright）持有一种独立的且部分类似的解读。两者均是从维特根斯坦对于疯长的柏拉图主义的神话的拒斥开始的。克里普克的维特根斯坦给出的结论是：不存在任何这样的东西，它构成了我们对于意义加于我们之上的那些要求所拥有的敏感性；相反，我们必须从我们参加一个共同体的事实这样的角度来理解那个观念在我们的生活中所扮演的角色。赖特将同一些材料解读成指向了（gesturing towards）一个关于如下事项的实质性的解说（substantive account）：什么构成了我们对于意义的把握。[仅仅是指向了：维特根斯坦对于实质性的哲学理论的"正式的"拒斥，他的"寂静论"（quietism）阻止他承认他在从事构建性哲学。] 参见 Crispin Wright, "Critical Notice of Colin McGinn, *Wittgenstein on Meaning*", in *Mind* 98 (1989), 289—305。

第五讲　行动、意义与自我

在其内进入视野中的规范性结构来说，除了比如整个共同体对于行为片断的接受和拒绝以外它便没有任何其他的内容了，那么事物所处的情况——事物能够被正确地说成处于的情况（相关的正确性部分说来必定在于忠实于这样一些意义，如果人们说事物是如此这般的，那么他们便会利用它们）——就不能独立于共同体对于事物是如此这般的这个判断的批准。这类解读的头脑最为清楚的维护者明确地代表维特根斯坦接受了这样的后果。①

我认为这个后果是不可容忍的，但是在此我将不致力于辩护这个评估。我现在想要表明的是一个有关这种类型的态度的哲学取向的要点：它与这样的某种东西——对于维特根斯坦自己有关我们在哲学中应当做什么的构想来说它具有至关重要的意义——不甚协调。我指的是他的"寂静论"，他对于任何构建性的或者学说性的野心的拒斥。②我相信这点确保了这种类型的态度必定是错失了维特根斯坦的要义。

近现代哲学自认为受到了这样的召唤：要弥补主体和客体、思想和世界之间的二元论的鸿沟。对于意义的这种处理方式则试图弥补规范和自然之间的二元对立。相关的断言或许是这样的：这是一个更深层次的二元对立，是人们所熟悉的近现代哲学中的诸二元对立的根源。到目前为止，一切均没有问题；这适合于我一直极力主张的那幅图像。但是，可以争论的是我们应当如何回应这个更深层次的二元对立。

通常的近现代哲学以一种独特的方式处理那些由这个深层次的二元对立所派生出来的二元对立。它站在它旨在弥补的那条鸿沟的一侧，不加置疑地接受了作为其靶子的那个二元论构想所选定的这一侧（the chosen side）的方式。然后，它从这样的材料——它们在它所站的地方毫无疑问是可以利用的——构造出某种尽可能地接近于有关出

---

① 参见赖特有关"超越批准"（ratification-transcendence）的讨论，见 *Wittgenstein on the Foundations of Mathematics* (Duckworth, London, 1980), chap. 11.

② 对于这点，赖特是有着自我意识的。他的回应是为维特根斯坦对"寂静论"的首肯表示惋惜。

现在相关的问题中的另一侧的构想的东西（something as close as possible to the conception of the other side that figured in the problems）。当然，在此看起来不再有鸿沟了，但是这个结果势必看起来有或多或少的修正主义的嫌疑（to look more or less revisionist）。（在多大程度上这是修正主义的，这要取决于原来的那些貌似的问题有多么急迫：那种给出了一条不可逾越的鸿沟的显象的思维方式在多大程度上被牢固地确立下来了。）现象主义构成了一个具有这样的传统形态的哲学构造的很好的例子。它旨在通过如下方式克服有关经验和世界之间的间隙的忧虑：从经验中将世界构造出来（在此经验仍然是以那种引起这种忧虑的方式被构想的）。

对于意义的这种处理方式——人们认定它是维特根斯坦式的——以恰恰这样的方式处理其更深层次的二元对立。促使人们提出这种处理方式的推动力量是这样的：如果规范是以柏拉图主义的方式被构想的，那么人们在它们之中发现了一个怪异之处。这反映出人们是从规范与自然的二元性的自然的一侧来看待规范的：自然被等同于规律的领域，而这便设置了人们所熟悉的那种祛魅的威胁。这样看来，任何柏拉图主义均具有这样的后果：规范处于一条鸿沟的较远的一侧。而这便设置了一项具有一个人们熟悉的形态的哲学任务：只使用这样的材料——它们令人欣慰地出现在这条威胁着人们的鸿沟的这一侧——建造出这样一个类似物，它尽可能地接近于这样的事项，它们设置了这样的威胁：人们似乎触及不到它们。目标是这条鸿沟应当消失。如果我们的构造缺乏这样一些特征，即那个设置了相关问题的东西似乎拥有它们，那么这是一种我们反而应当期待着的修正主义。

这是通常的近现代哲学的又一次发作（one more spasm），并且自称是最后一次发作。这不是维特根斯坦志在必得的东西。维特根斯坦所志在必得的东西是这样的：我们应当看穿对于通常的哲学的那种貌似的需求（we should see through the apparent need for ordinary philosophy）。而且，这并非仅仅是维特根斯坦的自我构想中的一个古怪之处，在我们接着将他解读为只不过是又一位通常的哲学家时要

第五讲　行动、意义与自我

弃置一边的东西。这种志向并非是荒诞的。我一直在描述的那种第二自然的自然主义恰好就是我们的这样的思考的一个模子（shape），它甚至于让这个最后的二元对立并非看起来需要构建性哲学。仅仅**教化**这个观念（the bare idea of *Bildung*）就确保了意义的自律并不是非人类性的，而这应当消除这样的趋向，即被有关理性的规范或者需求的观念本身吓唬住。这没有留下任何有关规范的真正的问题——除了那些我们在对特别的规范进行反思性思考时所处理的问题以外（这样的反思性思考活动并非特别是哲学性的）。不存在任何对于这样的构建性哲学的需求，它所指向的是理性的规范这个观念本身，或者那个意义在其中进入视野之中的结构，而其出发点则是那种威胁着给自然祛魅的自然主义的立场。我们不必尝试从那种立场出发将意义放进视野之中。

有关社会事项（the social）的范畴自然是重要的。如果事情不是这样的，那么**教化**就不可能在这幅图像中获得其适当的位置。但是，要点并不是社会事项构成了针对意义这个观念本身所进行的一种构造的框架（the framework for a construction of the very idea of meaning）：某种会使得这个观念对于一种限制性的自然主义（restrictive naturalism）——那种威胁着给自然祛魅类型的自然主义——来说变得安全的东西。维特根斯坦说："下命令、提问、讲述什么、闲聊属于我们的自然史，正如走路、吃饭、喝水、玩游戏一样。"① 在此，维特根斯坦用"我们的自然史"所意指的东西必定是这样的生物的自然史，其自然大部分来说是第二自然。人类的生活，我们的自然的存在方式（our natural way of being），已然受到了意义的塑造。我们只需要通过简单地确认我们对于第二自然的观念的权利的方式将这种自然史与作为规律的领域的自然联系起来，而不必将两者以比这种方式更为紧密的方式联系起来。

我在将一种"主义"（ism）即自然化的柏拉图主义归属给维特根

---

① *Philosophical Investigations*，§25.

斯坦。我本人是在藐视他的如下坚决主张吗：他并非是在从事提供哲学学说这样的事务？不是。请回忆一下我在上一讲结尾（§8）关于罗蒂和"那种让哲学平静下来的发现"所说过的话。"自然化的柏拉图主义"不是一张贴在一点儿构建性哲学之上的标签。这个短语仅仅是一个"提醒物"的一种简略的表达方式。这个"提醒物"是指一种欲将我们的思考从这样的做法中召回的企图，即运行在这样的沟槽中，它们让事情看起来像是这样的：我们需要构建性哲学。①

4. 在第二讲结尾（§8②）我说道，如果我们将康德有关经验的构想从他将它置于其中的那个框架中取出来［那个框架是一则有关一个超感觉的实在给予接受性的一种先验的刺激（a transcendental affection）的故事］，那么它恰好就成了我们所需要的东西。在那个框架之外，康德的构想是一种令人满意的避开我们的二难困境（即我们貌似被迫要在所予的神话和一种放弃了对思维的外在的限制的融贯论之间做出选择）的方式。但是，那个框架糟蹋了这个洞见，因为超感觉的事项相对于心灵的极端的独立性最后似乎构成了任何真正的相对于心灵的独立性将会成为的东西（what any genuine mind-independence would be）的典范，于是，当康德声称将独立于心灵的属性归属给通常的经验世界时（像它出现于他的思考之中那样），这听起来只不过是一种不真诚的说法。我那时让如下问题处于悬而未决的状态：为什么康德将他的这个在获得必要的洞见方面所做出的企图置于这个无法让人满意的背景之中？

在康德的思考中存在着这样一些大家所熟悉的特征，它们能够帮助我们解释为什么他被有关一个不可知的超感觉的实在的观念吸引住了［这样的观念显然违反他自己制定的有关有意义的事项的标准（his own standards for what makes sense）］。这个先验的框架看起来像是解释了如下事情：我们如何能够拥有关于经验的必然的特征的知识。而且，康德认为承认超感觉的事项是一种保护宗教和道德的利益

---

① 比较 *Philosophical Investigations*，§127。
② "§8"当为"§9"。——译者注

的方式。后面这个要点确实非常直接地关联到我的问题。在伦理思考之内存在着这样的压力,它们趋向于将伦理学歪曲成伯纳德·威廉斯区别为"道德系统"(the morality system)的东西。① "道德系统"的一个特征就是给出了这样一个显象:人们只能对一种完全无条件的自由的行使真正地负有责任。这可以帮助我们解释为什么康德倾向于假定真正的自发性将不得不是完全不受限制的。在经验中——如果从经验上加以构想的话(empirically conceived),我们能够拥有的最好的东西是一种自然地受到了限制的自发性(a naturally constrained spontaneity)。与道德责任所应该要求的那种无条件的自由相比,这势必显得像是二流的自由。

但是,这些解释中的任何一种都并非是在康德有关经验的思考本身的内部进行的。这些外部的考虑——哲学本身、宗教和道德的利益——能够让我们更加接近于理解下面这点:为什么康德有关经验的思考扭曲了它自己的最好的洞见,但是它们肯定不可能是全部的解释。

我们可以从近代自然主义的压力的角度构造出一种内部的解释。毫无疑问,康德是可以随意地使用**教化**的观念的。但是,它在他那里并非是作为对于第二自然的观念的严肃的运用的背景而被使用的。对康德来说,自然的观念就是规律的领域的观念——那个伴随着近代科学的兴起而变得清晰起来的观念。请考虑一下康德对休谟的回应。休谟对近代自然主义的祛魅效果做出了过分热情的回应。他认为,我们不仅要否认自然具有意义的可理解性(the intelligibility of meaning),而且要否认它具有规律的可理解性(the intelligibility of law)。与休谟相反,康德旨在重新为自然赢得规律的可理解性,而非意义的可理解性。对于康德来说,自然是规律的领域,因此它缺乏意义。给定了这样一种有关自然的构想,真正的自发性就无法出现在对于自然能力的现实化本身的描述之中了。

---

① 参见 *Ethics and the Limits of Philosophy*, chap. 10。

此处的要点有些微妙。对于康德来说，通常的经验世界——它包括着作为规律的领域的自然——并非外在于概念事项。考虑到概念事项与属于意义的那种可理解性之间的关联，我已经建议说维护这种康德式的思想需要一种对自然的部分的重新施魅(参见第四讲，§§3，4)。但是，这并不要求我们恢复这样的观念：在一只麻雀的坠落或行星的运转中就存在着意义，正如在一个文本中存在着意义一样。近现代性（modernity）的良好的教导之一便是规律的领域就其本身来看是缺乏意义的；其构成要素并不是借助于构成理由的空间的那些关系彼此关联在一起的。但是，如果我们关于自然的事项的思考止于对于这个要点的体会，那么我们便不能适当地领悟经验接纳甚至于那些构成了规律的领域的无意义的发生的事情的能力。我们不能在我们有关经验的构想中令人满意地将自发性和接受性拼接在一起，而这也就意味着我们不能利用这个康德式的思想：规律的领域，不仅仅是有意义的作为的领域（the realm of meaningful doings），并不是外在于概念事项的。知性——我们应用于文本之上的那种能力本身——必定涉入我们对于单纯的无意义的发生的事情的接纳之中。①

康德缺乏一个意义深远的第二自然的观念，这点解释了为什么那种有关经验的正确的构想不能在他的思考中找到一个稳固的位置。但是，这没有解释下面这点：即便如此，他还是如此接近了这种正确的构想。在此我认为我们不得不对他的洞见直接地表示惊奇——特别是考虑到那个先验的框架如何阻止了那个洞见采取适当的形式这点。事情并非是这样的：那个先验的框架是一个不必要的事后加进来的想法。在缺乏一个意义深远的第二自然的观念的情况下，这个洞见只能以那种扭曲的形式出现。

如果我们将直观构想成祛魅的自然的产品，将自发性构想成非自然的，那么我们能够得到的最接近于我们所需要的那种构想的东西是我在上一讲（§4）中讨论的那种戴维森式的立场：自发性刻画了事

---

① 在此我是在回应罗伯特·布兰德姆和迈克尔·洛克伍德（Michael Lockwood）的评论。

第五讲 行动、意义与自我

实上是感受自然的运作的东西（what are in fact operations of sentient nature），但是它并没有刻画这些运作本身（them as such）。这让我们留在了我们所熟悉的那种二难困境之中：或者我们必须愿意假定即使情况是这样的，感受自然的运作仍然能够与思想处于合理的关系之中（所予的神话）；或者我们必须接受感性根本没有任何认识论上的意蕴（一种极端的融贯论）。事实上，康德看到这个选择是不可容忍的。因此，自发性必须为我们的感性的运作本身提供结构。既然他没有深入地思考过一种第二自然的自然主义，而且既然露骨的自然主义对他来说没有任何吸引力，他便无法为这种所要求的概念与直观之间的实在的联系（this required real connection）在自然中找到一个位置。在这样的困境中，除了将这种联系置于自然之外，置于那个先验的框架之外，他不可能找到任何其他的选择。

康德在此显示出了其独特的高明之处。尽管他没有任何可以理解的方式用以对待如下洞见：概念与直观的一种单纯观念上的联系（a merely notional connection）是不够的，他还是设法坚守着它。这迫使他选择了这样一条出路，按照他自己的标准，它是不可理解的（unintelligible）。这种实在的联系不得不是这样的：自发性涉入超感觉的事项对接受性的先验的刺激之中。现在，我们的感性让我们向一个并非外在于概念事项的实在开放这个很好的想法只能以一种扭曲的形式出场，好像通常的经验世界是由一个处于更远处的实在的诸显象构成的（constituted by appearances of a reality beyond）。

当康德试图为有关经验的这个具有本质意义的洞见在一种没有第二自然的自然主义这个致命的环境之中找到一个位置时，他的思考便承受着这样的压力。除了这样的压力之外，我们还应当注意到另一个历史的影响：新教个人主义（Protestant individualism）的兴起。这点随带着导致了如下观念的丧失或贬值：沉浸于一个传统之中（immersion in a tradition）或许是一种值得尊敬的接近实在的事项的模式。相反，如下事情似乎成了每个思想者的义不容辞的职责：自己去核对每件事情。当特定的传统似乎变得僵化或守旧了时，这就鼓励人们产生这样的幻想：应当完全抛弃对传统的依赖。然而，正确的回应将是坚持这样立场：一个值得尊敬的传统必须包括一种对反思性的批评的诚实的回应。

传统的这种贬值的结果便是这样一种见解，在其中个体的理性（individual reason）具有了至高无上的地位。而这很难与如下观念结合起来：理性可能在十足的被动性的状态或发生的事情中就是起作用的（正是这点会使得它成为受惠于世界的）。因此，在开始时作为这样的观念——理性之存在或许要归功于一个传统中的一个位置——的丧失的东西是以对于如下观念的一种压力的形式出场的：理性中的某种东西或许要归功于来自于世界的撞击。在最后一讲我将就传统的意蕴稍微多谈一点儿。

5. 如果我们能够给康德装备上第二自然的观念，那么这不仅会让他有关经验的洞见摆脱掉他在其中试图表达它的那个框架的扭曲性的影响，而且也会让自我意识与对世界的意识之间的联系——它以一种模棱两可的方式出现于他的思考之中——采取一个令人满意的形态。

在先验演绎中，康德似乎提供了这样一个论题："从内部"将经验理解成对客观实在的瞥见的可能性与相关主体能够将经验归属给他自身这件事情，进而与相关主体是有自我意识的这个事实，是互相依赖的。①

现在，如果这里讨论到的自我就是通常的自我（至少最终说来），那么这将是令人满意的。但是，很难使这点与康德实际上说的话一致起来。当他引入他争辩说与对客观实在的觉察关联在一起的自我意识时，他谈到了那个必定能够"伴随我的所有表象"的"我思维"②。在纯粹理性的谬误推理中，他断言如果我们认为这个"我"拥有一个持存的所指（a persisting referent），那么相关的历经时间的同一性观念（the relevant idea of identity through time）就仅仅是形式上

---

① 关于先验演绎的这种解读，参见 Strawson, *The Bounds of Sense*, pp. 72—117。
② *Critique of Pure Reason*, B 131.

的。它与这样一个主体的实体性的同一性（the substantial identity）没有任何关系，即他作为他所知觉到的世界之中的一个实在的呈现者（a real presence）而持存着。① 作为经验与客观实在的关联的对应物的主观的时间上的连续性（the subjective temporal continuity）收缩成了一个单纯的视点的连续性，而显然非一个实体性的连续体（a substantial continuant）的连续性。②

对于谬误推理所包含的这样的论题——就出现在能够"伴随我的所有表象"的"我思维"之中的那个"我"来说，只有一种历经时间而持存的形式观念（a formal idea of persistence through time）是可以利用的——康德提供了一个理由。他认为，任何其他的东西都会让他承诺一种笛卡尔式的自我构想（a Cartesian conception of the ego）。

请考虑洛克（Locke）对于一个人是什么这点（what a person is）的解说："一个思维的、有理智的存在物（a thinking intelligent being），他具有理性和反思，能够将自身看作自身，看作处于不同的时间和地点的相同的思维的事物。"③ 洛克在此是在讨论他称为"意识"的东西；我们可以称其为"自我意识"。"意识"能够一览无余地（in a single survey）将从时间上说分离开的诸多状态和发生的事情掌控在一起（hold together）；它们被设想成是属于一个连续体、一个思维的事物的生涯的。用康德的术语来说，这个论点是这样的：在能够"伴随我的所有表象"的那个"我思维"之中，那个"我"的指称（the reference）被理解成延伸到过去和将来之中了。不过，康德的谬误推理的论点是这样的：洛克称为"意识"的东西之流（the flow of what Locke calls "consciousness"）没有涉及这样的事情：将一个同一性标准应用到什么事项之上，或者，要不然就是确保什么事项符合

---

① A 363："对我自身的意识在不同的时间中的同一性……仅仅是我的思想及其连贯性的形式条件，它绝没有证明我的主体的数的同一性（the numerical identity of my subject）。"

② 参见 Quassim Cassam, "Kant and Reductionism", *Review of Metaphysics* 43 (1989), 72—106, 特别参见 pp. 87—88。

③ *An Essay concerning Human Understanding*, ed. P. H. Nidditch (Clarendon Press, Oxford, 1975), 3.27.9.

于这样的标准。① 在"意识"历经时间的连续性之中，存在着显得像是关于一种同一性——一个对象历经一段时间的持存（the persistence of an object over a period）——的知识的东西；"意识"之流的部分内容就是有关这样的"我"——它出现于那个能够"伴随我的所有表象"的"我思维"之中——的一个持存的所指的观念。但是，当一个主体这样应用持存的观念时，他不需要做出努力，以保证他的注意力继续固定在相同的事物之上。至于一个对照的情形，请考虑在一段时间内将自己的思想聚焦在一个通常的知觉对象之上。这需要跟踪事物的能力（the ability to keep track of things），即这样一种技巧，我们可以将其行使设想成一种对于一个同一性标准的明确的应用的实践的替代品（a practical substitute）。"意识"的连续性没有涉及任何与此类似的东西，没有涉及任何对那个持存的自我的跟踪，尽管如此，这样的自我却似乎出现在该"意识"的连续性的内容之中。②

现在，假定我们想当然地认为，在规定这种有关一个持存的自我的思想的内容时，我们必须将我们自己限制在"意识"之流本身之内。如果这个思想的题材（the topic of the thought）是一个实体性的连续体，那么其连续存在所在于的东西（what its continuing to exist consists in）就必定是特别简单的。持存的观念轻松地适用于此。除了"意识"之流本身以外，它便没有任何内容了。这看起来像是达

---

① 这是斯特劳森对于谬误推理的解读：*The Bounds of Sense*，pp. 162–170。
② 至于对于斯特劳森在康德那里所发现的这个观点的一个这种样子的详尽的阐述，参见 Evans, *The Varieties of Reference*，p. 237。埃文斯建议，这个观点可以通过有关"对于经由错误的认同而来的错误的免疫性"（immunity to error through misidentification）的观念来捕捉［他在其他地方（pp. 179–191）联系着以知觉为基础的指示性思维（perceptually based demonstrative thinking）利用了这个观念］。在此，他（或者更有可能的是他的著作的编者）似乎出错了。当一个谓述（predication）不是经由一个同一性判断而被附加给其主项时，我们便有了"对于经由错误的认同而来的错误的免疫性"。但是，正如埃文斯在第 236 页上所指出的那样，那种意义上的"免于认同"（identification-freedom）与一个判断之依赖于对其对象的跟踪这点是一致的，而在自我意识的情形中他恰恰否认了存在着这样的跟踪本身。跟踪而非一个"认同组分"（identification component）似乎在作为有关知觉对象的连续的指示性思想的基础的东西之中起着作用。有关自我的这个要点构成了"免于认同"的一种特强的形式。

第五讲　行动、意义与自我

到出现于笛卡尔那里的有关"我"的所指的构想或者有关其的假定的构想的一个诀窍。

这本质上就是康德对于笛卡尔式的自我构想的产生方式的解说。事情很可能看起来是这样的：我们最好得出康德的结论，即有关出现于"意识"之流中的持存的观念最好仅仅是形式上的。如果我们允许它是一种实体性的持存的观念，一个客观的事项的连续的存在的观念（an idea of substantial persistence, the continuing to exist of an objective item），那么我们便承诺将自我意识理解成对一个笛卡尔式自我的觉察。

但是，正如我强调过的那样，这取决于我们的如下想当然的想法：当我们规定有关持存的这种观念的内容时，我们必须将我们自己限制在"意识"之流之内。而这种假定并不是神圣不可侵犯的。其实，它是极为可疑的；我认为它构成了笛卡尔式的构想的真正的根源。如果我们放弃了它，那么我们便为如下假定留出了余地：那个"我思维"的连续性涉及一个实体性的持存，而同时这又没有蕴涵那个讨论中的连续体是一个笛卡尔式的自我。我们可以说"意识"的连续性只有作为对于这样的某种东西——它所包含的东西要多于"意识"本身包含的东西——的主观的领受（as a subjective take on something that has more to it than "consciousness" itself contains）才是可以理解的。这样的东西就是一个客观的连续体的生涯（the career of an objective continuant），而一个连续的"意识"的主体尽可以将自身认同为这样的客观的连续体。诚然，处于这种主观的领受（the subjective take）之内的这种连续性并没有涉及对一个持存的事物的跟踪，但是这种毫不费力的性质并没有要求我们要同意康德的如下看法：此处的同一性观念仅仅是形式上的。即使"从内部来看"，这种主观的领受也被理解为处于一个更为广大的背景之中，因此它所体现的那种持存观念可能包含着更多的内容。这种更为广大的背景让人们能够理解下面这点：第一人（the first person），那个能够"伴随我的所有表象"的"我思维"之中的那个"我"的连续的所指，也是某个第三人（a third person），即这样的某种东西，其生涯是客观世界中的一个实体性的连续性：这样的某种东西，关于它的连续的思维的其他模式（other modes of continuing thought about it）的确需要对它进行跟踪。这是表达格雷斯·埃文斯有关自我认同的高明的处理之主旨的一种方式。埃文斯的这种处理是建立在斯特劳森对谬误推理所做的那种高明的解读基础之上的。①

我认为这样的某种东西构成了如下康德式思想的适当的框架：自我觉察与对世界的觉察是互相依赖的。而且，在康德那里或许存在着有关这点的暗示。② 不过，我看不出它如何可能是他的正式的观点。如果我们让自我意识处于一个更为广大的背景之中，那么我们便能够避免笛卡尔式的自我，而又不必说有关出现于"意识"的连续性之中的持存的自我的观念仅仅是形式上的。但是，这恰恰就是康德认为他不得不说出的东西。事情看起来似乎是这样的：康德没有触动这样的可疑的假定，即当我们试图规定关于一个持存的自我的观念的内容时，我们不能走出"意识"之流之外。只有以这样的方式，事情才可能显得是这样的：为了避免笛卡尔式的自我，他需要调整持存的观念的内容。如果我有关这个假定的观点是正确的，那么康德对笛卡尔式的思考所给出的诊断就没有达到其根源。

康德所采取的步骤的结果是他所诉诸的那种主观的连续性（作为经验之关联到客观实在实际上所是的东西的部分内容）不能等同于一个知觉着的动物的连续的生活。像我说过的那样，它收缩成了一个单纯的视点的连续性：这样的某种东西，它不必与一个身体有任何关系——就互相依赖性断言来说。

这完全无法让人满意。如果我们的出发点是一个有关这样的事项的独立的观念：一条穿越客观实在的经验路径（an experiential route

---

① 参见 *The Varieties of Reference*，chap. 7。埃文斯此处的思考可以看作是对斯特劳森有关谬误推理的解读之中的如下评论的一种详细阐释："'我'可以在没有主体同一性标准的情况下被使用，然而又指称了一个主体，因为即使在这样一种使用中，与那些标准的关联也没有被切断。"（*The Bounds of Sense*，p. 165）

② 这是斯特劳森在谬误推理中所发现的东西（至少就其萌芽形式来说）。

through objective reality），即这样一个在时间上延展的视点，它或许是没有身体的——就主体性和客体性之间的那种联系本身来说（as far as the connection between subjectivity and objectivity goes），那么似乎没有任何指望从那里逐渐地构造起有关世界中的一个实体性的呈现者（a substantial presence）的概念。如果某种东西开始时打算将自己构想成"我"的一个单纯形式上的所指（这已经是一个独特的观念了），那么它如何能够最后侵占了一个身体以至于它可以将自己认同为一个特定的活的（living）事物？或许，我们可以假装理解了这样的观念：这样一个主体也许记录下了一个特定的身体在决定它的经验的历程时所扮演的一个特别的角色。但是，这点并没有使得该主体能够将自己，即它的经验的那个主体，设想成客观实在中的一个有身体的要素（a bodily element）——设想成世界中的一个有身体的呈现者。

如果康德在自我觉察与对于世界的觉察之间所做成的那种联系要让我们有可能重新获得这样的观念的话：我们的经验的主体就是我们的通常的自我，那么那个能够"伴随我的所有表象"的"我思维"之中的那个我的单纯形式上的持存最好仅仅是从那个活的经验主体的通常的实体性的持存那里所做的一种抽象。① 它最好不是这样的某种独立的东西，我们或许希望以其为基础重新构建起通常的自我的那种持存。但是，这似乎不符合康德有关他所做的事情的构想。康德认为他自己是在揭示一种可以先天地加以认识的（knowable *a priori*）必然的联系。② 我们很难让这种有关从通常的自我的持存之上所做的一种抽象的观念与他给予"*a priori*"的那种时间上的含义〔像当他建议说先验的自我意识"先于（precedes）一切直观材料"（A 107）时那样〕一致起来。

如果康德不能用正确的眼光看待他的思考，这并不令人吃惊。为

---

① 参见斯特劳森对抽象的求助：*The Bounds of Sense*，pp. 103–104。
② 参见比如 *Critique of Pure Reason*，A 116："就任何时候能够属于我们的认识的一切表象而言，我们先天地意识到自我的完全的同一性是所有表象的可能性的一个必要的条件。"

什么不能存在一个关于形式上的主观的连续性的独立的观念（a free-standing idea of formal subjective continuity）？回答是这样的：关于一个由这样的状态或发生的事情——在其中概念能力被牵连到感性之中——所构成的从主体角度说连续的序列的观念（the idea of a subjectively continuous series of states or occurrences in which conceptual capacities are implicated in sensibility），或者，更为一般地说，关于一个由任何种类的概念能力的行使所构成的从主体角度说连续的序列的观念，也即，关于一个由"表象"所构成的从主体角度说连续的序列的观念（像康德会说的那样），恰恰就是关于一个挑选出的生活地带的观念（the idea of a singled out tract of a life）。正如关于一个由消化事件构成的序列（带有其适当种类的连续性）的观念不能独立于有关这样一个活的事物的观念——这些事件就发生在其生活之中——而孤立存在一样，关于一个由"表象"所构成的从主体角度说连续的序列的观念也不能这样地孤立存在。但是，在缺乏一个严肃的第二自然的观念的情况下，这种利用有关生活（它是一个典型的自然现象）的概念来理解自发性（按照康德的认识，它不能不是非自然的）领域之内的一种统一性的做法并非处于康德能够把握的范围之内。

康德的目的是清除有关自我的笛卡式的企图（Cartesian temptation about the self），而且他几乎就要成功了。他想要承认那些鼓励了笛卡式哲学的自我觉察的独特性，但是又没有让它们似乎表明了这点：自我觉察的对象是一种笛卡尔式的自我。不过，他认为，唯一的替代选项是一种先验的自我觉察（a transcendental self-awareness），即这样的某种东西，它不以以实体的形式呈现于世界之中的东西为对象（something that has no object substantially present in the world）。如果我们坚持为这种自我觉察提供一个对象，那么我们只能以几何的方式（geometrically）将其作为一个视点，将该对象定位在世界之中。这避免了人们熟悉的有关一个独特的实体与实在的其他部分之间的关系的笛卡式的问题。但是，它留给了我们一些看起来像是那些问题的后嗣的东西。如果我们从这样一种推定的自我感（a putative sense of self）——自我至多只是以几何的方式处于世界之中——出发，那么我们如何能够从那里逐渐达到我们实际上具有的那种自我感，即自我是世界之中的一个有身体的呈现者？（当我说这就是自我觉察实际上所是的东西时，我并不是在暗示下面这点：一个人在世界中的身体的呈现在自我觉察中始终被他认识到了。）① 只有在康德能够容纳一个思维着的且意图着的主体（a thinking and intending subject）是一个活的动物这个事实的情况下，他的洞见才能够采取这个令人满意的形态。但是，由于他坚信概念能力是非自然的（在将自然与规律的领域等同的意义上），而且由于他缺乏一个可以得到严肃的利用的第二自然的观念，他被阻止容纳那个事实。

6. 康德有时将概念事项的观念特别地与一般性（generality）联系在一起。② 这可能暗示我们应当根据谓语与主语的关系来解释概念与直观的关系。③

这点或许看起来揭示了在近来有关单称指称（singular reference）的思考的某种趋势之中有一种康德式的形态。曾经有这样一个时期，那时标准的指称观是从罗素（Russel）的摹状词理论（Theory of Descriptions）得到灵感的。相关的想法是这样的：每当一个思想指向一个特定的对象（particular object）时，其内容的一个部分便是由借助于一般词项——概念词项（我正在考虑的那种等同会引导我们

---

① 感觉剥夺的情形表明一个人的身体的存在不必总是让其产生深刻的印象。在《第一人称》［in Samuel Guttenplan, ed., *Mind and Language* (Clarendon Press, Oxford, 1975), pp. 45—65］这篇文章中，安斯康姆利用这个事实来论证下面这点："'我'作为主体的使用"［维特根斯坦将其与"作为客体的使用"区别开来（*The Blue and Brown Books*, pp. 66—67）］是以独立于关于我自身的这样的感觉的方式起作用的，即我是世界之中的一个有身体的呈现者。安斯康姆由此断言："'我'作为主体的使用"不应该被认为是指称什么的，否则，我们就会受到这样的处罚：在它指称的是什么这个问题上坚持一种笛卡尔式的构想。不过，这个论证是有缺陷的；而且，其有缺陷的方式恰恰同于谬误推理的论证有缺陷的方式。

② 参见比如 A 320/B 377。

③ 这个思想对于斯特劳森关于第一批判的解读来说具有至关重要的意义。参见 *The Bounds of Sense*, pp. 20, 72。

这样说)——表述的该对象的一个详细说明（a specification）而给出的。现在的趋势是从这样的指称观退缩回来。① 在思想中存在着这样一些种类的指向对象性（object-directedness），它们不能被轻易地弄成适合于这个模子的形式。例如，一个知觉的指示性思想（a perceptual demonstrative thought）肯定不是通过包含一个一般的详细说明的方式自动导向（homes in on）其对象的——那个对象是作为适合于该详细说明的东西而出现在这个思想之中的，而是经由这个类型的思维利用该对象本身的可以知觉到的呈现的方式来做到这点的。如果概念事项被等同于谓述事项（the predicative），那么这种对于摹状词理论的普遍的应用的抵抗便采取这样的说法的形式：在证明这种抵抗是正当的诸情形中，单称指称就是存在于思想者与事物之间的一种概念之外的关系，或者说是支撑在这样一种关系之上的。② 因此，这幅图像就是这样的：概念的领域的确有一个外部，特定的对象居住于其内。思想是以如下方式从其在概念的领域内的位置出发接触到诸对象的：利用诸如知觉之类的关系——它们被设想成穿透了概念事项的那条外部边界。

这幅图像适合于一种当代有关单称指称的观点，它或许应当算作正统的观点。正如我已经说过的，它可能看起来是康德式的观点。但是，事实上，它根本就不是康德式的。在康德那里，概念的领域没有任何外部——除非我们转移到先验的故事，而且没有人认为比如指示

---

① 这种趋势的有重大影响的早期拥护者包括索尔·克里普克，"Naming and Necessity", in Donald Davidson and Gilbert Hartman, eds., *Semantics of Natural Language* (Reidel, Dordrecht, 1972), pp. 253-355, 763-769（1980年该文以同名专著的形式重印，出版者：Basil Blackwell, Oxford）；凯西·唐纳兰（Keith S. Donnellan），"Proper Names and Identifying Descriptions", ibid., pp. 356-379。同时参见露西·巴康·马尔库斯（Ruth Barcan Marcus），"Modalities and Intensional Languages", *Synthese* 27 (1962), 303-322（该作者的相关思想的提出早于这个趋势的出现）。

② 关于这样一种立场的一个引人注目的阐释（该阐释远远早于通常被作为肇始了这个当代趋势而加以引用的著作），参见 Geach, *Mental Acts*, §15。认为在相关种类的情形中思想和个别事物之间的关系是处于概念之外这个想法有一个更近期的表达，参见 Tyler Burge, "Belief *De Re*", *Journal of Philosophy* 74 (1977), 338-362。

第五讲　行动、意义与自我

性思想聚焦的对象是本体性的。无论如何，这幅图像真正说来是不一贯的，除非"概念的"被用作"谓述的"的一个单纯的同义词。限制概念的领域只有在如下情况下才可能看起来具有一种令人感兴趣的意义：这个被限制的领域是被挑选出来当作思想的领域的。这幅图像将谓述放在概念的领域之内，但是思想据称不得不突破概念事项，以接触到这样的对象，人们正在就它们做出相关的谓述。这没有给一个有关如下事项的融贯的构想留出任何余地：一个处于被限制的概念的领域之内的谓述如何能够被与一个对象联系起来。

给定了这样一种反罗素式的革命的构想，人们便很容易同情像约翰·塞尔（John Searle）那样的坚持推广的摹状词理论（the generalized Theory of Descriptions）的反革命的党徒了。① 如果这幅图像是这样的某个人的唯一的求助对象，他欲求能够将思想构想成是经由不同于详细说明的方式而聚焦在特定的对象（particulars）之上的，那么我们最好放弃这样的欲求，并且回过头来承担起这样的任务：努力讲清楚这样的并非显而易见的详细说明，最终必定是通过它们那些引发了这种退缩的诸种思想才接触到它们的对象的。

在第三讲中我攻击了格雷斯·埃文斯的如下观点：知觉经验的内容是非概念性的。埃文斯提出这个观点的目的某种意义上说与其根本的关心对象即单称指称的距离比较遥远。其实，我不相信埃文斯对于知觉的非概念的内容的求助对于他有关单称指称的思考来说具有至关重要的意义。这样做并非难事：在不提及非概念的内容的情况下改写埃文斯的主要论点，甚至于其有关知觉的指示性思想的论点。

埃文斯的最主要的思想是这样的：弗雷格的意义（sense）观念

---

① 参见 *Intentionality* (Cambridge University Press, Cambridge, 1983), chap. 8。我在如下文章中讨论了塞尔有关单称思想的观点："Intentionality *De Re*", in Ernest LePore and Robert Van Gulick, eds., *John Searle and His Critics* (Basil Blackwell, Oxford, 1991), pp. 215-225。还请参见我的如下文章："Singular Thought and the Extent of Inner Space", in Philip Pettit and John McDowell, eds., *Subject, Thought, and Context* (Clarendon Press, Oxford, 1986), pp. 137-168。在后面这篇文章中我对这里所讨论的问题给出了更为全面的考虑。

〔他是从呈现模式（modes of presentation）的角度引入这个观念的〕能够容纳存在于思想者与特定的对象之间的各种各样的联系；而人们认识到，恰恰是这些联系给推广的摹状词理论造成了麻烦。① 埃文斯的著作的细节将这点逐个情形地讲清楚了。它通过如下方式解释了思想聚焦于特定对象之上的各种不同的方式：始终将思维放在适当的背景之中，放在思想者在世界中的称职的、自我意识到了的呈现之中。② 如果我们想要将概念的领域与思想的领域等同起来，那么对于"概念的"的正确的注释不是"谓述的"，而是"属于弗雷格式的意义的领域"。（不幸的是，认为两者是一回事这样的愚蠢的想法仍然很流行。）埃文斯的成就在于表明了我们如何能够回避一种貌似迫不得已的选择：一方面是推广的摹状词理论的诸多貌似不合理之处（尽管像塞尔那样的哲学家做出了许多规避性的努力，人们还是越发明显地感觉到了这些不合理之处）；另一方面是那幅伪康德式图像的不一贯性（在这样的图像中，思想不得不突破它自己的适当的范围，以便以不同于详细说明的方式接触到特定的对象）。通过援引弗雷格的方式，埃文斯清楚地表明了后一幅图像所支持的那些存在于思想者与对象之间的非详细说明的（non-specificatiory）关系如何不必被构想成这样：将思想带到了概念的领域的一条外部边界之外。

我认为，以这样的方式描述埃文斯的思考表明了它是极为正确的，至少就一般要点而言是这样的。在没有注意到我将其置于其中的那种更为广大的语境的情况下，哲学家们通常认为他们可以不理睬埃文斯的立场，因为他们发现它的含义是反直觉的。这恰恰表明了埃文斯这部开创性的著作未得到理解的令人沮丧的程度。这样的著作竟然可能如此少地被人欣赏，这点构成了我们的哲学文化中所呈现出的那种退化现象的一个标志。

---

① 因此，如下做法是完全错误的：将弗雷格与罗素归并在一起，将他们一并当作从推广的摹状词理论往回退缩的一个目标。

② 我之所以强调这点，是为了表明斯特劳森的康德对于埃文斯在 *The Varieties of Reference* 之中所进行的那种思考的主要线索来说有多么重要。斯特劳森的影响远远超出了表面上可见的范围之外。

第六讲　有理性的动物与其他动物

1. 我一直在考虑那种摇摆于两种不合口味的立场之间的趋向：一方是一种完全丢失了经验思想与实在之间的关联的融贯论；另一方是一种回来徒劳地诉诸所予的退缩。对这种趋向我提出了一种诊断：它反映了正常的、成熟的人类成员是有理性的动物这个亚里士多德式的观念所遭受的一种可以理解的曲解。动物就其本身来说是自然的存在物，一种大家熟悉的近现代的自然构想趋向于将有理性从自然中驱逐出去。结果，理性被与我们的动物自然分离开来，好像"是有理性的"（being rational）将我们部分地置于动物王国之外了。特别说来，知性被与感性间隔开来。而这就是我们的哲学死胡同的根源。为了逃出这个死胡同，我们需要将知性与感性、理性与自然重新带回到一起来。

回避这个二难困境的一种方式是不去质疑那种威胁着将理性从自然中驱逐出去的有关自然的构想，而是以自然主义的术语来重新构想理性（按照有关如下事项的一种相应的理解：一个术语是自然主义的究竟意味着什么）。这种立场就是我一直称为"露骨的自然主义"的东西。它允许我们将我们自己构想成有理性的动物，但是我认为这种构想不是亚里士多德的构想。不过，无可否认的是，露骨的自然主义在下面这点上是类似于亚里士多德式的思考的：它没有面对我一直在考虑的那些哲学担心，而是干脆拒绝感受到它们的存在。

相关的威胁是这样的：一个被赋予了理性的动物被形而上学地一分为二了，这给我们有关经验思维和行动的反思带来了灾难性的后果。我已经断言：即使我们主张（与露骨的自然主义不同），与规律的领域的组织相比，理由的空间的结构是自成一类的，我们仍然能够回避这个威胁。知性的自发性不能用这样的术语捕捉到，它们适合于用来描述那种构想中的自然，但是，即使如此，它仍然能够弥漫于我们的动物自然的现实化过程之中。如果我们能够愿意接受这点，那么我们便能够回避那些哲学困难，与此同时又充分地体会到使得它们具有吸引力的东西。

在亚里士多德有关人类成员的构想之中，有理性构成了其动物自然的一个不可或缺的部分，而且这种构想既不是近现代意义上的自然主义的（在其中没有任何还原性或者基础主义的暗示），也没有充满着哲学忧虑。使得这点成为可能的东西是如下事实：亚里士多德不知道自然就是规律的领域进而不是意义的家园这个观念本身。这种关于自然的构想是在近代科学革命的时代人们费尽力气创造出来的。

我并非是在竭力主张我们应当试图恢复亚里士多德的无知。为如下观念感到懊悔将是疯狂的：自然科学揭示了一种特别的可理解性，一种应当与那种为意义所特有的可理解性区别开来的可理解性。丢弃我们的理智继承物的这个部分会意味着回到中世纪的迷信状态。如下做法是正确的：高度评价当我们将某个事物置于规律的领域时我们在它之中所揭示出来的那种可理解性，并且将其与当我们将某个事物置于理由的空间时我们在它之中所揭示出来的那种可理解性清晰地分离开。

但是，不是去试图将意义的可理解性整合进规律的领域，相反，我们可以致力于得到亚里士多德的无知的一种人类堕落后出现的或者有所知的对应物（a postlapsarian or knowing counterpart of Aristotle's

第六讲　有理性的动物与其他动物

innocence）。我们可以承认当我们的祖先形成有关一个可理解性的领域即失去了意义的自然律的领域的观念时人类的理解力（human understanding）向前迈出的这一伟大的步骤，但是我们可以拒绝将这个可理解性的领域等同于自然，更不用说将其等同于实在的东西（what is real）了。

　　第二自然的观念在亚里士多德的无知的背景之中不需要任何特别的强调，但是在这个欲获得一个有所知的对应物的企图中它则获得了一种特别的意味。我们在寻找一种有关我们的自然的构想——这种自然包括一种对理由的空间的结构给以回响的能力。既然我们在抵制露骨的自然主义，我们就不得不将自然扩充到一种规律的领域的自然主义（a naturalism of the realm of law）所赞同的东西之外。但是，这种扩充受到了可以说人类动物的第一自然（the first nature, so to speak, of human animals）的限制，而且也受到有关在其教养过程中发生在人类动物身上的事情的平凡的事实的限制。我们并没有不负责任地切断自然的概念与规律的领域的联系；而如果我们佯称疯长的柏拉图主义所设定的那种能力〔即一种对这样的理性的结构（structures of reason）——它们是在与任何人类性的东西完全隔绝的状态下构成的——给以回响的能力〕可以算作人类心灵的一种自然能力的话，那么我们就会不负责任地切断自然的概念与规律的领域的联系。

　　疯长的柏拉图主义企图保留住意义（在此意义被构想成只有在一个自成一类的逻辑空间之中才能进入视野之中），与此同时又默认了对自然的祛魅。作为这样一种绝望的企图，它具有它事实上具有的那种可理解性。下面这点不至于是可以理解的：一个人类堕落之前的思想者（a prelapsarian thinker）会感受到那种企图。我的自然化版本的柏拉图主义（my naturalized version of platonism）通常不出现在这幅图像之中，而且我称作"疯长的柏拉图主义"（rampant platonism）的东西通常只是被称作"柏拉图主义"（platonism）。但是，如果我有关其历史背景的讨论是正确的，那么以柏拉图（Plato）的名字来命名这种立场对于他来说必定是不公正的。

2. 一种典型的近现代哲学的形式面对着一种大家都熟悉的困境。它认为自己被召唤着去解释我们如何从独立地可以获得的意识材料出发而发展出一种有关下面这点的得到了辩护的自信：有一个客观世界。在我在上一讲（§5）中讨论过的康德的思考中的一个部分，他的目标是取代那种有关哲学任务的构想。他试图使得下面这点看起来是有道理的：意识材料这个观念本身与这样的观念是互相依赖的，即至少一些意识的状态和发生过程构成了对于一个客观世界的瞥见。在这样的情况下，如下看法没有任何意义：我们可以从心灵内容出发，逐步建立起客观实在。康德没有机会考虑我在上一讲（§3）中联系着人们对维特根斯坦的一些解读所讨论过的那种传统哲学的反向形式：也即这样一种哲学，在其中所要处理的课题是从自然世界出发，在该世界中为心灵及其内容找到一个位置。但是，我认为康德同样会拒绝这种形式的哲学。

我曾经建议说，只有在一种第二自然的自然主义的背景中康德的洞见才能采取令人满意的形式。但是，康德本人并没有获得这种自然主义构想。康德想要的是：经验和有意图的行动的主体（subjects of experience and intentional action）恰恰就其本身来说就已经拥有了客观实在。他希望概念能力的那些行使只有在它们是由这样的主体所实施的情况下才是可以理解的，为了重新得到世界他们是不需要哲学的。但是，既然他缺少一个意义深远的第二自然的观念并且没有要在规律的领域之内将自发性自然化的任何倾向，在一个经验着的并且行动着的主体方面（in the way of an experiencing and acting subject）他所能提供的最好的东西就不过是这样的单纯形式上的所指，他答应将它给予那个必定能够"伴随我的所有表象"的"我思维"之中的"我"。这样一个主体不可能是某种以实体的形式呈现于世界中的东西；它至多就是一个视点。这也就意味着——我曾经建议说——康德不能成功地实现其取代传统哲学这个令人钦佩的目标。笛卡尔式的思考面对着大家都熟悉的有关如何让一个主观的实体关联到客观的实在的困难，而且康德的构想受到了看起来像是那些困难的后嗣的东西

第六讲 有理性的动物与其他动物

的困扰。如果我们从"我"的这样一个所指出发,它只是以几何的方式出现于世界之中,那么我们似乎就不可能逐步地建立起一个实体性的呈现者、一个具身的知觉者和施动者了(an embodied perceiver and agent)。

如果我们给康德装备上一个可以严肃地加以利用的第二自然的观念,那么事情看起来便不一样了。这样一来,我们便能够给予他所竭力追求的那个洞见以一种令人满意的形式。我们便能够将属于自发性的能力的行使构想成一个生活的历程中的要素。一个经验着的并且行动着的主体是这样一个活的事物,他拥有真正属于自己的主动的和被动的身体能力;他本人就是具身的,以实体的形式呈现于他所经验的并且作用于其上的世界之中。这是这样一种反思框架,它真的有望让传统哲学变成一项过时的事业。

在对我在上一讲中所说过的话所做的这个概括之中,我已经描述了这样一项哲学课题(a philosophical project):站在康德这个巨人的肩膀之上,以便尽力取代传统哲学。康德几乎设法做到了这点,尽管还是没有完全做到这点。有一个哲学家,其成就最适宜于用这样的描述来加以描述。在我在其中接受教育的那个哲学传统中,人们几乎没有给予这个哲学家以任何关注。不过,在前面我已经提过他几次了。这个哲学家就是黑格尔。①

3. 我已经竭力主张:经验能够被构想成向世界的开放(第一讲和第二讲)。我曾经许诺要回到这样的事实:经验可能误导我们(第一讲,§4;第二讲,§2)。人们倾向于断言,即使是一种非误导性的经验也不能真正地构成向实在开放的一种情形。在这种情况下,我们便不能像我所建议的那样利用开放性象喻,以便避开传统认识论的诸多忧虑。这个反对意见可以表达成这样:"你承认经验可能是误导

---

① 考虑到我在上一讲中利用斯特劳森对康德的解读的方式,这个评论蕴涵着这样的结论:斯特劳森的康德要比康德本人更加像黑格尔。存在着这样一种解读黑格尔的方式,它认真地对待黑格尔自己的如下想法:他的哲学完成了一项康德式的课题。关于此,参见 Robert B. Pippin, *Hegel's Idealism*。

人的。这也就是说，你承认你乐于称作'对世界的瞥见'的东西从主体的角度说来与不可能是对世界的瞥见的状态或发生的事情可能是无法分辨的，因为它们都会将人引向歧途——如果人们按照其表面价值接受它们。因此，传统认识论的问题肯定恰如它们以前那样急迫。用你的术语来说，它们最后像是这样的：一个人如何知道他在任何时间所享受的东西是对世界的一种真正的瞥见，而不是某种只是表面看起来像是那种东西的东西？"

但是，这错失了相关的论点。如果我打算回答传统的怀疑论的问题，打算处理传统哲学的那个困境，那么这样的一种反对意见将是适当的。那个困境是这样的困境，在其中我们应该从某种无论如何是可以获得的意识材料出发，逐渐地达到证明下面这点的地步：这些材料实际上给出了有关客观世界的知识。当然，如果这就是我们的困境，那么在我们能够谈论向世界开放之前，我们有必要回答那些传统的怀疑论问题。但是，我有关开放性的讨论实际上是对这个传统的困境的拒斥，而非一种回应它的企图。

传统认识论给予知觉是可错的（fallible）这个事实以一个深远的意义。它被假定表明了诸如下面这样的事情：无论一个知觉者的认知立场（cognitive stance）可能是如何有利的，我们都无法理解这样的主观的事态，它是由一个主体之让客观世界的布局向他显露自身这样的事情构成的。像相关的反对者所坚持的那样，某种并非是对实在的一种瞥见的东西（因为如果相关的主体按照其表面价值接受了它，那么他就会被误导）从主体的角度说与真实的经验可能是无法分辨的（至少在那个相关的时间）。这点被假定表明了：知觉中所涉及的那些真正主观的事态从来不能多于一个知觉者在一个误导人的情形中所拥有的东西。

这点损害了我们对于对实在的一种瞥见这个观念本身的坚守。如果在构建一种有关知觉所能够获得的最好的认知立场的构想的时候，我们被限制在这样的材料之内，那么我们所能希求的最好的东西就是这样的某种东西：对于有关环境的布局的某个事实的一种可解释地真

第六讲 有理性的动物与其他动物

实的预感（an explicably veridical presentiment of some fact about the layout of the environment）。① 我们不能让这个事实本身给一个知觉者造成有关它本身的印象（we cannot have the fact itself impressing itself on a perceiver）。这种立场似乎是不适当的，至少从现象学角度上说是这样的。如果我们能够甚至于领会对于事实的直接的把握的观念（开放性象喻便传达了这样一种立场），那么我们便能够抵制它了。的确，我们不能确立下面这点：在任何给定的情形中，我们都是向事实开放的。无论如何，我们不能以一种让一个坚定不移的怀疑论者满意的方式确立这点。他总是可能坚持不懈地利用可错性来给予如下问题以尖锐性：我们如何能够知道当前的情形就是非误导性的情形之一种。但是，这是离题之举。如果它表明了向事实开放这个观念本身就是不可理解的，那么它便是有关的。但是，它并没有表明这点。对于我目前的目的来说，这个观念的单纯的可理解性就足够了。如果这个观念是可以理解的，那么那些怀疑论的问题便缺乏这样一种紧迫性，为了给我们造成麻烦，它是必要的——即这样一种紧迫性，它得自于那些怀疑论问题似乎清楚地表明了这样一个让人极度不安的事实这点：无论一个主体的认知地位（cognitive position）多么好，它都**不可能构成了他之让一个事态直接地显露给他**这点。根本不存在这样的事实。在此，我的目的并不是回答这些怀疑论的问题，而是开始看清如下事实：不理睬它们，把它们当成非真实的，从理智上说这或许是值得尊敬的做法。常识就总是打算以这样的方式对待它们的。

坚持开放性象喻是给如下论点以一种生动的表达的方式：不存在任何好的论证让我们可以从可错性推断出我称作有关我们的主体地位的"最大公因数构想"的东西（what I call "the highest common factor conception" of our subjective position）——即这样的观念：即使在事情进展顺利的时候，从认知上说，我们的主体地位也只能是某种

---

① 事实上，我们甚至于都不能拥有这种东西。经验内容本身（即使是为单纯的预感所拥有的经验内容）只有在这样一种背景中才是可以理解的，它允许我们理解来自于世界本身的对心灵的直接的、合理的限制。

为这样的情形和在其中事情进展得不顺利的情形所共同具有的东西。这是表达那幅有关我们的认识困境的传统图像的一种方式。它并非是强制性的,而且可错性的事实不可能让其成为强制性的。传统认识论的正当性不能通过如下提问的单纯的可能性而得到证明:"你如何知道你现在所享受的东西是对世界的一种真正的瞥见?"(像本小节开始时所讨论的那种反对意见所暗示的那样。)如果某个人坚持提出这样的问题,那么在某一特定的场合下一个适当的回应可以这样开始:"我知道你为什么认为这个问题特别地急迫,但是它并非如此。"如果这个问题继续存在着,那么为了回答它我们并不需要提供任何特别哲学性的事项。①

4. 我们可以将我在上一讲中讨论过而且在这一讲的稍早(§2)的时候又回忆过的那个康德式论题的一部分内容表达成这样的形式:客观世界只向一个自我意识的主体、一个能够将经验归属给他自身的主体呈现;只有在一个主体具有将经验归属给他自身这样的能力的背景中,经验才能构成对世界的觉察。现在,这点将我们带回到了我在第三讲(§3)中所注意到的一个限制。将世界和自我两者带入视野之中的事项是知性的自发性,概念思维的能力。没有概念能力的生物缺乏自我意识以及——这是同一套东西的一个部分——对客观实在的经验。

我那时承认,这个限制引起了一个有关单纯的动物的知觉能力的问题。单纯的动物没有进入那个康德式论题的范围之内,因为它们不具有知性的自发性。我们不能将它们解释成在对经验释放物做出合理的回应时连续不断地重塑着一种世界观点;我们不能这样做——如果合理的回应的观念要求这样的主体,他们负责着他们的思维,准备着重新评估什么是什么的一个理由,并且相应地改变他们的回应倾向。由此便有这样的结论:单纯的动物不能享有"外部经验"——根据我

---

① 在如下文章中我讨论了这种"最大公因数构想":"Criteria, Defensibility, and Knowledge", *Proceedings of the British Academy* 68 (1982), 455-479; "Singular Thought and the Extent of Inner Space".

所推荐的那种有关"外部经验"的构想。而这点可能看起来让我承诺了野兽是自动机这种笛卡式的观念。

此处所讨论的思想是我在埃文斯那里所发现的思想（第三讲，§7）的一种形式。我们与单纯的动物共享知觉是一个平凡的事实。以此为基础（部分说来），埃文斯建议说，当我们就可知觉的世界做出判断时，我们必定是在将我们与单纯的动物共享的那种经验的内容（experiential content）转换成概念的形式（这种共享是以这样的方式进行的，以至于该经验的内容必定是非概念性的）。当我在第三讲中讨论这点时，我让康德式框架的某些内容占有其适当的位置，而这个框架禁止埃文斯的结论。我的断言是这样的：当埃文斯争辩说经验的判断是以非概念内容为基础的时候，他正在陷入所予的神话的一个版本之中，而这样的神话构成了康德试图将我们从其中拯救出来的那种无用的摇摆的一个方面。现在，我们在如下问题上又有了另一个角度：埃文斯的结论为什么融入不了一个康德式的框架——也即为什么这个框架阻止了这样的假定：感性就其自身来说就产生了这样的内容，它尽管少于概念性的内容，但是已然涉及世界了。在缺少自发性的情况下，没有任何自我能够进入视野之中，而且出于同样的理由，世界也不能进入视野之中。

那么，如下恐惧的情况如何：这点蕴涵着一个明显的谬误，即单纯的动物并非真正的是具有感受性的？为了处理这个问题，我打算借用一下汉斯-格奥尔格·伽达默尔所做的一个关于如下两种事项之间的区别的出色的描述：一方是一种在一个环境之中的单纯动物的生活模式（a merely animal mode of life, in an environment）；另一方是一种在世界之中的人的生活模式（a human mode of life, in the world）。① 对于我的目的来说，这个描述的要点在于它有些详细地表明了我们如何能够既承认为人类成员和野兽所共同具有的东西，与此同时又保存了那个康德式的论题强加给我们的那种区别。

---

① 参见 *Truth and Method*, pp. 438–456, 特别参见 pp. 443–445。

在单纯的动物那里，感受性所服务的对象是这样一种生活模式，其结构仅仅是由直接的生物学的必需品（immediate biological imperatives）所给予的。这并非是要蕴涵着这样的结论：这种生活被限制在一种为了维持相关的个体和物类的继续存在而进行的斗争之上。可能存在着这样的直接的生物学的必需品，它们至多间接地与继续生存和繁殖有联系：比如，人们在许多动物中都发现了的游戏的冲动。①不过，在没有陷入做出那种限制的陷阱的情况下，我们可以承认下面这点：一个单纯动物的生活是由这样的目标加以塑造的，它们在一个给定的时刻对于该动物的行为的控制是生物学力量的一种直接的结果。一个单纯的动物不权衡理由并决定做什么。现在，伽达默尔的论题是这样的：一个仅仅以这样的方式被给予结构的生活并不是在世界之中度过的，而仅仅是在一个环境之中度过的。对于一个其生活仅仅具有这种形态的生物来说，它所生活于其中的那种周围环境就只能是一连串这样的问题和机会，它们本身是由那些生物学的必需品构成的。

当我们获得了概念能力时，我们的生活最终便不仅容纳了这样的事情——应付这样的问题并利用这样的机会，它们本身是由直接的生物学必需品构成的，而且还容纳了这样的事情——行使自发性，决定思考什么并且做什么。一种第二自然的自然主义允许我们如此地表达这点：我们能够从容地接受某种这样的事情，在一种不同的自然主义的背景中它是成问题的，即这样的事情：自由的这些行使是我们的生活——作为活的进而自然的存在物的我们的生涯——之中的要素。当然，事情最好不是这样的：我们之负责我们的生活这点标志着对于生物学的一种超越；这看起来像是疯长的柏拉图主义的幻想的一个版本。但是，如果我们说我们的生活的形态不再是由直接的生物学的力量所决定的，那么我们并没有陷入疯长的柏拉图主义。获得知性的自

---

① 我说的是"至多间接地"，而且我们不清楚是否始终存在着甚至于一种间接的联系。这取决于诸如下面这样的问题：游戏是否能够通过比如这样的技艺——通常为了继续生存下去它们是需要的——的磨炼而得到完全的解释。

第六讲　有理性的动物与其他动物

发性就是变得能够（像伽达默尔所表述的那样）"摆脱从世界而来的冲击我们的东西的压力"（*Truth and Method*，p. 444）——在此从世界而来的冲击我们的东西就是一连串这样的问题和机会，它们本身是由生物学的必需品所构成的——而进入一种"自由的、有距离的取向"（p. 445）。① 这种取向是自由的并且摆脱了生物学的需求的压力这个事实将其刻画为一种对世界的取向（an orientation to the world）。对于一个拥有自发性的能力的知觉者来说，相关的环境不止是一连串问题和机会；它是那个处于他的知觉和实践所及的范围（perceptual and practical reach）之内的客观实在的片断。对于他来说它之所以是这样的，是因为他能够以这样一些方式来构想它，它们将它展示成这样的。②

当我说对于一个具有一种单纯动物的生活的生物来说，它所生活于其中的那种周围环境只能是一连串问题和机会时，我并不是在说它是以这些术语来**构想**它的环境的。如果有人这样说的话，那么这就意味着他试图将这样一种羽翼丰满的主体性（a full-fledged subjectivity）归属给单纯的动物，它牵涉一种概念上居间促成的取向（a conceptually mediated orientation），而这种取向本身就应当算作一种对世界的取向——即使我们将讨论到的概念限制为这样的概念了，即事物是根据其与生物学的必需品相关的方式而满足它们的。这就是要承认下面这点：单纯动物的相关取向缺乏这样的自由和距离，为了终究

---

① "摆脱从世界而来的冲击我们的东西的压力"和"自由的、有距离的取向"英文原文分别为："rise above the pressure of what impinges on us from the world"，"free, distanced orientation"。相应的德文原文为："sich über den Andrang des von der Welt her Begegnenden erheben"（摆脱从世界而来的遭遇物的涌入），"freies, distanziertes Verhalten"（自由的、有距离的态度）。（*Wahrheit und Methode*，4. Auflage，J. C. B. Mohr Tübingen，1975，SS. 420 – 421）。英文词"orientation"具有如下多种意义：方向、方位、定向、定位、取向、熟悉情况、态度等。德文词"Verhalten"的意义如下：态度、举止、行为等。——译者注

② 在我所利用的那个段落中，伽达默尔的话题是语言在向我们揭示世界过程中所扮演的角色。他声称，是语言使得"自由的、有距离的取向"成为可能的。我将有关语言和知性的自发性之间的联系的任何讨论推迟到本讲座的结束阶段。在那时我将对此给出一些概要的评论。与此同时，我在改写伽达默尔的评论，以让其适合我的意图。

成为一种对世界的取向，它恰恰需要具备它们。区分开单纯地生活在一个环境之中与生活在世界之中这两者的目的恰恰就是：我们根本不必将一种羽翼丰满的主体性，一种对世界的取向，归属给单纯的动物，甚至于不必将以上述方式加以限制了的那种羽翼丰满的主体性归属给它们。这并非是要暗示这点：对于一个知觉着某物的动物来说，环境的特征是无关紧要的。相反，对于它来说，它们可以是问题或者机会（像我一直谈论的那样）。要点仅仅在于我们必须将这点与如下说法区别开来：该动物将这些特征构想成问题或者机会。

这种有关环境的特征对于一个动物来说意味着什么的谈论表达了主体性观念的一个类似物。这种类似物与主体性观念的接近程度足以确保在我们的图像中没有任何笛卡尔式的自动机主义（Cartesian automatism）。恰恰没有：如果我们要理解一个动物的机警的且自我移动的生活，它称职地应付它的环境的那种方式本身，那么我们就需要诉诸一个动物对于其环境的特征的敏感性。但是，通过将对这个或那个事物的敏感性的观念放置在有关居住于一个环境之中的观念的背景内的方式，我们确保了我们不必尝试将对于世界（甚至于是以纯粹与行为相关的方式被概念化的世界）的一种取向归属给一个单纯的动物。为了记录下我们与康德式结构的距离有多远，我们可以这样说：此处讨论的是初级主体性（proto-subjectivity），而非主体性。

在一个单纯动物的生活模式之中，活着只是意味着对一连串的生物学的需求做出回应。当伽达默尔将其对照物描述成一种"自由的、有距离的取向"时，从产生行为的需求中解放出来这样的口气（the note of emancipation from the need to produce behaviour）会让人想起有关理论事项（the theoretical）的观念。无可否认，任何健全的有关一种单纯动物的生活模式的构想中所缺少的东西之一便是一种不考虑任何一己之利地沉思的态度（a disinterestedly contemplative attitude）——对于整个世界或者其内的某种特定的东西。但是，此处的要点并非仅仅在于在自发性的情况下生活的活动最终不仅包括了做

第六讲 有理性的动物与其他动物

出行动，而且也包括了构造理论（to include theorizing as well as acting）。构成了单纯动物的生活的独特特征的那种自由的缺失并非意味着受到实践事项（the practical）的奴役（与受到理论事项的奴役相对），而是意味着受到直接的生物学的必需品的奴役。获得解放并进入那种"自由的、有距离的取向"这样的事情将理论活动带上了舞台；在同样的程度上，它也将有意图的身体行动带上了舞台。在此起作用的那幅有关羽翼丰满的主体性的图像并非是一幅有关这样一种事物的图像，即这样一个观察者和思想者，他不在他所观察和思考的世界中有所行动。这样的事物的可理解性是令人生疑的。

引人注目的是，伽达默尔有关一种单纯动物的生活（它是在一个环境中度过的）与一种真正人类的生活（它是在一个世界中度过的）彼此区别开来的方式的解说与马克思在其1844年手稿中有关异化劳动所说的话的一些内容是一致的。① （伽达默尔没有注意到这种相似性。）这种趋同（convergence）当有助于去除有关被动的观察者的观念。② 对于马克思来说，一种真正人类的生活如果不是主动的，那么它肯定就什么也不是：它牵涉对于"自然，感性的外部世界"（第135页）进行的生产性的改造。如果生产性活动是真正人类性的，那么原则上说它就能够自由地在世界之上来来回回地进行。这与单纯动物的生活形成了对照。像在伽达默尔的描述那里一样，单纯动物的生活是这样一种事情：对付环境所抛出的一系列问题和机会（它们本身是由生物学上给定的需求和冲动所构成的）。马克思以一种令人难忘的方式抱怨了雇佣劳动制对人性的非人化的处理。人类生活中那个本来应当是最能表达人性的部分，也即生产性的活动，被缩减为单纯动物的生活状况，即单纯生物学需求的满足。而且，尽管是自由给予了人类生活以其独特的人的特征，但是雇佣劳动制却将自由限制到了只是偶然地以这样的方式成为人类生活的东西的单纯动物的方面（the

---

① 我下面使用的译文引自 David McLellan 的译本，in *Karl Marx: Early Texts* (Basil Blackwell, Oxford, 1972)，pp. 133—145。

② 这种趋同肯定不是一种巧合。它反映了对于两个文本的一种黑格尔式的影响。

merely animal aspects of what are thus only incidentally human lives）。"人们（工人）只是在其吃饭、喝水、生育这些动物的机能（animal functions）中，至多还在其住所和服装中，才感觉到他们自己是自由地主动行事的。在其人的机能（human functions）中人们感觉到自己是一个动物。"（第137～138页）

马克思用一个引人注目的象喻总结了他关于一种真正人类的生活会是什么样子的这点的展望：如果没有异化，"自然的整体"就是"人的无机的身体"（第139页）。① 我们可以通过像下面这样注释这个象喻的方式清楚地表明与伽达默尔的这种趋同：世界就是一个人类成员所生活的地方，就是他的家园所在。请对比一下一个环境与一种动物的生活的关系。对于生活于其内的一个生物来说，一个环境本质上说来是陌生的；它是"从世界而来的冲击（该动物）的东西的压力"的来源。事实并非是这样的：一种单纯动物的生活是一场持续不断的斗争，而一种为人类所独有的生活则是异常容易的。在马克思那里，正如在伽达默尔那里一样，要点并不在于一种真正人类的生活是容易的，而在于它是以一种独特的方式自由的。而这与如下事实是同一个事实：它是在世界之中度过的；而不是相反，它在于应付一个环境。

当然，我们一定不要从如下荒唐的观念的角度来理解拥有世界与单纯居住在一个环境之中这两者之间的对比：当一个人最终拥有了世界时，他便不再具有一个环境了——好像成为人类成员这点免除了他的如下处境：不得不待在某个特别的地方。而且，对于一个单纯的动物下面这点当然就已经是开放的了：离开其当前的环境——在去其他某个地方这个直接的意义上。这是一个动物对其当前的环境强加给它的那些压力所做出的一种回应：食物不足，缺乏性伙伴，各种各样的威胁。一个人最终拥有了世界部分说来就意味着他获得了这样的能

---

① 他补充道："在它本身不是一个人体（a human body）的范围内。"当然，我的通常的（有机的）身体是自然的一个部分；引人注目的思想是这样的：自然的其他的部分也是我的身体——以一种不同的方式。

力：对作为这种已经是可以利用的行为的可能性的基础的那些事实进行概念化的处理，以至于他将当前的环境构想成那个处于他的当前的感觉和实践所及的范围内的世界区域：他碰巧处于的地方，与他可以处于的其他地方相对。

当然，最终拥有世界这样的事情所包含的内容远不止这些。比如，拥有世界也显示在一个人的当前的环境通常让他可以享受的那种没有什么用处但却是可以知道的细节（the pointless knowable detail）之中。请考虑一个正常成年人类成员视野的丰富性。这种丰富性远远超过了对于应付单纯动物的需求的能力来说可能是相关的任何东西。马克思说人在"按照美的规律"（第140页）进行生产方面是独一无二的。他在这个评论中所提出的论点也出现在这里，出现在我们的意识的一种特有的特征之中。我们的经验本身，就其本性中的那个将其构成为对于世界的经验的方面来看，分享了艺术的一个显著的条件，即其对于有用性的需求的摆脱。

5. 像我在第三讲（§3）中特别提到的那样，我一直在讨论的那个潜在的窘境并非就终止于这样的否认之上了：单纯的动物不具有"外部经验"。按照我所推荐的那种"内部经验"的构想，它们也不能具有"内部经验"。这产生了一种类似的担心：我在抹杀它们的感受性。但是，如果可以用"初级主体性"这个标签概括的那些考虑能够消释出现在"外部经验"的情形中的这种担心，那么它们也应当同样能够消释出现在"内部经验"的情形中的这种担心。

按照伽达默尔对于单纯动物的生活的描述，它们是由对于环境强加给它们的那些"压力"的应付构成的。我一直在坚持下面这点：如果我们拒绝在这样一种生活中找到对世界的一种取向，那么这并非就让我们承诺要否认它包含着对环境特征的一种初级主体性的知觉敏感性（a proto-subjective perceptual sensitivity to features of the environment）。而且，这样一种生活也同样容许比如疼痛或恐惧的存在。对环境的知觉敏感性不必意味着对外部世界的觉察。我一直在捍卫这样的断言：只有伴随着羽翼丰满的主体性，对外部世界的觉察才能够获得适当的位置。类似地（某种程度上说），对疼痛或者恐惧的感受不必意味着对一个内部世界的觉察。因此，我们能够主张一个动物没有内部世界，而同时又没有将其表现成没有感觉和感情的。

感觉、情绪状态以及类似的事项是相对于我们在一个内部世界中的主体性而存在的。用这些术语谈话就意味着在运用有关呈现在实在的一个区域中的经验的对象的观念。在第二讲（§5）中我建议说我们应当将对于经验的对象的观念的这种应用理解为一种极限情形，因为在此觉察的对象并不是独立于这种觉察而存在的。因此，内部世界的观念构成了实在的一个区域的观念的一种极限情形。在我们的感性的这些现实化过程之中，正如在它的其他现实化过程之中一样，概念能力被被动地启动了——在这种情形中是在第一人称现在时的模式之中被启动的。但是，只是因为如下原因我们才能承认相关的概念能力在此是起作用的：它们的这些运作包含着这样一种理解，即它们并非限制在第一人称现在时模式之上了：我们的概念能力的这些运行（these motions of our conceptual powers）构成了对其的觉察的那同一些情形本身在第一人称现在时之外的情形中也是能够思维的。这就是让我们有资格应用觉察和对象的结构的东西：既然这些情形被理解为本质上是这样的，以至于允许存在有关它们的那种替代的角度，我们就可以将有关它们的第一人称角度构想成对某种东西的觉察的一种情形，尽管这种觉察的对象真正说来只不过是该觉察本身。

这样一来，试图将这样的结构复杂性——为了维持内部世界是实在的一个区域这种观念我们需要这种复杂性——融入一个对于一种单纯动物的生活方式的描述之中将是荒唐的做法。如果我们尝试这样说，这将是不得要领的：感觉和情绪状态是出现在一个单纯的动物的初级主体性之中的。如下断言将是没有任何希望的：感觉和情绪状态是以相关的环境所抛出的问题和机会相对于一个单纯的动物存在的方式相对于它而存在的。这样的断言是要暗示：当我们拒绝将一个内部世界归属给单纯的动物时，我们可以通过将内部的某个其他的东西（我们几乎不能说"内部的环境"）归属给它们的方式来做出补偿。这

第六讲　有理性的动物与其他动物

个内部的其他的东西以某种方式类似于它们以这样的方式——对于它们的初级主体性来说它是至关重要的——所注意到的那种外部环境。"内部环境"没有意义，而且下面这点并非似乎是有道理的：我们能够通过小心地选择一个不同的名词的方式将意义强行放进这个暗示之中。不过，无论如何，我关于内部世界所说出的任何东西均没有阻止我们承认下面这点：单纯的动物能够感受到疼痛和恐惧。

只有对于一个羽翼丰满的主体性来说，感受到疼痛或者恐惧实际上所是的东西才可能意味着对于一种退化意义上的实体性的内部事态的一种极限情形的觉察（a limiting-case awareness of a degenerately substantial inner state of affairs）。觉察与对象的结构的这种极限情形只是因为相关的觉察从知性那里获得其结构的方式才拥有了其适当的位置。但是，疼痛或恐惧概念中没有任何东西暗示了下面这点：只有在存在着知性进而羽翼丰满的主体性的地方，它们才能够站稳脚跟。没有任何理由做出这样的假定：它们只能以一种非第一人称的方式被应用在这样的某种东西之上，它能够将它们以一种第一人称的方式应用于自身之上。

6. 在这里，我想再一次地强调一下我在第三讲（§4）中说过的某些内容。我在拒绝一幅有关一个单纯的动物对于其环境的知觉敏感性的图像：这样一幅图像，在其中感官产生了这样的内容，尽管它还不是概念性的，但是已经表现了世界。我所拒绝的是一幅有关这样的事项的图像：知觉状态和发生的事情**对于一个动物来说**是什么样的。我没有就如下事项说出任何东西：当某个人解决有关一个动物的**知觉机制**是如何工作的这样的科学问题的时候，事情看起来是如何的。而且，我们很难明白：如果我们没有利用一个有关这样的内容的观念，它表现了世界，但是又不可能是概念性的（在我一直使用的那种苛刻的意义上），那么那些问题如何能够得到处理（因为没有任何动物的知觉机制拥有——甚至于我们的知觉机制都不拥有——知性的自发性）。我不是想要反对认知科学中的任何做法。

我确实想要拒绝的东西是某种哲学观，一种可以这样来表达的哲学观（如果其拥护者会同意使用我的术语的话）：勾画出一种主体性的轮廓与勾画出一种初级主体性的轮廓是两项差不多相同种类的任务；它们之间的区别仅仅在于它们牵涉两种不同模式的对世界的取向，因此牵涉两种不同类型的内容。按照这种观点，两项任务均需要说出世界让一个知觉者产生印象的方式（how the world strikes a perceiver）。（除了别的以外：我们还需要刻画主体性或者初级主体性的其他方面，诸如感觉或情绪。）事情只不过是这样的：在一种情形中，涉入世界让该知觉者以某种方式产生印象这件事情之中的那个内容是非概念性的。

关于这种哲学观的一个生动的例子，请考虑托马斯·内格尔（Thomas Nagel）归属给"成为一只蝙蝠是什么样的"这个问题的那种重要意义。① 首先请思考一个不同的问题：假定我们拥有一种回声定位的感觉能力，这会怎么样？这个问题以一种令人注目的方式向我们的想象力发起了挑战。我们必须将我们的想象力投射进一个候选的可能世界之中，在那里我们的主体性部分说来是以不同的方式被构成的。这个问题之所以富有挑战性，是因为我们并非拥有对于这种想象的外推（imaginative extrapolation）的感官基础。现在，请比较内格尔实际上提出的那个问题：蝙蝠之进行其回声定位活动是什么样的？内格尔的想法是这样的，即这给想象力提出了相同的挑战，但是现在这个挑战是以这样一种形式提出的：它让我们之未能迎接这个挑战变成了未能让我们的心灵游荡到现实世界的布局的一个部分之上，而非未能概念化一种单纯的可能性。用我的术语来说，这就意味着这样来处理仅仅是一种初级主体性的东西——好像它是一种羽翼丰满的主体性。内格尔的图像是：蝙蝠拥有一种羽翼丰满的主体性，而其形态则超出了我们的概念所及的范围。

我不相信成为一只蝙蝠是什么样的这个问题看起来竟然要比成为一条狗或者一只猫是什么样的这个问题更加难以对付（狗和猫并不具

---

① 参见"What Is It Like to Be a Bat?", in Nagel, *Mortal Questions* (Cambridge University Press, Cambridge, 1979), pp. 165-180。

第六讲　有理性的动物与其他动物

有我们不享有的感官)。为了回答这样的问题，我们需要对那些给予讨论中的生物的生活以结构的生物学必需品进行说明，并且需要对使得它们能够以这样一些方式——从那些生物学的必需品的角度看它们是适当的——对它们的环境做出回应的感觉能力进行说明。在猫的情况下，说猫的视力对绿和蓝敏感而对红则不敏感可以是这样一种回答的一个部分；以大致相同的方式，在蝙蝠的情况下，说蝙蝠能够使用声呐定位猎物或者洞壁可以是这样一种回答的一个部分。诚然，当相关的问题是成为一只蝙蝠或者一只猫**是什么样的**时，回答必须刻画酷似该生物的观点的某种东西。但是，我所想象的那些说明做到了这点（在那种还可以理解的最高的程度上)，与此同时并没有证明如下思想是正当的：至少在蝙蝠的情况下存在着逃脱了我们的知性的事实。这些说明捕捉到了所讨论的生物的初级主体性的独特特征，即它们注意到它们的环境的那些特有的方式。

我们"从内部"熟悉看到颜色是什么样的。如下想法很是诱人：这使得我们能够领会一个有关猫的颜色视觉是什么样的这件事情的丰满的主体性的事实（a fully subjective fact)——当我们说它们能够看到绿色和蓝色但非红色时我们所报道的便是这个事实。于是，必定存在着有关蝙蝠的回声定位行为的类似的丰满的主体性的事实，但是它们是我们的知性所无法对付的。不过，这恰恰是另一种形式的所予的神话。相关的想法是这样的：单纯的动物已经享受了这样的知觉经验，在其中世界让它们产生了它处于某种状态这样的印象（in which the world strikes them as being a certain way)；而且，我们的知性给我们所造成的唯一的区别是这点：我们可以将概念形式强加给那个虽然已经在表现世界但是还不是概念性的内容（像单纯的动物一样，我们在经验中接受到这样的内容)。于是，有关蝙蝠的问题就是：在由那种回声定位能力所产生的那个内容的情况下，我们的想象力不能扩及至这点：概念形式的转换将会如何进行。因此，相关的图像是这样的：单纯的动物仅仅接受所予，然而我们不仅接受它，而且还能够把它放进概念形态。以这样的方式进行思考就是把自己的双脚放在一台大家熟悉的哲学踏车（a familiar philosophical treadmill）之上。①

7. 如下事情是如何发生的：存在着拥有知性的自发性的动物？这是一个完好的问题。有这样一个时间，那时没有有理性的动物。假定我们拥有一个有关如下事情的可信的解说：以一种可以理解的方式在自然之中起作用的诸种力量如何可能导致了拥有概念能力的动物的进化。这点将确定无疑地防止了一种形式的疯长的柏拉图主义，即这样的观念，我们这个物类在一个来自于自然之外的礼品中获得了使它成为特别的东西，即对意义给以回响的能力（the capacity to resonate to meaning）。如果我们认真地对待这样的观念，那么我们就必须假定，当接下来的几代人被引领进对意义做出回应时，所发生的事情是：教养现实化了一种发展出一个自然之外的成分的潜能（a potential for the development of an extra-natural ingredient），一种在假定的自然之外的进化事件中被植入该物类的潜能。

但是，这种对于一个进化的故事的请求不必看起来是很具有紧迫性的。进化的推测并不是这样一个背景，在其中疯长的柏拉图主义以某种方式具有特别的吸引力。有关个别的人类成员的**教化**的反思应当足以区别开我所推荐的那种自然化的柏拉图主义与疯长的柏拉图主义。而且，在这种反思之中，我们可以将一个人类成员被引领进其中的那种文化看成一间开张营业的公司。没有任何特别的理由要求我们去揭露或者猜测其历史，更不用说文化本身的来源了。人类婴儿是单纯的动物，只是在其潜能上有所不同而已，而且在通常的教养过程中没有任何玄妙的事情发生在一个人类成员身上。如果我们将某一个类

---

① 内格尔本来可以提出他想要提出的论点中的许多论点，而与此同时并没有离开被适当地称作主体性的领域（在我看来情况如此）。或许火星人拥有这样一种回声定位能力，它像我们的感官出现在我们的世界观点的基础之中那样出现在他们的世界观点的理性基础之中。我不必否认下面这点：或许存在着这样的概念，它们固定在与我们的感觉能力如此地不同的感觉能力之上，以至于这些概念对于我们来说将是无法理解的。我所反对的仅仅是这点被聚焦在——在蝙蝠的情况下——这样一个假定的非概念内容之上的方式，我们不能将它转换成概念形态。

型的柏拉图主义放在一个坚守这些事实的有关**教化**的说明的背景之中,那么我们由此便确保了如下事实:它不是一种疯长的柏拉图主义。有关人类文化最初如何可能登上舞台这点的单纯的无知几乎构不成一个有关下面这点的论证的貌似合理的始点:引领进它之中必定是在人类成员之内现实化了一种自然之外的潜能。①

而且,无论如何,如果我们确实就如下事情进行猜测:动物如何可能通过进化而进入这样一种生活方式,它包括将它们的幼仔引领进一种文化之中,那么我们就必须清楚这就是我们所做的事情。提供一个有关正常的人类成熟过程包括这样一种第二自然的获得——它牵涉对意义的回应——这个事实的进化的解说(an evolutionary account)是一回事;而提供一个有关对意义的回应实际上所是的东西的构成性解说(a constitutive account)则完全是另一回事。我一直承认寻找一个进化的故事是有道理的。这并不是对我在上一讲(§3)中讨论的那种关于意义的构建性的哲学解说所做出的一个让步。这种哲学解说就是这样的某种东西,其要义是让相关种类的可理解性对于一种没有第二自然的自然主义来说变得安全。这是一个设计得很拙劣的观念,在此不存在对于它的任何安慰。

8. 迈克尔·达米特(Michael Dummett)断言,分析哲学的基本信条是:有关思想的哲学问题要经由语言来处理。② 在这些讲座中我一直关心着思想。我试图描述这样一种构想思想如何关联到世界的方式,它对某些熟悉的哲学忧虑具有免疫力。迄今为止,我几乎没有提到语言。因此,事情看起来像是这样的:我将自己登记为一名达米特意义上的分析哲学的反对者。

不过,任何这样的印象均将是完全表面性的。

---

① 不过,在进化的背景中我们能够提出的那些适当的问题非常接近于——像适当的问题能够做到的那样——我打算去除的那些哲学问题。

② 参见 "Can Analytical Philosophy be Systematic, and Ought It to Be?", in *Truth and Other Enigmas* (Duckworth, London, 1978), pp. 437–458. 在第 442 页,达米特写道:"对于弗雷格来说,正如对于所有后来的分析哲学家来说一样,语言哲学是所有其他哲学的基础,因为只有借助于对语言的分析我们才能分析思想。"

我追随康德，认为思想是这样的知性的一种行使："心灵从其自身产生表象的能力，认识的**自发性**。"① 自发性的能力包括由一般认定为合理的联系联结在一起的诸概念能力所构成的网络。这些联系本质上要遭受批判性的反思。我已经断言，如果我们要能够理解经验内容的可能性本身，那么经验就必须与判断处于合理的关系之中。而且，我还断言了，只有在概念的空间和理由的空间的某种等同的背景中我们才能理解经验和判断之间的合理的关系。思想能够关联到经验实在，这只是因为成为一个思想者本身就意味着熟悉理由的空间。而熟悉理由的空间不仅仅涉及这样一些倾向的汇集，即作为对这个事项或那个事项的回应而变换自己的心理立场（psychological stance），而且还涉及有关这样一种反思性立场的长期存在的潜能，在其上产生了一个人会发现这个事项还是那个事项是有说服力的这个问题。

这样，如下假定甚至于都不是明显可以理解的：一个生物可能生下来就熟悉理由的空间（be born at home in the space of reasons）。人类成员不是这样的：他们生下来时是单纯的动物，而且他们在走向成熟的过程中被转变成思想者和有意图的施动者。这种转变有看起来成为神秘莫测的危险。但是，如果在我们有关**教化**——这是人类成员正常的成熟过程中一个至关重要的要素——的构想之中我们给语言的学习以最重要的地位，那么我们便能够从容地对待这种转变。在被引领进一种语言时，一个人类成员便被介绍进了这样的某种东西，在他登上舞台之前，它就已经包含了存在于概念之间的那些一般认定为合理的关联，而这样的关联对于理由的空间的布局来说一般认为是构成性的。这是一幅有关将人引领进作为一间已经开张营业的公司的理由的空间的图像。关于如下事情不存在任何问题：某种可以用这些术语描述的东西如何能够将一个人类个体从一种单纯动物的生活模式中解放出来，让其成为一个羽翼丰满的主体，让其向世界开放。一个单纯的动物，仅仅受到驱使着单纯的动物的那些种类的事物的驱使，仅仅

---

① *Critique of Pure Reason*, A 51/B 75.

第六讲 有理性的动物与其他动物

利用着单纯的动物可以利用的那些种类的设计,不能独力地解放自己,让自己进入拥有知性的状态。人类成员经由成熟过程而熟悉了理由的空间(human beings mature into being at home in the space of reasons),换言之,在世界之中度过他们的生活。我们可以通过注意到如下事实的方式来理解这点:一个人类成员最初被引领进的那个语言是作为具心性、对世界的一种取向的可能性的一种在先的体现(as a prior embodiment of mindedness, of the possibility of an orientation to the world)与他相对而立的。

这样一种接受分析哲学的基本信条的方式离达米特所考虑的任何东西是有一定的距离的。达米特特别关注的是语言的两种"主要的功能":作为"交流的工具"和作为"思想的车辆"。他的结论是:我们不应当把它们中的任何一种看作是首要的。① 不过,这是因为他认为语言的这些功能都是根本性的。在我所建议的那幅图像中它们是第二位的。相反,真正重要的语言的特征是这样的:一个自然语言,人类成员最初被引领进的那个语言,充当着传统的一间仓库,即一间关于什么是什么的一个理由这件事情的历史地积累下来的智慧的贮藏室。这种传统遭受继承了它的每一代人所做的反思性修改。其实,要从事批判性的反思的长久的责任本身就构成了这种继承的一个部分(参见第一讲,§5;第二讲,§7)。但是,如果一个个别的人类成员终究要实现他的这样的潜能,即能够在这样的承继之中占有一席之地(这等于如下事情:获得一个心灵,获得思维和有意图地进行行动的能力),所需要发生的第一件事情便是他被引领进一个现行的传统之中。②

---

① 参见"Language and Communication", in Alexander George, ed., *Reflections on Chomsky* (Basil Blackwell, Oxford, 1989), pp. 192-212。当我作这个讲座时,我错误地将如下观点归属给了达米特:语言作为交流的工具的功能是首要的。我的目的仅仅是让话题渐渐转向语言作为传统的仓库的功能,我在此自由地改写了我所说的话,以便在没有歪曲达米特的立场的情况下到达那里。感谢克里斯多弗·皮考克帮我纠正了这个错误。

② 传统概念在伽达默尔的有关理解的思考中占有着至关重要的地位(参见 *Truth and Method*,处处)。

编后记

第一部分　语境中的戴维森

1. 在这些讲座中，我将戴维森的融贯论专门用作我所推荐的经验观的一种陪衬物。在此我打算将戴维森有关经验思想的认识论的思考置于一个历史背景之中。这个历史背景是由美国实用主义传统的最近发展中的一条线索构成的。我希望这样做将使这些讲座遮蔽了的某种东西变得清晰可见：我能够将戴维森算作一个同盟者而非一个对手的程度。

2. 蒯因在其著名的文章《经验论的两个教条》中所攻击的经验论的两个教条中的第一个教条是指：在分析的事项（意指这样的陈述，它们仅仅根据意义而为真）和综合的事项（意指这样的陈述，其真不仅依赖于意义，而且依赖于世界）之间存在着一种"根本性的分裂"（第 20 页）。其中的第二个教条是指："经验意蕴"（empirical significance）可以相对于表达了我们有关经验世界的观点的陈述的整体一个陈述一个陈述地被分成数份。

按照蒯因的观点，与第二个教条相反，我们应当这样说："经验意蕴的单位是科学整体。"（第 42 页：这是我所采用的那种表达第二个教条的方式的来源。）一个替代的表述是这样的："我们有关外部世界的陈述并不是单个地而是作为一个法人团体（a corporate body）而面对着经验法庭的。"（第41页）如果这两者是同一个思想的两种表述，那么蒯因就是在暗中通过受制于经验法庭这点来注解经验意蕴的。这使得事情看起来像是这样的：蒯因有关"经验意蕴"的构想对应于有关经验内容或者与经验世界的关联的康德式的构想。在这些讲座中我捍卫了这种构想。按照它，某物（比如说一个信念，或者——采取一个与蒯因更加志趣相投的说法——一个完整的世界观点）关联到世界（在这样的意义上：构成了针对事物所处的情况而采取的一种立场）这个事实取决于这点：它易于受到世界的影响，以便获得一个有关它的可接受性的裁定；而且，这个裁定只能通过经验来做出。

那个遭到拒斥的第一个教条断言一个综合的陈述的真取决于两个因素，即意义与世界；一个分析陈述是一个这样的陈述，对于它来说，那个"世界"因素化为乌有。现在，蒯因的正面的图像保留了真性所依赖的因素的这种二重性。他写道："显而易见，真性一般说来依赖于语言和语言之外的事实。"（第36页）他的断言不是：不存在这两个因素，而仅仅是：我们不能一个陈述一个陈述地将它们分开。在一个表面上看来没有任何争议的经验论的背景中，那个"世界"因素恰恰就是对经验负责，而后者被概括为"经验意蕴"。因此，蒯因能够将真性对语言和语言之外的事实这两者的那种"显而易见的"依赖在拒斥第二个教条的论题的一种表达中重新用如下说法表述出来："集合起来看，科学双重地依赖于语言和经验；但是，这种二重性不能有意义地追溯到一个一个地看待的科学陈述。"

这确证了这样一种印象：拒斥第二个教条是根本之点。（无论如何，蒯因这篇论文的结构总是给人以这种印象。）蒯因在这篇论文中的正面的思考扼要概括在了这样的论题之中：经验意蕴的单位是科学整体。在保留了诸因素的二重性的情况下，第一个教条是作为这样的某种东西出现的，只有当第二个教条是正确的时候它才可能是正确的。因此，拒斥了第二个教条就足以拒斥了两者。第一个教条是这个论题：存在着这样的真陈述，它们在这样的意义上是分析的，即对于

第一部分　语境中的戴维森

它们来说，那个"世界"因素——对经验的依赖的因素即"经验意蕴"——化为乌有了。如果"经验意蕴"不能以任何方式分配给诸单个陈述，那么这便暗中破坏了有关一个没有任何"经验意蕴"的陈述的观念本身。"没有任何属于自己的经验意蕴"只能是"具有一些属于自己的经验意蕴"的一种特殊的情形。如果如下假定没有任何意义：一个特定的陈述具有它自己的正面的"经验意蕴"的量，那个整体世界观点——该陈述出现在其表达之中——的"经验意蕴"的一个确定的份额，那么认为可能存在着这样的陈述——对于它们来说这个量是零——的假定将在同等程度上没有任何意义。①

3. 像我说过的那样，蒯因的正面的图像，他的"没有教条的经验论"（第 42 页）保留了那种出现在对于分析性的观念的详细说明中的二重性的一个对应物。真性——现在我们必须将它看成主要是由整个世界观点所具有的特征——部分说来依赖于"语言"，部分说来依赖于"经验"。"语言"在此标明了在经验信念的系统的塑造过程中的一个内生的因素（an endogenous factor），区别于——尽管是针对着整个系统的——"经验"所指示的那种外生的因素（the exogenous factor）。当我们承认了这种外生的因素时，我们便记录下了这点：信念经由"经验法庭"易于受到它旨在符合的世界的影响。因此，在蒯因的整体论的背景中，"语言"是作为这样的"意义"的一个对应物而出现的，它出现在现在已经遭到了驳斥的如下对比之中：一方为"仅仅根据意义而真"（以一种不牵涉易于受到世界的影响性的方式为真）；另一方为"根据意义和世界所处的状态两者为真"。

"经验意蕴"记录下了这个对比中的那种外生的因素，即对该系统之外的某种东西的负责。在蒯因的正面的思考中最接近旧的意义观念的东西是"语言"。它作为内生的因素处在那种保留下来的二重性的另一面之上。"经验意蕴"并不是出现在如下观念之中的那种意义：可能存在着仅仅根据意义而真的陈述；而且，它不是如此构想的意义

---

① 那个从结构上说类似的观念，即那个有关这样的陈述的观念，对于它们来说那个"意义"因素化为乌有了，显然是自我挫败的（self-defeating）。

在蒯因的整体论这个新颖的背景之中的一个功能性的后代（a functional descendant），而是恰恰与这种二重性的旧版本中的意义相对而立的东西的一个功能性的后代。

  蒯因的"经验意蕴"构成了那种旧的二重性的一种整体论的对应物的一面这个事实意味着下面这点：尽管在蒯因有关面对着经验法庭的话语与我有关易于受到直观的合理的影响的话语之间存在着趋同之处，但是我们不能根据与经验世界的关联来注释蒯因的"经验意蕴"——在我使用"与经验世界的关联"这个短语的那种意义上：当一个人采用了一个信念或者一个世界观点时，他针对诸事物在世界中所处的情况而采取了什么立场。对于蒯因来说，这两种因素是可以区别开来的，尽管这只是针对整个系统而言的，而这意味着一个世界观点的"经验意蕴"不可能等于它的如下意义上的经验内容：在采取该世界观点时，一个人认为诸事物在经验世界中所处的情况。这样的经验内容还需要另一种因素，即那种内生的因素。

  迄今为止，这或许仅仅是蒯因对"经验意蕴"这个短语的使用中的一个术语上的怪异之处。如下观点是蒯因自己的观点："经验意蕴"不等于针对诸事物在经验世界中所处的情况而采取了什么立场这种意义上的内容。在翻译是不确定的这个论题之中（这个论题意在发挥"两个教条"的寓意），他的目的是强调在世界观点的形成过程中"人的概念上的主权的范围"（the extent of man's conceptual sovereignty）①，也即，世界观点的内容之为这样的自发性的一种产品的范围，它自由地运作着，不受接受性的释放物的控制（这样一种表达这点的方式让蒯因与康德发生了明确的接触）。从蒯因的观点来看，下面这点构成了"经验意蕴"观念的一个优点：它处于那种后生的二重性（the descendant duality）的另一面，不可能是旧的意义观念的一个后代（a descendant）。蒯因绝不是旧的意义观念的朋友，而且那个后生的观念，作为那种内生的因素的"语言"观念（它事实上与"人的概

---

  ① 参见 W. V. Quine, *Word and Object* (MIT Press, Cambridge, Mass., 1960), p. 5。关于不确定性论题，参见该书 chap. 2。

念上的主权"绑定在一起),在蒯因的思考中保留了其祖先的理智上的可疑性的某些方面。与此相反,"经验意蕴"则是一个理智上说受人尊敬的观念,因为它完全可以通过接受性的受规律支配的运作来得到阐明,没有受到自发性的自由的污染。用一种更为蒯因式的方式来说,"经验意蕴"可以科学地加以研究。"人的概念上的主权的范围",一个世界观点的内容超出其"经验意蕴"的范围,恰恰就是这样一种内容的观念处于科学所及的范围之外的范围,进而就是其超出第一流的理智努力所及的范围之外的范围。

下面这点并非仅仅具有措辞上的意义:"经验意蕴"处于这种二重性的另一面,不可能是意义观念的一个后代。我们必须有所怀疑地看待这个辞令,它让事情乍一看来好像是这样的:蒯因的观念对应于康德式的经验内容的观念。蒯因谈论面对经验法庭,这似乎蕴涵着一种易受奠基于经验之上的合理的批评的影响的性质。但是,他将经验构想成"……感觉接受器的刺激"①。这样一种经验构想没有给下面这点留出任何余地:经验与信念或者世界观点处于合理的关系之中。有关面对着经验法庭的话语的货币价值只能是这样的:对于感觉神经末梢的不同的刺激倾向于对一个主体所接受的陈述的系统造成不同的撞击,而不可能是这样的:经验的不同的进程在关于一个主体应当接受哪个陈述的系统这点上具有不同的合理的含义(rational implications)。尽管使用了这种司法辞令,蒯因是以这样的方式构想经验的,以至于它不能出现在与受规律支配的发生的事情的次序相对的辩护的次序之中。这与"经验意蕴"是自然科学的主题这种观念如出一辙。

在《经验论的两个教条》这篇文章中的一个地方,蒯因写道:"某些陈述……似乎与感觉经验特别地亲近——而且是以一种有选择的方式:某些陈述与某些经验亲近,另一些陈述与另一些经验亲近。……不过,按照我的想象,包含在这种'亲近'关系之中的东西仅仅是这样一种松散的关联,它反映了倘若遇到难以对付的经验

---

① 这种说法出自于"Epistemology Naturalized", in *Ontological Relativity and Other Essays* (Columbia University Press, New York, 1969), p. 75。

(recalcitrant experience)时我们之选择修改一个陈述而非另一个陈述这样的做法在实践中的相对的可能性。"(第43页)他支持的存在于经验与陈述的接受之间的唯一的联系是这样一种粗野的因果的关联(a brutely causal linkage),当诸主体学习语言时他们形成了一种条件反射,被决定着进入其中。事情并非是这样的:一个人根据某某经验以如此这般的方式修改自己的信念体系是正确的,而仅仅是这样的:如果他的经验采取了这样的进程,那么这种修改便是很有可能会发生的事情。① 蒯因以这样的方式构想诸经验,以至于它们只能处于理由的空间之外,处于辩护的次序之外。

事情依然可能看起来是这样的:蒯因至多要遭受对于他的辞令的批评。但是,他有关面对着经验法庭的话语并非仅仅是一个我们可以轻而易举地去掉的差错;在蒯因的思考中它有着很深的根源。我们不能简单地记录下这点:如果经验不处于辩护的次序之中,那么"经验意蕴"真正说来并非是一种意蕴,而与此同时又让蒯因的思考的实质内容依然原封不动。

如果经验不处于辩护的次序之中,那么它就不可能是世界观点超越或超出的事项(something that world-views transcend or go beyond)。但是,蒯因有关"人的概念上的主权的范围"的话语需要这种事项。一个世界观点可能以这样的方式超越的事项——以至于对于它的采用甚至可以是自发性或者"概念上的主权"的一种行使——是一种不足以决定性地支持它的证据。但是,如果在一个世界观点的形成过程之中经验只是扮演了一个因果的角色而非一个辩护的角色,那

---

① 对于难以对付的经验来说,这点必定是有效的。难以对付的经验的概念对于蒯因如下著名的象喻具有至关重要的意义:"一个人造的织物,它只是沿着边缘冲击着经验。"(第42页)像这样详细地说明这个想法是诱人的:就一个经验来说,如果人们不能合理地按照其表面价值接受它,与此同时又继续相信他们所相信的一切,那么它就是难以对付的;这时,理性上说,人们就具有这样的责任,即或者重新改造他们的世界观点[而且,作为蒯因相关的讨论的起点的那个迪昂式论点(the Duhemian point)是这样的:存在着不止一种做到这点的方式],或者有所怀疑地看待这个经验。但是,对于蒯因来说,一个经验是难以对付的这件事情实际上所是的东西只能是这点:一个具有该经验的主体很有可能改变他的信念。

么它根本就没有充当证据。

而且，如果经验与世界观点之间所处的关系并非是证据与理论那样的关系，那么这就使得蒯因的图像容纳世界观点本身的能力成问题了。诚然，蒯因想要让有关一个世界观点的观念从理智上说被揭露为二流的。但是，他不想完全放弃它。完全放弃它将是要放弃他通过"人的概念上的主权的范围"这样的说法所要提出的论点。如果我们不是谈论如何达到世界观点，而是不得不仅仅谈论如何获得这样的倾向，即对某些发声感到舒服，那么将不会存在翻译的不确定性的论题所要处理的任何东西。然而，只有当接受性的释放物被理解为与所采用的世界观点一起属于辩护的次序之中时，有关自发性——"概念上的主权"——与接受性之间的某种互动的观念（就其本身而言，这是一个康德式的观念）才可能甚至于似乎为有关采用一个世界观点的观念留出了余地。如果我们试图假定"概念上的主权"的行使仅仅是因果上受到了经验的进程的影响，而不是合理地对其负责的，那么如下观念中便不再剩有任何内容了："概念上的主权"所产生的东西是某种**有关**经验世界的事项，即这样一种立场，它是根据经验世界中事物所处的情况而正确地或者错误地得到采用的。而且，如果我们失去了这样的内容，那么如下观念中便不再剩有任何内容了：起作用的东西是"概念上的主权"。有关在"概念上的主权"的一次行使中所形成的一个世界观点的观念并不仅仅是有关这样一种扰动（perturbation）的观念，它是由来自于世界的撞击与在相关的主体之内起作用的某种力量一起以这样一种方式产生的，它部分说来（但是仅仅是部分说来）是由那些撞击所决定的。①

---

① 可以理解的是，蒯因的语言表明他常常试图两者兼得。一个刻画性的表述是这样的："最终说来，就任何一个人来说，在他达到他的世界图像的过程中他的感觉接受器的刺激是他已经拥有的据以做出判断的全部证据（all the evidence anybody has had to go on）。"("Epistemology Naturalized", p. 75) 这句话始自于一个仅仅适宜于处于辩护的次序之外的某种东西的表述，但是却以这样的方式继续下去（"在他达到他的世界图像的过程中……他已经拥有的据以做出判断的"），它只是针对处于辩护的次序之内的某种东西才是有意义的。在达到其世界图像的过程中一个人据以做出判断的东西（what one goes on）不是他的感觉接受器的刺激，即蒯因正式地构想的那种经验，而是事物对他所显现出来的情况（how things appear to one），而后者属于一种完全不同的有关经验的构想。

如果我们通过去掉司法辞令的方式来清扫蒯因的表述，那么我们便剥夺了他的"概念上的主权"这个观念本身。其后果便是威胁到了我们终究接触着经验世界这个观念。事情并不是这样的：这种解读使得蒯因像一个老式的哲学怀疑论者那样，暗示我们在有关世界的情况这点上可能是极度错误的。但是，在没有"法庭"辞令以及伴随着它的"概念上的主权"的观念的情况下（根据蒯因自己的看法，它们已经显现为完全是非法的），蒯因便让如下想法本身成问题了：我们终究是让世界进入视野之中了（we have the world in view at all），我们所做的什么事情构成了针对它之内的事物所处的情况而采取的一种立场——正确地或错误地（甚至于是极度错误地）。①

　　4. 经验在蒯因的思考中所处的这种尴尬的位置对于一种有关如下事情的从其他方面看很吸引人的解读来说具有多重含义：当蒯因拒斥那两个教条中的第一个教条时，他正在做什么。在这些讲座中，我从塞拉斯那里得出了对于如下想法的一种拒斥立场：某种东西在经验中是从那种塑造世界观点的活动之外被给予的（Given）。那种很吸引人的解读让蒯因提出了一个对应的论点（a counterpart point），让他拒斥这样的想法：某种东西是从知性的结构本身之内被给予的。②

　　塞拉斯说："经验知识，正如其精致的扩展即科学一样，是合理的，这并非是因为它具有一个**基础**，而是因为它是这样一项自我修正的事业，它能够将**任何**断言置于危险之中，尽管并非是将**所有**断言同时置于危险之中。"③ 我们必须以一种动态的方式，根据相应于经验的撞击而做出的连续不断的调整，思考经验的合理性

---

　　① 如下著作对蒯因的思考以这样的方式进行了更为详尽的讨论：Barry Stroud, *The Significance of Philosophical Scepticism* (Clarendon Press, Oxford, 1984), chap. 6. 我自己的讨论在许多地方受惠于这部著作。

　　② 这是罗蒂解读蒯因的方式。参见 *Philosophy and the Mirror of Nature*, chap. 4.〔正如在整个讲座之中一样，在相关的地方我大写了"Given"，以便让那种成问题的构想与那种无害的构想形成对照。参见第一讲，§4。（在译文中，我是以加下圆点的方式呈现这点的。——译者注）〕

　　③ "Empiricism and the Philosophy of Mind", p. 300.

(empirical rationality)。

拒斥有关一种外生的所予（an exogenous Given）的观念就是部分地遵循这个规定。它就是要拒绝将经验对于一个信念系统的要求构想成是由这样的某种东西从那种调整该系统的活动之外强加进来的，即它是以独立于那个演化着的系统的当前的状态的方式构成的，或者是以独立于该系统可能演化进的一种状态的方式构成的。所要求的那些对该系统的调整依赖于我们认为经验向我们所揭示的东西，而我们只能根据那些出现于该演化着的系统之中的概念和构想来捕捉后者。我们认为经验告诉给我们的东西已经是该系统的一个部分，而非对于它的一个外部限制。

这也就是说，没有什么东西是从那个演化着的信念系统之外被给予的。对应的断言是这样的断言：没有什么东西是从知性（即这样的理智能力，它在塑造该系统的连续不断的活动中起着作用）之内被给予的。这个断言也出现在塞拉斯那里。它暗含在我刚刚引用过的那个有关科学的合理性的评论之中。诚然，当塞拉斯详尽地驳斥所予的神话时，他聚焦在了那种假定的外部限制之上，但是他是以如下说法开始其《经验主义与心灵哲学》这篇文章的：有关在经验中被给予的某种东西的观念是一个更为一般的构想的一种特别的应用（第253~254页）。事情很可能看起来是这样的：拒斥一种内生的所予（an endogenous Given）要求我们说出塞拉斯在我所引用过的那个评论中所说出的东西：我们的任何信念，包括有关这样一些结构的信念，它们必须在从理智上说值得尊敬的信念系统中得到例示——即或暗或明地支配着在信念系统中作为对经验的回应所进行的调整的信念，都是可以修正的。而这听起来显然不无蒯因特色（and this has a distinctly Quinean ring）。

不过，在对蒯因的这样的解读——将他解读为断言了也没有任何东西是从那个演化着的系统之内被给予的——之中，有一点是错误的。这就是其中出现的"也"这个语词。我们不能不加限定地认为，蒯因用一个相应于塞拉斯所关注的焦点——有关某种从外部被给予的东西的观念——的对应物补充了这种对所予的攻击。这种解读的麻烦来源于蒯因的司法辞令所处的那种不自在的地位。从一个角度来看,蒯因让外部所予保留在其适当的位置之上了:按照他的正式的构想,经验将不得不缺乏那种与信念之间的一般认定的合理的关联,这恰恰构成了所予的神话的独特特征。但是,那种"法庭"辞令——如果不是单纯的装饰物的话——却暗示了在经验与信念之间存在着一种合理的关联。因此,蒯因的思考看起来像是一个尴尬的组合:他试图拒斥一种内生的所予,而同时又没有肯定地拒斥一种外生的所予。在蒯因的图像之中,就其活动的自由来说,"人的概念上的主权"没有任何内在地生成的界限,但是它是在从它的领域之外所设置的那些界限之内运作的。

5. 戴维森对于我在这些讲座中当作批评的靶子的融贯论的推荐是对一个真正的且重要的洞见所做出的一种回应。我们可以将这个洞见等同于我联系着蒯因所提出的那个论点:蒯因有关自发性和接受性的不怎么认真的考虑(他的考虑实际上是有关这两者的)试图两者兼得(这是不可能做到的)——既利用有关这样的经验的观念,它作为一个法庭出现在对诸信念的审判之中,同时又这样构想经验,以至于它不得不处于辩护的次序之外。戴维森也同样对任何这样的形式的哲学抱有敌对态度(在我看来,这种做法是令人钦佩的):它产生了有关我们究竟如何能够与经验世界保持接触的问题(像我已经断言的那样,蒯因的哲学便产生了这样的问题)。

戴维森争辩说内生的和外生的因素的二重性,当其在蒯因的"没有教条的经验论"之中继续存在着时,"本身就是经验论的一个教条,其第三个教条"①。他对这种继续存在着的二元论,"概念图式(蒯因的'语言')与经验内容(蒯因的'经验意蕴')的二元论"②,从两个方面进行了攻击。

---

① "On the Very Idea of a Conceptual Scheme", p. 189. 戴维森继续写道:"这第三个教条或许也是最后一个教条,因为如果我们放弃了它,那么我们对下面这点便不甚清楚了:是否还留有任何特别的东西要被称为经验论。"

② "On the Very Idea of a Conceptual Scheme", p. 189.

第一部分　语境中的戴维森

在《论概念图式这个观念》（On the Very Idea of a Conceptual Scheme）这篇文章中，他的攻击是从那种内生的因素这方面进行的。对蒯因有关"概念上的主权"——一种仅仅部分说来受到了那种外生的因素的限制的自由——的观念的一种生动的表达是这个论题：可能存在着互相无法理解的世界观点——"概念上的主权"的不同的行使可能如此遥远地互相分开了。不过，戴维森争辩说，这种有关互相无法理解的世界观点的观念是没有意义的。

在《一个有关真理和知识的融贯理论》（A Coherence Theory of Truth and Knowledge）中，这种攻击是从另一面进行的。在那里戴维森争辩说经验不可能构成了"一种处于我们的信念的范围之外的知识的基础"（第310页）。这个论点让人想起了塞拉斯。用我所使用的术语来说，戴维森的论点是这样的：经验不可能既处于理由的空间之内（如果它要构成"一种知识的基础"，那么它就需要是这样的），又处于其外（如果它要"处于我们的信念的范围之外"，那么它就需要是这样的——戴维森是这样断言的）。

在这些从主题上说互相关联的作品中戴维森的目的是要去除这样一种思维风格，其效果是——即便在它并非构成了其意图的情况下——从思想与经验世界的关联之中制作出一个谜来。他是用下面这样的话来结束《论概念图式这个观念》这篇文章的："在放弃图式与世界（也即：被构想成在经验中从思想之外强加给我们的思维的那些要求的来源的世界）的二元论时，我们并没有放弃世界，而是重新建立起了与这样的熟悉的对象的无中介的接触（unmediated touch），它们的滑稽的动作（antics）使得我们的句子和意见成为真的或假的。"（第198页）如果我们将关注的焦点放在这个评论之上，那么我们便可以看到我在这些讲座中所推荐的那种象喻——在其中思想是无界的——应当是完全合乎戴维森的口味的。那个遭到拒斥的象喻具有这样一条边界，它围绕着思想并且将它与世界分开。这个象喻以图像的形式表达了如下观念：存在着有关思想本身与其对象之间的关系的哲学问题。拒斥这个象喻就是拒绝让我们与熟悉的世界的"无中介的

138

接触"受到这样一组哲学假定的威胁，它们只是给人以具有某种强制性的虚幻的显象（the illusory appearance of being compulsory）。从这样的角度来看，戴维森对蒯因所继续坚持着的那种图式与世界的二元论的回应看起来像是这样的某种东西，我应当将它当作一个典范。①

　　直到某一点为止，它的确是这样的。我乐于承认戴维森得到了那个本质之点，即我们一定不要让哲学试图从思想与其对象的关联中制作出一个谜来。而且，他正确地看到了下面这点，即蒯因无法做到两者兼得：像蒯因所构想的那种经验不可能是一个法庭。但是，有志于清除相关的谜是一回事；实现了这个志向则是另一回事。在我看来，戴维森在消解他在蒯因那里找到的那种紧张状态时走错了方向，结果恰恰是他给我们留下了那些他打算清除的哲学问题。

　　戴维森看到了，蒯因无法前后一贯地从实际上是这样的观念的东西中得到什么：经验信念的系统是自发性与接受性的合作的结果。他由此错误地断言——在我看来如此——从这个观念得不到任何东西：它只能是反映了一种行不通的二元论。像我已经说过的那样（在前面§3中），有关自发性与接受性之间的互动的观念只有在自发性的构造物易于受到接受性的释放物的合理的影响这样的前提之下才能够甚至于似乎让下面这点成为可以理解的：作为结果而出现的东西是一个有关经验世界的信念或者一个这样的信念的体系——这样的某种东西，它是根据事物在经验世界中所处的情况而被正确地或者错误地采用的。蒯因的正式的经验观扰乱了他要获得这幅图像的一个版本的企图。而且，戴维森也分享着这样的经验观：对于戴维森来说，接受性只能从外部撞击理由的空间，这也就是说，没有任何东西能够易于受到它的释放物的合理的影响。②

---

① 克里斯多弗·胡克威（Christopher Hookway）和（以一种不同的方式）爱尔耶·法兰克弗特尔（Aryeh Frankfurter）向我强调过这点。

② 这个要点并不取决于蒯因的经验构想（经验即感官表面的刺激）的细节。可能存在着一些不那么坚定地反心灵主义的（anti-mentalistic）经验构想，尽管如此，它们仍然在一种更为抽象的层次上与蒯因的构想相称，因为它们将经验看成接受性的释放物。戴维森的一般的思想是这样的：如果经验被理解成接受性提供给我们的东西，那么无论这种构想的细节是什么样的，经验都因而被以这样一种方式理解了，它将它从理由的空间中去掉了。

戴维森不同于蒯因的地方仅仅在于他明确地认识到了这点，而且很有眼力地抽引出了这样的结论：从自发性与接受性的互动的角度，我们无法理解思想对于世界的关联。如果我们继续使用康德式的术语，那么我们就不得不说自发性的运作没有受到来自于它们之外的东西的合理的限制。这确实是表述戴维森的融贯论的一种方式。

当然，戴维森的思考并没有抹掉如下观念的所有形式：经验思维易于受到经验的进程的合理的影响。"经验的进程"可以被释义成意指了这样一些情形的接续发生，它们在于对于人们来说事情显得是这样的：事物是如此这般的（its appearing to one that things are thus and so），而且诸显得（appearings）确实合理地冲击着那种塑造人们的世界观点的活动。按照戴维森的看法，我们可以不致引起混乱地这样说，因为对于人们来说事情之显得是这样的即事物是如此这般的这点本身就已经处于概念的空间之内，并因此就有资格与该空间的其他的居民处于合理的关系之中。不过，按照戴维森的观点，我们不能不引起混乱地这样说：感官印象，世界对于我们的感官的撞击，将合理的要求（rational demands）强加于我们的经验思维之上了。或者，如果我们能够这样说，那么这只是由于我们将某种复杂性塞进"强加"之中了。或许，一个感官印象导致事情对于一个主体来说显得是这样的：事物是如此这般的，而这种显得对于该主体应当思维的东西具有多重含义。但是，感官印象本身，像戴维森所构想的那样，不能与一个主体应该思维的东西处于合理的关系之中。①

我没有用戴维森自己的术语来表达这个思想。戴维森没有谈论显得，而且他的文字让事情看起来像是这样的：只有信念才能担负我建

---

① 至少在《一个有关真理和知识的融贯理论》这篇文章中，戴维森似乎将"经验"这个词留给了不同于显得的感官印象。参见比如该文第313页，在那里他以这样的方式表述了一种他所反对的观点："意义所包含的任何内容都必须以某种方式被回溯到经验，所予，或者感官刺激的型式（patterns of sensory stimulation），某种居于信念与我们的信念所处理的通常的对象之间的东西。"（"信念"在此用作"概念的空间中的事项"的代码。请参见我的正文中的下一段话。）不过，我们应当如何使用"经验"这个词这件事情并不是此处的要点。

议显得能够担负的那种角色。比如,当他用我在讲座中引用过的那个评论来表达他的融贯论时,情况便是这样的:"除了另一个信念以外,任何其他东西都不能算作坚持一个信念的理由。"①(第 310 页)如果戴维森想要承认显得有一个奠基角色,那么将关注的焦点放在信念之上看起来是不幸的,至少就术语方面的事情来说情况是这样的。对于我来说事情之显得是这样的即事物是如此这般的这点并非显然可以被等同于我之相信某个事项。它肯定不能被等同于我之相信事物是如此这般的。毫无疑问,当对我来说事情显得是这样的时:事物是如此这般的,我通常(至少)相信对我来说事情显得是这样的:事物是如此这般的,但是下面这点并非是显而易见的:这种显得**就是**这种相信。而无论这种显得是否就是这种相信,我们都能够无害地认为它本身对于我们应当思维的东西来说具有合理的含义。不过,对于我当下的目的来说,在此不存在任何实质性的问题。戴维森的术语适合于看起来像是他为他的融贯论立场所选择的一个过于简单的表述的东西。假如他这样说,那么他本来也可以提出相同的实质性的论点:除了也处于概念的空间之中的某个其他的东西以外(比如这样一种情形,它在于对于一个主体来说事情显得是这样的:事物是如此这般的),任何其他东西都不能算作坚持一个信念的理由。(关于戴维森的表述,还有一个更为实质性的问题。在适当的时候我将对此加以讨论。)

我前面提到过的那个塞拉斯的回声在此又回响起来了。② 塞拉斯专门用了《经验主义与心灵哲学》的一部分篇幅来捍卫一种有关感官印象的观念。③ 这个捍卫的要点是要区别开印象与所予的片断。塞拉斯是通过小心地拒绝将任何直接的认识论意蕴归属给诸印象的方式来做到这点的。它们具有一种间接的认识论意蕴,因为如果没有它们,那么便不可能存在诸如这样的直接地具有意蕴的情形:看到事物是如

---

① 参见"A Coherence Theory of Truth and Knowledge",p. 311:"我们所陷入的麻烦是这样的:辩护似乎依赖于觉察,而后者恰恰又是另一个信念。"

② 事实上,我是用更为塞拉斯式的术语而非戴维森式的术语来表述按照戴维森的看法无害的事项的。

③ 这种捍卫占用了该篇论文结束部分的大部分篇幅(从§45开始)。

此这般的，或者让事情对于一个人来说看起来像是这样的：事物是如此这般的。但是，仅仅是通过这样的间接的方式印象才进入了经验思维对于经验的进程的合理的回应之中。我们可以拥有一种对于如下观念的无辜的释义，即经验思维合理地回应着经验的进程，但是这只是通过这样来理解"经验的进程"的方式做到的：它意指的是诸显得的接续发生（the succession of appearings），而非诸印象的接续发生。

我们可以说印象按照定义就是指运作中的接受性。因此，共同于塞拉斯和戴维森的那幅图像是这样的。接受性出现在这样的诸情形的解释背景之中，它们与演化着的世界观点一起属于辩护的次序。但是，接受性本身不能与自发性进行合理的互动——以蒯因的辞令所暗示的那种方式，尽管他有关接受性的正式的构想阻止了这样的互动。

与此相反，我断言，尽管蒯因的这样的半心半意的企图（half-hearted attempt）是不可接受的：要将世界观点描画成自发性与接受性之间的一种合理的互动的产品（戴维森看到了这点），但是这绝不是放弃有关这样一种互动的观念本身的理由。麻烦并非在于这种观念本身，而是在于那种半心半意性——在于这个事实：尽管这个辞令将这种互动描绘成合理的，但是蒯因是以这样的方式构想接受性的，以至于它不能合理地冲击到任何东西。如果我们愿意坚持下面的说法，那么我们便可以拥有这种观念的一个全心全意的版本（a whole-hearted version of the idea）：世界对我们的感官所造成的印象，我们的接受性的释放物，就其本身来说就是这样的显得（或者至少是它们中的一部分），它们可以被无辜地看成与我们的世界观点一起属于理由的空间（戴维森和塞拉斯是同意这点的），因为它们已经处于概念的空间之中。以这样的方式，我们便能够坚守那个蒯因只是半心半意地接受的吸引人的思想。如果我们能够按照戴维森和塞拉斯所不允许、而蒯因正式地承诺不允许的方式来看待自发性的行使所拥有的那种经验内容，那么便真的存在着这样一种前景：我们发现它并非是神秘莫测的。如果"概念上的主权"是对世界在经验中给相关的主体造成印象的方式合理地负责的，那么在如下事情上我们就应当不会有任何问题了:"概念上的主权"的一种行使如何能够关联到经验世界——如何能够构成针对事物所处的情况采取了一种立场这样的事情,即如何能够构成这样一种姿态,它是根据世界得到安排的方式而正确地或者错误地被采用的。

仅仅采用塞拉斯和戴维森所允许的如下说法是不够的:"概念主权"的行使在塑造世界观点的过程中是对相对于主体的诸显得的接续发生合理地负责的(is rationally responsible to the succession of appearings to the subject)。这并非是说这样的说法是不对的。但是,如果我们追随着塞拉斯和戴维森,将这些显得与诸印象隔开,那么说出他们愿意让我们说出的东西并没有使得我们有资格(entitle)在思想之关联到世界这件事情上发现不了任何哲学之谜。①

按照戴维森和塞拉斯的理解,只有通过将显得与世界对于我们的感官的撞击区别开来的方式我们才能将显得置于概念的空间之内,以便它们能够被前后一贯地看作与信念处于合理的关系之中。显得与信念是同一种东西,仅仅是增益了其数量而已:经验内容——与经验世界的关联——的拥有者。这样,我们并不能通过谈论存在于显得和信念之间的一种合理的相互作用的方式使得"(比如)信念如何能够具有经验内容"这个问题看起来更少紧迫性。这个问题真正说来是"任何东西如何能够具有经验内容",仅仅擅自取用显得确实具有经验内容这个事实是没有任何益处的。

请对比一下当我们设法做到下面这点时事情看起来的样子:将信念对显得的合理的负责构想成其对接受性本身的一种合理的负责。这样一来,人们便不能指责我们仅仅是将经验内容之谜从信念那里转移到了显得之上。这样,便不再有什么谜了。如果那种合理的负责是相

---

① "有资格"在此是重要的。如果我们假定对于哲学来说存在着这样的问题的话,那么罗蒂(我一会儿便会谈到他)很善于指出可供利用的诸步骤中的错误。或许,这些步骤的无用性标示出——可以说是从外部——这种关于哲学的任务的构想必定是错误的。但是,这种外在的处理很可能让哲学问题还是看起来像是这样的:它们**应当**是好问题。于是,结果便是连续不断的哲学不适,而非对哲学的一种祛除。这种祛除需要一种不同的步骤,而罗蒂不太善于此道。

第一部分 语境中的戴维森

对于接受性本身的,而非仅仅是相对于某种这样的东西的,它与接受性的关联之处仅仅在于接受性出现在其解释背景之中,那么在受到经验法庭的支配时,"概念上的主权"的行使是合理地对世界本身负责的。(请回忆一下将经验当作向世界的开放的象喻。)如果塑造一个世界观点是经由经验的开放性而对世界本身合理地负责的,那么便不可能存在一个有关这样的观念的问题,它处理的是一个针对事物所处的情况根据世界的布局而正确地或错误地采用的立场。

这种有关经验的构想与将经验描画成世界的使者(emissaries from the world)的构想形成了鲜明的对照。戴维森评论说(《一个有关真理和知识的融贯理论》,第 312 页):如果我们将经验描画成使者,推定它们会为我们提供有关世界的信息,那么我们便会有这样的问题:它们"或许是在撒谎……我们无法让中间人(intermediaries)发誓要诚实"。但是,将经验构想成中间人这种做法的真正的麻烦在于我们不能将如此构想的经验理解成旨在告诉我们任何事情,无论是忠诚实地还是不诚实地。当我们将接受性本身看作合理地冲击着信念时,我们便让我们自己能够将经验理解成向世界的开放。这样一来,有关这样的事情——让经验被赋予了内容这点成为可以理解的——的问题便不复存在了,而诚实的问题则具有了一种不同的样貌。如果相关的怀疑论问题是带着通常的哲学敌意而被提起的,也即人们意在用其清楚地表明一个有关如下事情的假定的问题:我们的思想是否接触着其声称要处理的题材,那么我们从理智上说便有权利漠视它们的存在。当然,在经验中我们是可能出错的,而且当经验误导了我们时,存在着这样一种意义,在其上它介入了我们与世界之间。但是,在此严重的错误是:让这点看起来剥夺了我们向世界开放(可错的开放)的观念本身,好像我们不得不将那个观念替换为有关这样的使者的观念:它们或者告诉我们真相或者向我们撒谎。仅仅是因为我们能够理解有关这样的诸显得的观念(它们是经由世界让自身向我们显露的方式而构成的),我们才能够理解包含在有关一种误导人的显象的观念之中的经验内容与世界的关联。当我们没有受到经验的误导时,我们便直接地面对着世界中的一个事态本身，而并非是受到了一个碰巧说出了真相的中间人的服侍。①

从这个角度我们就能看到，戴维森的表述"除了另一个信念以外，任何其他东西都不能算作坚持一个信念的理由"所包含的问题不止是过于简单这一点。我曾经提议对其做出这样的修正：除了也处于概念的空间之中的某种其他的东西以外，任何其他东西都不能算作坚持一个信念的理由。事实上，这种修正了的措辞从我的观点看是很好的。它不必是表达了我在讲座中称作"没有限制的融贯论"的东西，即这个论题：对于自发性的行使，不存在任何来自于外部的合理的限制。修正了的措辞允许下面这点：自发性的行使可以受到事实的合理的限制——当相关的事实在经验中让自己显露出来的时候；这是一种来自于自发性的行使之外的限制——来自于思维活动之外的限制（像我在讲座中所表述的那样），尽管不是来自于能够思维的东西之外的限制，进而不是来自于概念的空间之外的限制（第二讲，§3）。但是，这种有关外部限制的观念只有在如下条件下才是真正地可以利用的：我们能够设法接受在接受性本身这一方之中存在着一种与自发性的合理的交锋（a rational engagement with spontaneity）。戴维森认为这是不可能的。因此，当戴维森说只有信念能够与信念处于合理的关系之中时，这不仅仅是那种我前面所批评地讨论过的术语上的别扭之处——这样的易于放弃的含义：一种显得是一个信念。戴维森的表述反映了某种更深层的东西：他不能支持对于自发性的行使的来自于外部的合理的要求（external rational requirements），因此他的融贯论真正是不受限制的。即使我们不怎么认真地对待"信念"这个词，限制在信念之上的这种做法也传达出了这样的某种东西：只有主观的事项（subjective things）才与演化着的世界观点一起处于理由的空间之中。我断言，这是灾难性的：它确保了我们无法拒绝在信念或者任何其他东西（比如显得）与世界的关联之中发现一个谜。

---

① 参见第六讲，§3.

第一部分　语境中的戴维森

　　塞拉斯和戴维森所共同持有的那种有关印象的构想并没有完全将印象移出认识论领域之外，即使不考虑它们与人们所应当相信的东西之间的间接的联系。印象在世界与信念之间因果地促成它们之间发生关联的方式本身就是诸信念的一个潜在的题材，而且这些信念能够与其他的信念处于奠基关系之中。请考虑这样一个信念，它将一种可观察的性质归属给一个对象。在一个合理地持有的有关这样的事情——印象如何出现在主体与世界之间的因果互动之中——的理论的背景之中，这样一个信念可以合理地奠基在一个有关一种印象的信念之上。人们相信这个对象具有这种性质这点可以从如下事实得到辩护：人们具有属于某种类型的这样一个印象，按照人们的得到了很好的奠基的理论，在适当的情形中（比如有效的照明）它是被一个对象之具有那个性质这点引起的。①

　　但是，这完全不同于如下说法（我的图像允许这种说法，而塞拉斯和戴维森所共同持有的图像则不允许它）：一个对象具有一个可观察的性质这个信念能够奠基在一个印象本身之中：这个事实之给相关主体造成印象（the fact's impressing itself on the subject）。在我的图像之中，诸印象可以说是透明的（transparent）。在塞拉斯和戴维森所共同持有的那幅图像之中它们则是不透明的（opaque）：如果人们知道了有关他们与世界的因果联系的足够多的事情，那么他们就能够从诸印象论证出有关世界的结论，但是它们本身并没有将世界揭示给他们。它们具有这样一种认识论的意蕴，它类似于身体感受在诊断器质性疾病方面的意蕴。我的断言是：这暗中破坏了戴维森要去除相关的谜的目的。如果我们不能将印象构想成透明的，那么我们便让世界与我们的知觉生活离开得太远了，以至于我们不能阻止相关的谜进入

---

① 请比较塞拉斯有关观察的权威性的讨论："Empiricism and the Philosophy of Mind", pp. 296-298。这个段落出现在塞拉斯着手恢复印象观念之前；它让某物是绿色的这样一个观察判断的权威性依赖于相关主体的如下知识：他自己的报告"这是绿色的"在正确的条件下可靠地对应着某物是绿色的这个事实。但是，一旦绿色的印象进入视野之中了，它便能够出现在一个类似的奠基之中，出现在这样的位置之上，它对应于塞拉斯所想象的那种奠基中的那个报告所处的位置。

这样的观念之中：我们的概念生活，包括显得，涉及经验内容。

在我一直攻击的那种思维风格之中，印象不必被与显得像原因与结果那样分开。这幅图像的另一个版本或许允许如下断言的一种形式是成立的：诸显得（至少它们中的一些）**就是**印象。使得这种形式的这个断言仍然是我所攻击的这幅图像的一个版本的东西是这样一种坚持：某个事项之为一个显得与某个事项（在这幅图像的这个版本中或许是同一个事项）之为一个印象必定是有一定的概念距离的。将同一个东西认同为一个印象和一个显得的这种做法将跨越两个极为不同的概念化模式之间的边界。这样，我们将不得不主张：一个项目是它实际上所是的那个显得，这并非是因为它是它实际上所是的那个印象(it is not by virtue of being the impression it is that an item is the appearing it is)。这幅图像的这个版本可能比我一直使用的那个版本与戴维森更加志趣相投。按照我一直使用的那个版本，印象属于显得的解释背景。这似乎是塞拉斯的思路。

在上面，我把以这种方式将显得认同为印象的做法算作同一幅图像的一个版本。这暗示我不相信这样的认同会对主要论点造成任何影响。在如此地理解的这种认同的背景中，下面这点依然是真的：印象就其本身来看是不透明的。如果一个事实上是一个印象的项目因为被说成也是一个显得而被归属给了经验内容，那么它拥有那个内容这点不应当是因为它是它实际上所是的那个印象。这仅仅是在以不同的方式拒绝赞同这点：在自发性与接受性本身之间有一种合理的交锋。而且，我认为它依然让我们处于这样的境地：缺少一种发现经验内容并不神秘的资格。① 这样的资格所需要的东西是我们愿意接受下面这点：一个印象本身就可以是一个显得，即这样一种情形，它是由世界给主体造成一种显象这样的事情构成的。

在我所推荐的那幅图像中，尽管世界并非外在于概念的空间，但是它的确外在于自发性的行使。尽管我们是要擦去那条象征着思想与

---

① 此处的论点与我在第四讲之§4所建议的某种东西是一致的。

第一部分　语境中的戴维森

世界之间的一道鸿沟的边界,这幅图像仍然还有一个内—外维度 (an in-out dimension)。处于更内部的东西与处于更外部的东西之间的关联代表着合理的奠基的可用性,而世界——它处于尽可能远的外部——在辩护的次序中处于最后的位置。与戴维森和塞拉斯相反,我一直竭力主张的是这点:我们必须在这个内—外维度上为印象,为接受性的释放物,找到一个位置。它们必须出现在辩护的次序之中。当然,存在着其他的维度,我们可以沿着它们追踪心灵项目与世界之间的联系。而且,我们可以这样释义诸如"世界对感官的撞击"这样的短语,以至于它们只是沿着这些其他的维度中的一个维度而适用于处于心灵与世界之间的项目之上。但是,我们一定不要像塞拉斯和戴维森那样假定,这是我们能够给予有关接受性的释放物的观念的唯一一种类的意义。

6. 与戴维森本人相比,我的批评的一个更为清楚的靶子或许是罗蒂在《实用主义、戴维森和真理》(Pragmatism, Davidson, and Truth) 这篇文章中对戴维森所做的解读。在那里,罗蒂恰恰挑选出了戴维森思考中的那些我所反对的方面来大加褒奖。对这些方面的过度重视得出了这样一种解读,它没有给戴维森的思考的其他方面留出任何余地。其后果便是提供了一个有关如下事情的教训实例:如何不让自己摆脱传统哲学的虚幻的理智责任。

在预先假定这就是我的目标的过程中,我假定罗蒂的如下做法是正确的:不重视"这个事实:戴维森……没有将自己表现成是在拒绝怀疑论者的问题,而将自己表现成是在回答它"①(第342页)。我也假定了下面这点:有关知识的可能性的哲学担忧(philosophical concerns)与有关内容如何是可能的哲学担忧根本说来表达的是同一种忧虑,即一种有关心灵与世界之间的感觉到的距离的忧虑。戴维森和罗蒂通常将关注的焦点放在了前一种担忧之上,而我则将关注的焦点

---

① 在"Afterthoughts, 1987" [in Alan Malachowski, ed., *Reading Rorty* (Blackwell, Oxford, 1990)] 中,戴维森将如下断言归属给罗蒂:"当我实际上是叫怀疑论者走开时,我不应当假装我是在回答他",并且说"我几乎要赞同他"。

放在了后一种担忧之上。我认为根本的思想是一样的,即我们应当去除这种距离感,而不是试图弥补这个感觉到的空隙。

罗蒂非常坚定地确信,传统哲学的那些假定的责任是虚幻的。我完全同情他的这种确信。我对戴维森的反对意见并不是他没有回答任何东西如何能够具有经验内容这个问题,而是他没有确保这点(像他想要的那样):这个问题并没有什么紧迫性。不过,罗蒂表达这种确信的方式却损害了这个论点。他赞扬戴维森向人们推荐了这样一种思维方式,在其中一经审查人们就发现,下面这点原来是不可理解的:经验内容竟然可能不是一个谜(it turns out to be unintelligible how empirical content can be anything but a mystery)。诚然,罗蒂抵制住了传统哲学的哄骗,但是他所假定的那个框架的结果却是他只能通过塞住自己的耳朵的方式来做到这点——像驾船驶过女海妖的奥德修斯那样(like Odysseus sailing past the Sirens)。

罗蒂是这样表达他所赞同的戴维森的融贯论的要点的:我们必须区分开如下两种有关信念的观点,其一为"像田野语言学家那样从外部来看待它们(即将它们看成与环境的因果互动)";其二为"像前认识论的土著人那样从内部来看待它们(即将它们看成有关行动的规则)"(第345页)。我们必须"郑重地放弃看待它们的第三条道路的可能性——这样一条道路,它以某种方式结合了外部的观点和内部的观点、描述的态度和规范的态度"(第345页)。① 外部的观点,田野语言学家的观点,是描述性的。它将信念与相信者的环境中的对象和情形在这样一种结构中联系在一起,其构成性的关系是因果的。(在外部的观点中,信念被"看成与环境的因果互动"。)内部的观点是规范性的:它是"热切的真理追求者的观点"(第347页),即这样一种观点,在其内信念被与被认为为它们提供了它们的合理的资质的东

---

① 被郑重地放弃的第三种观点是罗蒂稍早的时候这样加以描述的东西:"一种想同时处于该语言游戏之内及其外的混乱的企图。"(第342页)还请比较他对希拉里·普特南(Hilary Putnam)的批评:普特南想要得到"这样一种综览全局的见解(a synoptic vision),它……以某种方式将外部的和内部的观点合在了一起"(第347页)。

第一部分 语境中的戴维森

西，也即处于理由的空间中的东西，联系在一起了。

罗蒂认为真理观念的不同的用法可以在这些观点之间进行分配。他赞扬戴维森"为实用主义做出了一个贡献"，这个贡献"在于指出了（'真'）除了具有詹姆斯（James）所利用的那种规范性用法之外，还有一个去引号的用法（a disquotational use）"（第342页）。与"规范性的"——像我们已经看到的那样，罗蒂将其与内部的观点联系在一起——这种对照许可我们将这种说法解读成将"真"的这种去引号的用法分派给了描述的观点，外部的观点。

无论如何，这符合如下事实：罗蒂将外部的观点等同于田野语言学家的观点。戴维森的田野语言学家旨在以塔尔斯基（Tarski）的风格为这个或那个语言构造真理理论，而这样的理论是以去引号的方式——在一种引申的意义上——使用"真"的。在一个塔尔斯基式的真理理论的定理之中出现的是严格意义上的去引号操作。这些定理是用这样的语言——这个真理理论就是关于它的理论——的一个最小的扩充来表述的，它们就是戴维森称为"中立的与雪绑定在一起的琐屑命题"①（neutral snow-bound trivialities）的东西。这个说法是为了让人想起如下著名例子："'Snow is white' is true (in English) if and only if snow is white"["雪是白的"是真的（在英语中），当且仅当雪是白的]。在此，为了从一个定理的左侧得到应当出现于其右侧的东西，人们需要做的事情就是将引号去掉。但是，这个想法很容易推广为撤销语义上升（cancelling semantic ascent）的想法。而撤销语义上升的工作不必是通过这样的语言中的一个步骤而完成的，相关的上升就是从它而做出的（像在严格意义上的去引号操作中那样）②。戴维森的田野语言学家旨在构造出这样的真理理论，其定理在那种推广的意义上是去引号的：它们是在语言内的情形中作为"中

---

① 此语来源于如下文章第51页："True to the Facts", in *Inquiries into Truth and Interpretation*, pp. 37—54。罗蒂在第343页引用了这个说法。

② 关于这种推广，参见 Quine, *Philosophy of Logic* (Prentice-Hall, Englewood Cliffs, N. J., 1970), pp. 10—13。

立的与雪绑定在一起的琐屑命题"而出现的东西的语言间的对应物。罗蒂的想法是这样的：这样的理论是从外部的观点出发被构造和被理解的，而这种观点的关怀是描述性的关怀而非"热切的真理追求者"的那种规范性的关怀。

这种将两种观点截然分开的做法是完全不能令人满意的——无论是就其本身而言，还是就其作为对于戴维森的一种解读而言。

我们可以通过考虑罗蒂为了反对希拉里·普特南所采取的一个步骤的方式来体会这种做法就其本身来说是多么无法让人满意。在反对这样一种立场时，它类似于罗蒂在戴维森那里所发现的并加以称赞的立场，普特南曾经写道：

> 如果（对于作为噪音的生产的我们的语言行为的）原因—结果描述不仅从行为科学的观点来看是完全的，而且从哲学的观点来看也是完全的；如果关于语言所能说出的一切就是它在于按照某种因果的型式（causal pattern）而生产出噪音（以及默语）；**如果因果的故事不应当而且不必要用一个规范的故事来加以补充**……那么不存在任何这样的方式，按照它我们所发出的那些噪音……不止是"我们的主体性的"单纯的"表达"。①

在我已经从其中做过引用的一个段落中，罗蒂是以这样的方式做出回应的：

> 我做过强调标记的那一行文字暗示：有关真理的去引号理论家认为关于人只有一种故事可讲，即一种行为主义的故事。但是，究竟为什么这样的理论家不应当允许甚至于坚持用"一种规范的故事"来补充这样的理论？为什么我们应当将田野语言学家的外部的观点的存在看作是做出了这样一种推荐：绝不要采用热切的真理追求者的内部的观点？我认为，普特南仍然将"关于 X

---

① "On Truth", in Leigh S. Cauman et al., eds., *How Many Questions*? (Hackett, Indianapolis, 1983), p. 44. 罗蒂在第 347 页引用了这段话。（中间的插入文字和强调源自于罗蒂。）

第一部分 语境中的戴维森

的哲学解说"看作这样一种综观全局的见解,它将以某种方式综合了每种其他的可能的观点,以某种方式将外部的和内部的观点合在了一起。

直到最后一句话为止,我觉得这是在拒绝倾听普特南的担忧。无可否认,在罗蒂所利用的那段话中这种担忧没有得到很好的表达。但是,为了弄明白普特南所要说出的意思,我们只需要表现出最低限度的宽厚(charity)。普特南并不是要假定:想要讲述一个有关存在于人的发声与环境之间的因果关系的故事的这种打算本身便足以阻止某个人甚至于还有这样一个故事可讲,它将发声者表现成在表达思想并且做出断定,在试图正确地了解事物。① 他所反对的恰恰是罗蒂在戴维森那里所发现的并且所赞扬的那个论题:这两个故事必须被分开。我从罗蒂那里引述的最后一句话实际上承认了这点。但是,这个承认来得太迟了。通过将一个不同的抱怨的靶子强加给普特南的方式,罗蒂设法使得他的如下做法看起来像是合法的:用一种对普特南实际上想要加以质疑的论题——这两个故事必须被分离开来——的未加论证的再次肯定来结束他对普特南所进行的一系列假定是瞄得很准的指责。这种指责大意是这样的:其中的一个故事并没有排除另一个故事。这个论点实际上是不相关的。

普特南的担心不能通过单纯地坚持下面这点的方式来消除:两个故事都有待讲述。这个担心恰恰是有关这个论题的:它们不能一起讲述。这蕴涵着如下结论:如果我们占据着这样一个立足点,从其上我们的信念是与其对象以及我们与这些对象的因果交锋一起进入视野之中的,那么我们便不能从那个立足点将相关的信念归属在探究的规范之下。而且,普特南有关这点的担心是瞄得很准的:其结果是让这样的事情成为谜了,即我们所谈论的东西如何终究能够是信念,能够是相对于事物在世界中所处的情况而采取的立场。在此像罗蒂那样坚持

---

① 参见罗蒂在第 345～346 页上从普特南的如下著作中所引述的段落:*Realism and Reason*。

说还存在着另一个立足点，从其上信念被看作受制于探究的规范，这是没有任何帮助的。如果从这第二个立足点而得到的观点不被允许容纳那些存在于相信者和他们的信念的对象之间的因果互动（因为那些互动是外部的观点的专有的活动场所，而这样的观点必须被分离开），那么如下事情直接就变成神秘莫测的了：我们如何能够有资格将组织第二个立足点的题材的东西构想成探究的规范。

这点在罗蒂处理去引号操作的方式中生动地显露出来了。在去引号操作（无论是严格意义上的还是引申意义上的）与一个有关正确地了解事物这件事的简易的观念之间存在着一种显而易见的联系。正是因为这点："La neige est blanche"在法语中是真的，当且仅当雪是白的，我们才有如下结论：既然雪的确是白的，如果我用法语通过说出"La neige est blanche"的方式来表达一个信念，那么我便正确地了解了事物。罗蒂有关去引号操作的评论给予田野语言学家即外部的观点的占据者以回答这样的问题的责任：信念是否获得了可去引号性意义上的真性（truth in the sense of disquotability）。这个有关一个信念是否获得了可去引号性的问题被假定是描述性的而非规范性的，而且，罗蒂的图像将其与我们以"热切的真理追求者"的身份——在我们努力对我们乐于看作探究的规范的东西做出回应时——所处理的任何问题隔离开来。但是，这切断了我们打算看作是对探究的规范的回应的东西与那个没有任何问题的、有关正确地了解事物这件事的观念之间的任何联系。其结果便是让如下事情变得不可理解了：所讨论到的东西如何可能是探究的规范。探究的规范之所以对于探究的过程来说是规范性的，这恰恰是因为可去引号性构成了其结果的规范。

足够让人惊异的是，罗蒂似乎认为如下做法只不过是常规的做法：将我们打算看作探究的规范的东西与有关正确地了解事物这件事的简易的观念（它是与可去引号性的观念联系在一起的）分离开来。在第336页，他不拘礼节地说：给出这样的建议"看起来是悖谬性的"，即"有石头"被下面这点所蕴涵了："在探究的理想的终点，我们断定有石头将是得到了辩护的。"因为"似乎没有任何显而易见的理由认为，我们所玩的语言游戏的这种进展应当与世界的其余部分所处的状态有特别的关系"。但是，说出这样的话是异乎寻常的。探究的规范的观念的全部意义就在于遵循它们应当会提高我们正确地了解"世界的其余部分所处的状态"的机会。如果遵循被当作探究的规范的东西最后没有提高我们正确地了解世界的机会，那么这恰恰表明我们需要修改我们有关探究的规范的构想。罗蒂暗示，说出那样的话就意味着屈服于传统哲学的吸引力。但是，我在此所援引的那个世界（在如下思想的这种表达之中：罗蒂对诸观点的分离是无法容忍的）并不是这样的世界，当我们跟随戴维森拒斥"图式与世界的二元论"时它彻底失去了（well lost）（罗蒂看到了这点）。① 它就是这个极为平常的世界，在其中有石头，雪是白的，等等：为"这样的熟悉的对象"所居住的世界，"它们的滑稽的动作使得我们的句子和意见成为真的或假的"（这是戴维森的表述）。它是那个平常的世界，我们的思维以这样一种方式关联到其上，罗蒂对于相关的观点的分离处理让它看起来是神秘莫测的了（It is that ordinary world on which our thinking bears in a way that Rorty's separation of viewpoints leaves looking mysterious），而这恰恰是因为他的这种做法将与世界的相关性（relatedness to the world）与那些为理解关联到——合理地关联到——任何东西的观念（the idea of bearing—rational bearing—on anything）所必需的规范性的环境分离开了。当罗蒂将探究的规范与可去引号性隔绝开来时，他便给我们带来了这样的威胁：失去那个平常的世界。

一旦人们采用了一种具有这样的后果的思维风格，拒绝倾听哲学不适的表达就太迟了。我们的确应当要求有关思维如何能够接触到世界的哲学问题被揭露为虚幻的，但是罗蒂让自己失去了采取那种态度的权利。他自己的思考让那些问题具有了紧迫性，结果他之拒绝处理

---

① 我在此是在重复罗蒂如下文章的那个迷人的标题："The World Well Lost"，见其著作 *Consequences of Pragmatism*（University of Minnesota Press, Minneapolis, 1982），pp. 3–18。这篇文章之于戴维森的 "On the Very Idea of a Conceptual Scheme" 很像是 "Pragmatism, Davidson, and Truth" 之于 "A Coherence Theory of Truth and Knowledge"。

它们就只能是一种意志行为，一种蓄意塞住自己的耳朵的行为。从一种意义上说，这种拒绝是有着很好的根据的，因为罗蒂对下面这点有着出色的体会：如果我们企图处理这些问题，那么我们的困境会是多么没有希望。但是，从另一种意义上说，这种拒绝又是任意的，因为罗蒂自己的思考远不是如此地得到塑造的，以至于这些问题不可能出现，相反，它确定无疑地加重了它们的貌似的急迫性。

罗蒂将作为可去引号性的真性分派给外部的观点的做法作为对戴维森的一种解读也是完全不能令人满意的。

诚然，当一个戴维森式的田野语言学家开始对一个语言进行极端的解释时，他可以利用的材料局限于声音行为或者要不就是推定为语言的行为——带有其与环境的因果的联系。只要这个语言——如果这就是其实际上所是的东西的话——还没有得到解释，这个语言学家便无法理解下面这点：讲它的人将什么（如果有这样的东西的话）算作什么的一个理由了，尽管他能够观察到哪些环境情形很可能促使（prompt）他们给出了哪些发声或者其他推定为语言的行动。当解释者处于这种状态时，他还不能完全确定所涉及的东西终究是语言行为。确定这点依赖于这样的事情：该行为最后被证明是可以解释的，也即，它可以被以一种可以理解的方式置于理由的空间之中。

不过，只是在极端的解释的开始阶段事情才是这样的。田野语言学家的目的并非仅仅是整理那些因果上联系在一起的材料或者构造出这样一个理论，它设定了属于同一种类的进一步的联系，以便使得这些材料以自然科学中的一个理论使得作为它的基础的材料成为可以理解的那种方式成为可以理解的。恰恰相反：戴维森的田野语言学家旨在逐渐进入（像是从内部进入）这样一种对于构成了他所研究的那个语言的规范的体会状态——体会到有关如下事情的那种特别的意义（人们就是按照它来玩那个语言游戏的）：在什么时间说出什么样的话是适当的。这就是他打算在一个有关这个语言的理论中所捕捉的东西（这个理论在那种引申的意义上是去引号的）。他开始时是那个外部的立足点的一个占据者，但是，如果他成功地达到了他的目的，那么他

第一部分 语境中的戴维森

最后将有能力用他自己的术语表达出如下事项的部分内容：从他的解释对象一直占据的那个内部的立足点来看事物看起来的样子。当罗蒂做出这样的建议时：田野语言学家的努力的结果运用的是这样一个真理概念，它与规范没有任何关系，因此是与比如这样一种构想分离开来的（这种分离是由这两个立足点之间的那条假定的鸿沟造成的），在其中真理被看成我们应当相信的东西（"詹姆斯所利用的那种规范性用法"），他抹杀了这样一种过渡的意义：从开始的困境到达到的解释。

那个外部的立足点——按照罗蒂的构想——就是一个从一侧而来的立足点。（关于这个象喻，请参见第二讲，§4。）戴维森的极端的解释者是以关于他的解释对象与世界之间的关系的一种从一侧而来的观点开始其解释的。但是，他是以这样一个理论结束的，其要点恰恰是它不是从一侧给出的：这样一个理论，它使得他能够从他的诸解释对象自身的观点捕捉到他们与世界的诸多关系中的一些关系，尽管这时他必须使用他自己的术语而非他们的术语。下面这点恰恰是引申意义上的去引号观念的美妙之处：在以这样的方式捕捉那个内部的观点时它是可供使用的。当罗蒂将去引号操作与作为"热切的真理追求者"的讲相关语言的人的立足点分离开来时，他恰好错过了这样的事项，正是它使得一种有关真理的去引号观念适合于用来总结解释的结果。①

---

① 并非只有罗蒂一个人做出了这样的假定：极端解释者开始时的取向的那种一侧特征（the sideways-on character of the radical interpreter's starting orientation）——使得这样的解释成为极端的东西——在极端解释的结果中继续存在着。参见查尔斯·泰勒（Charles Taylor）的如下文章："Theories of Meaning"，见其著作 *Human Agency and Language*：*Philosophical Papers*，1 (Cambridge University Press，Cambridge，1985)，pp. 248-292，特别参见 pp. 273-282。泰勒认为，戴维森的思考排除了伽达默尔有关视域融合的观念（参见第二讲，§4）。与罗蒂一样，泰勒认为戴维森对解释的处理方式无可避免地承诺了一种外部的观点。考拉·戴芒德（Cora Diamond）似乎暗示了类似的观点，参见其文章"What Nonsense Might Be"，见其著作 *The Realistic Spirit*：*Wittgenstein*，*Philosophy*，*and the Mind* (MIT Press，Cambridge，Mass.，1991)，pp. 95-114，特别参见 pp. 112-113。我认为这些解读没有注意到戴维森和蒯因之间的距离。［戴维森或许要为此负有部分责任，因为他总是不充分如实地陈述这个距离。在如下文章中我谈到了这点："In Defence of Modesty"，in Barry Taylor, ed.，*Michael Dummett*：*Contributions to Philosophy* (Martinus Nijhoff，Dordrecht，1987)，pp. 59-80，特别参见 p. 73。］

7. 当罗蒂坚持说这两种观点必须要彼此分离开时，这是对自然和理性的二元论的一种表达。在这种二元论的这个版本中，自然是作为外部的观点的题材而出现的，而理由的空间则是作为这样的规范性的组织而出现的，当事物被从内部的观点来看待时它们便具有这样的组织。在此，表现二元论的特征的地方是如下主张：这两种组织模式不能组合在一起。

在这些讲座中，我指出自然与理性的二元论是传统哲学所面对的那些仅仅是貌似的困难的根源。我发现这种二元论在戴维森的思考中是起作用的：它解释了他对于自发性合理地与接受性进行着互动这个观念的态度。因此，我不能完全不赞同罗蒂对戴维森的解读。不过，在我的解读中，戴维森易受到这种二元论的影响这点是一个缺陷。它与他的更好的关于解释的思考不一致，而且它确保了他无法达到他的去除传统哲学的忧虑的目的。与此形成对比的是，罗蒂将他对戴维森的解读集中在这种二元论之上，而且他是通过将它看成它恰好不是的东西而褒奖它的，即将它看成一条借以从传统哲学的困扰中逃脱出来的道路。①

具有讽刺意味的是我能够这样来表达这些事情。罗蒂以对于实用主义的这样一个赞赏性的描述开始其论文《实用主义、戴维森和真理》（他打算将戴维森吸收进实用主义之中）："它是这样一个运动，其专门的任务就在于批驳诸种形式的二元论并且消解这些二元论所产生的传统哲学问题。"（第 333 页）但是，罗蒂自己的思考恰恰是围绕着理性和自然的二元论组织起来的。这也就意味着，他至多只能部分成功地做一名他自己那种意义上的实用主义者。毫不奇怪，他消解传统哲学问题的企图具有拒绝倾听这样一些问题的模样，它们仍然顽固

---

① 我不想暗示这点：我们可以轻而易举地分离出这种二元论在激发戴维森提出其融贯论的过程中所起的作用。它在他的思考的其他地方也起着作用。比如，在他的如下论题中它显然起着作用：因果关系之所以能够在理由的空间的诸居住者之间成立，这仅仅是因为它们可以被认同为规律的领域之中的要素。（请比较这个论题在罗蒂那里的类似物：只是在内部的观点中诸事项才被置于理由的空间之中，而因果关系根本不在那种观点之中出现。）在第四讲（§4）我讨论了这个戴维森式的论题。

第一部分　语境中的戴维森

地让人有这样的印象，好像它们应当是好问题，而不是提供这样一种思维方式，在其中这些问题真正地没有出现。

当然，罗蒂并没有将他关于自然和理性的观点扮演成一种二元论。他谈到比如"要耐心地解释这点：规范是一回事，而描述则是另一回事"（第 347 页）。这种说法听起来像是在平和地做出一个区分；它不是那种为一个坚持着某种二元论的哲学家所独有的困扰人的说话模式。不过，我一直竭力主张的是：如果我们试图以罗蒂认为我们必须采取的那种思考方式进行思考，那么我们就被他打算避免的那些哲学忧虑缠住了。培养一种不困扰人的语调本身并不足以保证哲学困扰失去了其原有的地位。

我曾经引用过罗蒂的如下暗示：普特南想要得到"这样一种综观全局的见解，它将以某种方式综合了每种其他的可能的观点，以某种方式将外部的和内部的观点合在了一起"。罗蒂想要指控普特南抱有在他看来我们应当予以放弃的传统哲学的那些宏大志向：要使思想与其对象一致起来，使心灵与实在一致起来。我所提出的建议是这样的：将外部的和内部的观点合在一起（不是"以某种方式"，这暗示存在着一个谜）这样的工作恰恰就是这样一种批驳了二元论并且消解了问题的步骤，罗蒂自己就是因为这个原因而赞赏实用主义的。因此，我在这些讲座中所推荐的立场可以被表现为一种罗蒂意义上的实用主义，尽管在试图表达它时我借用了像康德那样的思想家的思想——尽管罗蒂感觉他们是极为可疑的。① 而且，我断言，按照罗蒂自己有关实用主义实际上所是的东西的解说所确立的标准，他自己的实用主义是半生不熟的（half-baked）。

8. 戴维森对经验论的第三个教条的反对意见是这样的：即使当经验论试图证明感官印象是我们接近经验世界的途径时，它也是以这样的方式构想诸印象的，以至于它们只能将我们与世界隔绝开来，中

---

① 这或许会让人停下来仔细思考一下罗蒂对待这些思想家的态度。包含在传统哲学的语言之内的步骤可以被用来指向这样的目标：有权不为它的问题而担心，而不是指向这样的目标：解决那些问题。我认为罗蒂没有足够充分地注意到这种可能性。

断我们与通常的对象的"无中介的接触"。现在，罗蒂将这个思想一般化为对一整列处于我们与世界之间的候选的中间物（intermediaries）的拒斥。其根据是：接受它们恰恰就意味着硬塞给我们那些有关我们对于世界的把握的没有意义的忧虑。他谈到了"诸如这样的第三者（tertia）——用戴维森的话来说——'概念图式，看待事物的方式，视角'（或者意识的先验构成或者语言或者文化传统）"（第344页）。

在这些讲座中，我解释了印象观念如何可能是无害的。如果我们拒斥了那个作为传统经验论的问题的真正来源的框架，也即理性与自然的二元论，那么我们便可以认为自发性易于受到接受性的合理的影响，而同时又没有因之而带来这样的不受欢迎的结果：接受性似乎来到了我们与世界之间，妨碍了二者之间的联系。在一个完全成熟的（full-blown）实用主义的背景之中，印象能够恰好作为一种向世界开放的模式而获得承认。类似的话适用于至少罗蒂的其他"第三者"中的一些。概念图式或者视角不必构成了那种被破除了的图式与世界的二元论的一面。如果我们以如此无辜的方式构想了图式或者视角，那么我们便能够将它们看成体现在了语言或者文化传统之中。因此，语言和传统可以不作为这样的"第三者"出现，它们威胁着让我们对于世界的把握从哲学上说成为问题；相反，它们可以作为这样的东西出现，对于我们向着世界的不成问题的开放来说它是构成性的。① （这种有关传统的伽达默尔式的构想出现在第六讲结尾。）罗蒂暗示（在第344页），"意向论的观念"（intentionalistic notions）恰恰就其本身来说就培育了不健康的哲学担心（"在人们与世界之间插入了想象的屏障"）。在一种比罗蒂所达到的实用主义更少半生不熟性的实用主义的背景之中，这样的建议可以被揭露为荒谬的。②

---

① 关于意识的先验构成的观念听起来更难于恢复，但是或许即使这样的恢复也并非是不可能的。参见前一个注释。

② 毫无疑问，罗蒂在此受到了蒯因这个榜样的鼓励。但是，在对意向事项（the intentional）的蒯因式的怀疑不止是纯粹的唯科学主义的范围内，其基础已经因对第三个教条的批驳而被彻底地削弱了。参见下文§9。

第一部分　语境中的戴维森

9. 我认为，如果我们追随戴维森，拒斥经验论的第三个教条，那么这对我们熟悉的蒯因哲学的基石将具有毁灭性的影响。在此，我显然偏离了戴维森本人的观点。就分析的事项与综合的事项的区分和意义的不确定性来说，他声称自己是"蒯因的忠实的学生"（"A Coherence Theory of Truth and Knowledge"，pp. 312−313）。

蒯因有关翻译的不确定性的论题生动地表达了他的"概念上的主权"观念。这种不确定性应当标示出了在多大程度上"概念上的主权"的产品没有被有关"经验意蕴"的科学上可以处理的事实所决定。现在，蒯因在此旨在提出的论点与继续存在着的有关内生的和外生的因素（"概念上的主权"和"经验意蕴"）的二元论无法分开地绑定在一起。而恰恰是这样的事项被戴维森当作第三个教条拒斥掉了。蒯因的论点恰好是要坚持在多大的程度上外生的因素没有决定直觉意义上的意义，即与世界的关联（meaning in the intuitive sense, bearing on the world）。当我们放弃第三个教条时，我们便放弃了恰恰这样的那个框架本身，在其内这个论点似乎具有蒯因所要求的那种意义。现在，下面这点应当已经被揭明并非是令人吃惊的：意义没有被（所谓的）"经验意蕴"所决定。这恰恰反映了如下事实："经验意蕴"真正说来根本就不可能是一种意蕴，因为在被构想成以二元对立的方式与"概念上的主权"对峙的情况下，它已经被阻止与辩护的次序有任何关系。

相对于"经验意蕴"来说意义是不确定的，这点并非趋向于表明了如下确实令人感兴趣的东西：意义是不确定的。意义是不确定的这点会要求：当我们寻找一种把我们带出"经验意蕴"范围之外的理解时，我们拥有一种无法消除的活动自由。相关的理解是这样一种理解，它涉及看清下面这点：我们的主体的生活的诸现象如何能够被组织进辩护的次序之中，被组织进理由的空间之中。如果意义在这种令人感兴趣的意义上是不确定的，那么这并不是人们作为蒯因的学徒能够学到的东西。①

---

① 在如下文章中我更详细地讨论了这点："Anti-Realism and the Epistemology of Understanding", in Herman Parret and Jacques Bouveresse, eds., *Meaning and Understanding* (De Gruyter, Berlin, 1981), pp. 225−248, 特别参见 pp. 245−246。

至于分析的事项和综合的事项之分，蒯因在此在寻找一个真正的洞见。但是，一旦这个洞见得到了适当的表述，那么它便暗中破坏了那种试图表达它的方式。这个洞见是这样的，只是在戴维森对蒯因的修正中它才变得明确起来：它就是对第三个教条，对"图式与世界的二元论"的拒斥。有关分析的事项的可疑观念就是有关这样一些真理的观念，它们根据这点而为真理：对于那些可疑意义上的概念图式来说，它们是构成性的。（这种可疑的意义是指这样的意义，在其上图式被构想成以二元对立的方式与世界对峙着。）在解说这些陈述的真性时，世界不扮演任何角色，尽管它被假定要帮助解说其他陈述的真性。但是，一旦我们放弃了内生的因素和外生的因素的二元论，那么这就不再可能像是对于有关这样的陈述的观念的一种好的解释，它们根据它们的意义而为真。意义不能被等同于内生的因素。如果我们欣然接受我在这些讲座中所推荐的那幅图像，在其中概念的领域在外部是无界的，那么我们便使得下面这点变得不可理解了：意义对决定我们应当相信什么这件事情的影响是内生的，而非外生的（that meaning's impact on determining what we are to believe is endogenous as opposed to exogenous）。（事情并非是这样的：相反，它是外生的，甚或同时是内生的和外生的。做出这样的决定的需求干脆就不复存在了。）这也就是说：当我们拒斥图式与世界的二元论时，我们不能认为意义构成了图式的材料——根据那种关于图式的二元论的构想。但是，这并没有剥夺我们的意义观念本身。因此，如果我的如下看法是正确的：蒯因的洞见真的是对于这种二元论的不可接受性的一种瞥见，那么我们大概就可以恢复有关这样的陈述的观念，它们根据它们的意义而为真，与此同时并没有轻视那个真正的洞见。

如果像我曾经建议的那样（§8），有关概念图式的观念不必属于这种二元论，那么意义便可以构成了一种无辜意义上的图式的材料。我们能够拒绝那两个因素而又没有威胁到存在着对有意义的事项（what makes sense）的限制这种观念：我们的具心性具有一种必然的结构——像乔纳森·里尔所表述的那样。① 有关这样一种结构——它必定出现在任何可以理解的概念图式之中——的观念不必涉及这点：将相关的图式描画成某种图式—世界二元论的一面。而分析的真理（在一种令人感兴趣的意义上，而并非仅仅指那些从定义上便得到了保证的自明之理，比如"母狐就是雌性狐狸"）或许仅仅是那些勾画出这样一种必然的结构的轮廓的真理。②

这不必牵扯到这样的事情：从前文§4考虑过的塞拉斯式的思想的正确的地方退缩回来。塞拉斯断言，没有任何东西是被给予的，并且细致地据理反对了有关外生的所予的观念。我在那里所处理的话题是对蒯因对分析性的攻击的一种解读。按照这种解读，相关的断言是这样的：也没有任何东西是内生地被给予的。我的论点是：在此"也"的使用是有问题的，因为它错误地暗示蒯因在与塞拉斯并肩战斗：在一起坚决地拒斥外生的所予。

那个塞拉斯式的思想完整地说来是这样的：没有任何东西是外生地或者内生地被给予的。这不必不利于如下事情：以我所建议的那种方式恢复一种分析性观念。如下构想将是错误的：将在任何可以理解的概念图式中是必然的东西构想成固定不变的——因为它是外生地或者内生地被给予的。这个区分本身已经不复存在了。塞拉斯以一种黑格尔式的精神断言：所有形式的被给予性（all forms of Givenness）均须被克服；戴维森则拒斥了内生因素和外生因素的二元论。或许，这两种做法仅仅是同一个洞见的两种不同的表达而已。在这种情况下，塞拉斯的思想——尽管它是一般性的（"所有形式的被给予性"）——并不要求他断言：我们所思考的所有东西都毫无例外地有待于修正。无论发生了什么都免于修正的性质（immunity to revision, come what may）只有在如下情况下才构成了被给予性的一个

---

① 参见 "Leaving the World Alone", *Journal of Philosophy* 79 (1982), 382-403。
② 或许这就是这样一种类别，我们应当将维特根斯坦所谓"铰链命题"（hinge propositions）中的至少一部分归入其内。在《论确信》（*On Certainty*）（Basil Blackwell, Oxford, 1969）中，维特根斯坦将一种特别的意蕴归给了这样的命题。

标志，即它是从那两个因素的角度被理解的。但是，我们不必这样来理解它。

认为任何可以理解的概念图式均具有一种必然的结构这个观念需要小心对待。如果我们发现我们自己倾向于将这种结构是必然的这种思想看成是有关下面这点的再保证，即我们的思考必定是对的，那么我认为我们便误入这样的歧途了：为传统哲学问题提供了一种解答方式，而不是一种消解方式。在我能够看清的范围内，这样的再保证就是里尔在后期维特根斯坦那里所发现的那种残留的先验唯心主义（the vestigial transcendental idealism）的要义。① 一种充分发展了的先验唯心主义通过做出如下断言的方式向我们做出再保证：就我们所思考的世界来说，我们关于它的断言不可能是根本错误的，因为它就是由我们所构成的（这只是一个粗略的表述）。里尔的残留的先验唯心主义则通过如下断言为我们提供了相同的再保证的一个版本：出现在"我们的概念图式"这个观念之中的那个"我们""消失"了。其结果便是不可能存在着有关这样的事情——我们以为事物所处的情况（how we suppose things to be）——的一般性的担心，即这样的担心：这仅仅是我们的思路（好像还可能存在着另外的思路）。我认为，在有关那个消失的"我们"的观念之中存在着正确的地方，但是（无可否认，这是一个精致的区分）那个"我们"的消失不应当呈现出一种再保证的样貌，而是应当作为这样的事情的理由的一个部分而出现，即这样一种再保证从来就不应该像是有必要的。

发现有意义的事项的那些界限的一种方式是借助于一种对于后期维特根斯坦来说具有刻画其特征的意义的活动：在思想实验中竭力向它们靠近并且注意到自己发现自己失去控制的程度。我是从伯纳德·威廉斯的一篇名为《维特根斯坦与唯心主义》（Wittgenstein and Ide-

---

① 参见"Leaving the World Alone"以及里尔为题为"那个消失的'我们'"的讨论会所写的文章, in *Proceedings of the Aristotelian Society*, supp. vol. 58（1984），219 - 242。

alism)的文章中借用到这个喻象的。① 当里尔认定"我们继续下去的方式"(How we go on)在维特根斯坦那里的作用就是将他的观点揭示为一种形式的先验唯心论时,他是在追随着威廉斯。但是,很难让这种看法成为可行的。"我们继续下去的方式"总结性地引入了里尔描述为我们的具心性的东西。我们可以从这样的做法开始:尝试在维特根斯坦那里发现这样一种思想:世界与心灵(或者具心性)是先验地为彼此制作出来的。使得这样的做法——将这样一种思想的那个康德式版本称为"唯心主义"——成为适当的做法的东西是下面这点(再一次对其粗略地加以表述):世界与心灵之间的这种和谐的构成过程应当是心灵的一种先验的运作。当然,在此心灵不是指这样的经验的心灵,它与世界处于那种被构成的和谐关系之中,而是指一种幕后的先验的心灵。但是,在维特根斯坦那里没有任何与此匹配的东西。"我们继续下去的方式"仅仅是我们的具心性,后者按照假定就与我们的世界处于那种被构成的和谐关系之中,它并不是某种好像是从外部构成这种和谐关系的东西。现在,我们会立刻产生如下想法:在维特根斯坦的图像中没有任何这样的东西,它在做着构成这种和谐关系的工作。有关一段残留的先验哲学的显象是很难支撑下去的。

在§2,我将蒯因对分析性的拒斥扮演成他的如下断言的一个引理:"经验意蕴"不能在诸陈述之间做出分配。因为,如果不存在像一个单个陈述的"经验意蕴"这样的东西,那么一些陈述或许具有零"经验意蕴"这样的假定便没有意义了。现在,一旦我们体会到了蒯因的"经验意蕴"观念的独特性,那么我们便能够看到在"经验意蕴"不能在诸单个的陈述之间做出分配这个前提和我们不能理解分析性这个结论之间存在着空隙。一个分析陈述应当是一个绝不会受到经验的影响的陈述。诚然,如果我们不能理解这样的观念,即一个单个的陈述可以拥有专属于它自己的易受到经验的影响的性质,那么我们便不能理解这个有关分析陈述的规定。不过,在此我们必须根据合理

---

① 该文章见其著作 *Moral Luck* (Cambridge University Press, Cambridge, 1982), pp. 144–163。

的负责来注释"易受到经验的影响的性质"。当蒯因谈到面对着经验法庭这样的事情时，听起来好像它表达了合理的负责的观念，但是这个辞令是空洞的。这就是戴维森关注的要点。因此，如果蒯因意义上的"经验意蕴"不能在诸陈述之间做出分配的话，那么这绝没有表明对经验的合理的负责不能在诸陈述之间做出分配。

而且，事实上，一旦我们这样来理解经验，以至于它真的能够充当一个法庭，那么我们便承诺以这样一种方式来构想它，即对它的合理的负责**能够**在诸陈述之间做出分配。请考虑一个具有这样一种内容的经验，它可以被"这里有一只黑色的天鹅"部分地捕捉到。这样一个经验为如下陈述或者信念设置了一个合理的问题：没有黑色的天鹅。在二者之间存在着这样一种密切的关系，它不限于这样的可能性（正如在蒯因的图像中那样）：这个信念将被放弃。

蒯因对翻译的不确定性的论证利用了一个大家熟悉的迪昂式论点，我们可以将它表达成这样：易受到经验的影响的性质不能在一个理论的诸陈述之间做出分配。如果对于易受影响性的引用不仅仅是空洞的辞令，而是暗示了一种合理的关系，那么这个断言的确可以出现在一个有关意义的不确定性的论证之中。这个论证只有在如下情况下才能够起作用：我们用来捕捉经验的那个语言可以与该理论的语言分离开来，以至于相关的经验并非可以说已经在讲着该理论的语言。在这种情况下，我们可以通过如下说法来表达那个迪昂式论点：该理论的单个的陈述相对于作为该理论的基础的那些观察陈述从意义上说是不确定的。现在，情况或许是这样的：在某些这样的情形中，在其中我们将理论看作是建立在经验基础之上的，理论的语言的确能够被与观察的语言分离开来，因此，我们能够以这样的方式争辩说个别的理论陈述的观察意蕴是不确定的。但是，我们不能从这些考虑提取出意义的普遍的不确定性的结论。我们或许希望这样做，但是我们只能通过陷入经验论的第三个教条的混乱的方式做到这点。以这样的方式，我们便在一般的层次上欣然接受了语言分离的一个极限情形。我们将所有意义都推进理论之中，而且我们不让经验讲任何语言了，甚至于在比喻意义上都是如此。但是，这便使上述希望成为泡影了，因为它去除了这样的合理关系，它出现在对于不确定性的令人信服的迪昂式论证之中。这个令人信服的论证至多只能是局部性的。因此，如果我们能够看清第三个教条的实质，那么我们便使得那个迪昂式论点具有了适当的形式。

第二部分　第三讲附记

1. 在这些讲座中，我断言我们能够前后一贯地认为经验与判断和信念具有合理的关系；不过，只有在如下前提之下情况才是如此：我们认为自发性已经被牵连到接受性之中，也即，经验具有概念内容。埃文斯的思考成为这种观点的一个障碍：他试图将经验构想成判断的一种合理的基础，即使与此同时他将经验排除于概念范围之外。在第三讲（§4）中，我争辩说，埃文斯的立场是不可接受的，因为它构成了所予的神话的一个版本。

这可能看起来是难于坚持下去的。表现内容的观念本身便随身带有一个有关正确性和错误性的观念：就一个具有某个内容的事项来说，只有在诸事物所处的情况像它将它们表现成的那样时，在相关的意义上它才是正确的。我看不出有任何好的理由不将这种正确性称为"真性"。但是，即使为了某个理由我们将"真性"这个称号保留给这样的情形中的这种意义上的正确性，在其中它是被具有概念内容的事物所拥有的，如下观点似乎也是一个常规的思想：在世界所处的状态之像一点儿内容的拥有者将它表现成的样子与世界所处的状态之像另一点儿内容的拥有者将它表现成的样子这两个事项之间能够有一种独立于下面这点的合理的联系,即所涉及的内容是什么样的。

在《概念研究》(A Study of Concepts)这本书中,克里斯多弗·皮考克支持这样一种立场,它在下面这点上类似于埃文斯的立场:它认为某些判断和信念是合理地奠基在经验所具有的非概念内容之上的。当他为这样的立场进行论证时,他旨在利用上述常规的思想。在第80页,他捍卫了如下断言:他归给经验的那种非概念的内容能够为判断和信念提供的"不仅仅是理由,而且是好理由"。就这样一个代表性的情形——它涉及关于某物是正方形的这个判断的经验基础——来说,这样的捍卫是这样进行的:"如果相关思想者的知觉系统在适当地起作用,以至于他的经验的非概念的表现内容是正确的,那么当这样的经验发生时,被思考的那个对象便真的是正方形的。"皮考克评论道:"在这个有关为什么这些关联是合理的关联的描述中,我本质性地使用了这个事实:在相关的拥有条件(一个主体之拥有**正方形**这个概念的条件)之中得到运用的那种非概念的内容具有一个关系到世界的正确性条件。对于这种特定的关联的合理性的这种解说取决于这点:当那些相关的非概念内容的那个正确性条件得到了满足时,那个对象将真的是正方形的。"

但是,这未能建立起皮考克所需要的东西,即可以归给经验的非概念的内容能够可以理解地构成**一个主体**相信某种东西**的理由**。

关于涉及一个主体的情形(诸如这样的情形:某个人相信某件事情)存在着一种大家熟悉的解释方式。我所意指的那种解释表明了那个被解释者所处的情况怎么会像从合理性这个立足点来看它应当处于的情况(比如为真——如果那个被解释者是一个信念的话)。现在,这并非因此就意味着给出了相关的主体对于这个解释所解释的无论什么东西的理由。这个主体甚至于可能根本就没有理由。比如,请考虑在过一个弯道时一个熟练的骑车者所做出的那些身体调整。一个令人满意的解释可能表明了那些动作的情况怎么会像从合理性这个立足点来看它们应当处于的情况:它们适合于保持平衡的同时又在欲想的轨道上有所前进这个目的。不过,这并非是在给出该骑车者做出那些动作的理由。存在于一个动作与一个目标之间的那种联系是这样一种事项，它**可以**是做出这个动作的一个理由。但是，一个熟练的骑车者在做出这些动作时并不需要这样做的这些理由。如果经验具有皮考克说它们具有的那种非概念的内容，那么为什么经验和判断的情形就不会是类似的呢？

这个常规的思想表明了，像皮考克所构想的那种经验与信念之间的关联的确是合理的关联，但是仅仅是在这样的意义上：在其上有关为了保持平衡所需要的东西的考虑与骑车者的身体调整之间的关联是合理的关联。这点并没有确立下面这点：具有非概念的内容的某种东西能够可以理解地出现在我在这个编后记的稍早的时候（第一部分，§5）所提到过的那种内一外维度之上。也即，这个常规的思想并没有使得埃文斯有资格将判断和信念说成是"以"经验"为基础的"，也没有使得皮考克有资格相应地这样来谈论信念，即说它们是基于由这样的事项所构成的那些理由而形成的，即经验之是其实际上所是的那样（experience's being as it is）。①

我们如何能够确保下面这点：一个像皮考克的故事那样的故事不仅将经验展示成一个主体形成其信念的理由的一个部分，而且将其展示成提供了这样的理由，正是基于它们，一个主体形成了其信念（that a story like Peacocke's displayed experience not just as part of the reason why, but as yielding reasons for which a subject forms her beliefs）？

一种方式将是这样说：相关的主体接受这个故事，并且用它来决定相信什么，或者至少在受到挑战时将倾向于引用它。假定人们告诉我们，某个人从这样的前提，即在看到一个他能够看到的对象时他享

---

① 参见比如第7页："该思想者……一定倾向于基于这样的理由——那个对象是如此呈现出来的——形成这个信念。"在此并非是某个具有非概念的内容的东西被说成这样了：与一个信念相比，在我所谓的内一外维度之上它处于更外部的地方。但是，在一个有非概念的内容起作用的语境之中，当皮考克谈到这样的知觉经验时："它们给出了断定（judging）……（某些概念）内容的好理由"（第66页），他的意思必定是这样的：这种断定是**基于**那些理由做出的，正如在第7页的表述中那样。

受到一个具有某个非概念的内容的经验,通过论证达到了这个结论:该对象是正方形的。这个具有这样的非概念的内容的经验之具有那个内容这点涉及这样一个正确性条件,它合理地关联到对于这点的信念:该对象是正方形的。而且,这种关联方式就是出现于皮考克对于那个常规的论点的利用之中的方式。这个正确性条件是:该对象的确是正方形的。在这个版本中,这个故事清楚地描绘了这样的某个人,他基于一个带有其非概念的内容的经验所提供的理由形成了那个带有其概念内容的信念。但是,这并不是皮考克所需要的东西。这个主体将不得不掌握皮考克用来谈论非概念的内容的那个或多或少深奥的概念装置:有关场景内容、初级命题内容(protopropositional content)等的概念。但是,皮考克想要让这种在经验中的假定的合理的奠基出现在对于这样的概念能力的解说之中,它们在十分普通的主体(而并非仅仅是那些从哲学上说知道内情的主体)的观察判断中得到了利用。①

在此,不要求拥有理论似乎是正确的。即使不考虑如下事实,情况也是如此:与经验的合理的联系应当出现在对于如下事项的解说之中,即**任何人**拥有这个或者那个观察概念这点实际上所是的东西。如果需要理论来居间促成经验与判断和信念之间的合理的联系,那么这会暗中损害在那种内一外维度上将经验置于信念与世界之间这种做法的目的本身。如果我们将经验在经验思想中的角色限制在这点之上,即它构成了这样的某种东西,假定我们知道相关的理论,从其出发我们便能够论证出一个有关世界的结论,那么我们便不能这样来构想经验:就其本身来说,它就构成了通向世界的通道。这样的某种东西——其角色在于为有关世界的论证提供前提——只能是不透明的,

---

① 第7页上的"基于这样的理由"情况是类似的。在那里并非是非概念的内容应当是这样的:与一个信念相比,在我所谓的内一外维度之上它处于更外部的地方。在此对于"基于这样的理由"的一个类似的捍卫将需要相关主体具有有关视野的区域的感觉性质的概念。皮考克是在简述一个有关如下事项的候选的解说:拥有**红色**概念实际上是什么,而且他不会梦想着给出这样的建议:拥有那个概念的任何人必须拥有有关视野的区域的感觉性质的概念。

像我在一个类似的语境中讨论为塞拉斯和戴维森所共同持有的有关印象的构想时曾经表述过的那样（本编后记，第一部分，§5）。

一旦我们清楚了那个常规的论点与皮考克所需要的东西之间距离有多么远，看到下面这点便成为可能了：皮考克的立场真正说来是多么不吸引人。在我们所属的那个反思传统中，在理由（reason）与话语（discourse）之间存在着一种历史悠久的联系。我们至少可以将它回溯到柏拉图那么远。如果我们试图将"理由"和"话语"翻译成柏拉图的希腊语，那么我们只能为两者找到一个词，即 logos。现在，皮考克不能尊重这种联系。他不得不切断存在于如下两种理由之间的纽带：其一是这样的理由，基于它们，一个主体像他事实上所做的那样进行思维；其二是这样的理由，即该主体能够为他以那种方式进行思维所提供的理由。该主体所提供的理由——在它们是可以说出来的（articulable）范围内——必定处于概念的空间之中。

我不想暗示要有任何特别的程度的说话能力（articulateness）。给出一个特定的程度，这将恰恰像要求掌握皮考克的理论一样无法令人满意。但是，假定我们问一个普通的主体为什么他要坚持某个观察信念，比如这样一个信念：他的视野之内的一个对象是正方形的。一个不令人吃惊的回答或许是这样的："因为它看起来是那样的。"这容易被识认为给出了支持这个信念的一个理由。恰恰是因为他是在话语中表达出它的，所以在下面这点上不会有任何问题：这个理由是这样一个理由，基于它……它不仅仅是……的理由的一个部分（there is no problem about the reason's being a reason for which …and not just part of the reason why …）。

在那个极简单种类的情形中，那个主体所说的话之所以被算作给出了他的信念的一个理由，是因为那个对象看起来的样子就是他相信它实际上所是的样子。在其他的情形中，理由与信念之间的联系并非这么简单。对于有关理由的要求的一个最低限度的清晰的回答或许只能是不那么明确的回答，或许这样："因为它看起来的样子"。但是，这并没有影响到本质之点。在此，理由也是可以说出来的（即使只是以"它看起来像**那样**"这样的形式）。因此，它一定不比这样的东西——它构成了它的一个理由——更少概念性。

那个常规的论点真正说来只不过是这样的：在事情是这样的即 P 与事情是这样的即 Q 之间可能存在着合理的关系（在一种极限的情况下，取代"Q"的东西可能直接就是取代"P"的东西）。由此得不出这样的结论：这样的某种东西——其内容是由如下事实给出的：它具有正确性条件 P——因此可能就是某个人比如断定 Q 的理由，而不管这个内容是否是概念性的。只有通过如下方式我们才能将那些内容——事情是这样的即 P 与事情是这样的即 Q——之间的那些合理的关系带入视野之中，即用概念性的术语来领会（comprehending）那个假定是在进行奠基的内容，即使我们的理论是这样的：具有那个内容的那个项目并不是以一种概念性的方式进行其表现的。一个像皮考克的理论那样的理论没有将这种有关两个内容的显示了综合领会能力的观点（this comprehensive view of the two contents）归属给普通的主体。我认为这使得下面这点无法理解了：一个具有非概念的内容即 P 的项目如何能够是某个人断定 Q 的理由。①

2. 为什么皮考克确信信念和判断在经验中的合理的奠基一定是建立了概念的领域与其外的某种东西之间的关联呢？

这种确信很大程度上是由一种他强加给有关这样的事项的解说之上的非循环性要求支撑着的，即拥有这个或者那个概念实际上所是的东西。避免相关意义上的循环性不要求这点：根本不要在该解说中使用那个讨论到的概念，而只是要求这点：在对一个概念状态（a conceptual state）的内容做出详细说明时不要使用它。一个违反了这个

---

① 埃文斯将"貌似"（seem）专门用作"我们的用来表示信息系统的释放物的最为一般的术语"。所谓信息系统的释放物就是指具有非概念的内容的项目（*The Varieties of Reference*, p. 154；同时参见 p. 180）。如下想法肯定是容易想到的：貌似（seemings）可以是我们关于判断和信念的理由。但是，我认为这仅仅是因为我们将貌似的内容（the content of seemings）理解成概念性的了。埃文斯对其的专门用法恰恰暗中破坏了"貌似"的这种可理解性。关于貌似［特别说来是看起来（lookings）］的内容的概念性，参见 Sellars, "Empiricism and the Philosophy of Mind", pp. 267–277。

要求的解说"将没有阐释它试图阐释的东西"(第9页)。

这样一来，如果我们试图对拥有一个观察概念实际上所是的东西给出一种解说，那么我们将不得不利用那些运用了它的判断和信念能够被合理地奠基在经验之中的那种方式。① 因此，如果我们认为相关的经验的显得的内容已经包含了讨论中的那个概念，那么我们就不能满足皮考克的非循环性的要求。当我们试图对拥有比如**红色**概念实际上所是的东西给出一种解说时，我们将发现我们在说类似于这样的事情：为了拥有**红色**概念，人们必须倾向于（如果他们认为照明条件以及其他条件是适当的）做出这样的判断，在其内容中那个概念被谓述地应用到一个在视觉经验中呈现给他们的对象之上——**当那个对象对于他们来说看起来是红色的时**，并且基于这样的理由（when the object looks red to one, and for that reason）。② 但是，"看起来是红色的"的这种用法——就这个解说所面对的一个读者来说——不仅预设了**红色**概念（它可能是无辜的），而且预设了有关**红色**概念的拥有的概念（它暗含在有关能够让事物对自己来说看起来是红色的这个事项的观念之中）。而这恰恰就是这种解说应当对之给予解说的东西。这点以一种显而易见的方式促使人们提出了如下思想：那个进行奠基的经验必须可以通过其他的方式而非借助于概念内容来刻画。

但是，这只是改换了问题。为什么我们应当假定如下事情总是可能的：以符合皮考克的非循环性的要求的方式给出对于拥有概念实际上所是的东西的解说？请注意，讨论中的事项是对于拥有概念**实际上所是的东西**的解说。或许，我们可以给出这样一个条件，它为所有拥

---

① 当然，一个观察概念的可应用性并不限于这样的情形，在其中人们具有奠基类型的经验。（一个主体必须理解这点：某物可能是红色的，与此同时并非对他来说它看起来是红色的。）这个要点隐含地被正文中的措辞所遮盖了。假定某个人认为就"红色"的一次谓述来说，只有当他具有了这样一种经验时，它类似于那些我们通过某物对我们来说看起来是红色的这样的方式所描述的经验，它才被证明为正当的了。这样一个人将不具备拥有**红色**这个概念的资格。那并不是利用了那个概念的判断和信念合理地奠基在经验之中的方式。（对于这样一个人来说，事物甚至于不能看起来是红色的。这就是我需要"这样一种经验，它类似于那些……"这样累赘的说法的原因。）

② 请比较皮考克在第7~8页上的简述的第一个条款。

有某一个概念的人所满足,而且只为这样的人所满足,与此同时我们又没有预设有关那个概念的拥有的概念。说不定,比如可能存在着这样一个神经生理学上可以详细说明的条件,它将拥有**红色**概念的那些人与不拥有这个概念的那些人区别开来了。但是,这种猜想并没有许诺给出一个有关拥有那个概念**实际上所是的东西**的解说。这个神经生理学的条件与如下问题无关:当某个人思维某个东西是红色的时,他所思维的东西是什么。而皮考克则想让他的解说关联到这样的问题。这就是为什么一个有关一个观察概念的解说必须将这个概念的运用置于理由的空间之中,尽管那种非循环性要求迫使皮考克主张:那些构成了这样的概念的运用的合理的基础的经验处于概念的空间之外。

在此,待解决的事项是这样的:一般说来,给出有关概念的从一侧而来的解说(在我在第二讲之§4中所讨论的那种意义上;在本编后记的前面的部分即第一部分之§6中,在讨论到罗蒂时我也讨论到了这种意义上的解说)是否是可能的。那种非循环性要求实际上就是一种对于从一侧而来的解说的坚持。在第二讲中,我实际上否认了这点:一般说来,对于概念的从一侧而来的解说是可能的。我无法看到这点:皮考克给出了任何理由来假定我的否认是错误的。事实上,此事的作用方向对于他来说似乎恰恰相反。在前文§1中,我竭力主张下面这点是难以理解的:像皮考克那样构想的经验如何能够构成一个相信者相信某种东西的理由。这暗示我的如下做法是正确的:否认从一侧而来的解说的可能性。这个因某种动机而提出来的思想(the motivated thought)所面临的问题趋向于暗中破坏了那个提供动机的思想(the motivating thought)。

皮考克所提议的诸解说的确是作为对于拥有这个或那个概念实际上所是的东西的解说而提出来的。它们谈到了信念或者判断。这些信念或者判断是作为拥有这样的内容的事项而出现在这些解说中的,它们运用了讨论到的那些概念。但是,这并非就意味着这些解说不是从一侧而给出的(在我所说的那种意义上)。的确,这些解说明确地将自己表现为是有关思想者的,是有关讨论到的那些概念的使用者的。

但是，它们并没有说出——它们甚至于克制着不说出——当这些思想者使用所讨论到的那些概念时他们所思维的**东西**。避免循环性这点要求这些解说仅仅从外部来达到这些思想者所思维的东西，将它认同为当……时（when …）人们所思维的某种东西。在此，跟在"当"后面的东西是一个外在于该概念的拥有的条件。这些解说包含着这样的断言：在此存在着一个内部的观点，但是它们并不是从这样的观点给出的。皮考克对如下怀疑是有所回应的：这种外在性威胁着那个捕捉内容的规划。他认为他可以通过如下方式来应对这个威胁：不仅用"当……时"而且用"基于这样的理由"（for the reason that）将这个外在的条件与那个思维关联起来。不过，我已经在前文§1中极力说明，在此那个所要求的外在性暗中破坏了"基于这样的理由"的可理解性本身。因此，我看不出有任何理由要放弃或者限定我在第二讲中所做出的断言。我看不出有任何理由要假定以一种符合那个非循环性要求的方式给出有关概念的解说总是可能的；相反，我看到有大量的理由不要做出这样的假定。①

就这些考虑来说，非循环的解说在如下情形中或许是可以得到的：在那里，出现在"当……时并且基于这样的理由"（when and for the reason that …）中的"……"位置的东西可能是对于这样的概念状态的提及，它们的内容涉及的概念不同于我们正在对其进行解说的那个概念。也即这样的情形，在其中一个概念能够被从如下角度捕捉到：对它的运用如何合理地奠基在其他的概念的运用之中。但是，观察概念的情形自然刚好不是这样的。这些非循环的解说并不是

---

① 在"In Defence of Modesty"这篇文章中，我所想要表达的意思是否认下面这点：从一侧而来的视角能够捕捉概念。在皮考克的表述中（在其著作第 33~36 页）我不能识认出我在这场争论中所支持的那一方。按照皮考克对于他认为是我的论点的东西的表述，它应当能够通过一个从一侧讲述的故事所满足——只要这个故事宣告自己是在处理思想。我的论点是这样的：人们不能从外部确定**所思维的东西**，将它仅仅认同为当……时他们所思维的某种东西，而且我不认为附加上"基于这样的理由"会有什么帮助。（在其对我所做出的回应中，达米特充分利用了这些联系是合理的这个断言。参见"Reply to McDowell", in Tayor, ed., *Michael Dummett: Contributions to Philosophy*, pp. 253-268，特别参见 pp. 260-262。）

从相对于整个概念的领域的从一侧而来的取向（not from a sideways-on orientation to the whole conceptual realm）做出的，而仅仅是从这样的概念能力之外做出的，它们构成了它们的解说。然而，皮考克所提议的对于观察概念的解说则是从整个概念的领域之外做出的。

那么，我的有关这样的解说——它们做了皮考克打算做的所有事情——的怀疑论是某种蒙昧主义吗？皮考克在第33～36页做出了大致这样的暗示：

> 在有关拥有某些特别的概念——第一人称、逻辑观念以及许多其他概念——实际上所是的东西的文献中一些理论正在被提出。尽管还有许多事项没有得到理解，而且已经说出的东西也并非全都是对的，但是如下说法是难于接受的：这种工作的目标完全构想错了。相反，常常存在着为所处理的概念所特有的现象，它们在这些解说中得到解释了。麦克道威尔可能不允许我们这样说：这些解说是有关拥有这些概念实际上所是的东西的理论。但是，我不能看出它们能够是其他什么东西，而且我们几乎不能对它们只是采取不理不睬的态度。

在此，大量的事项依赖于这点："这种工作的目标"真正说来是什么东西。我们并非被限制在了仅仅这两种选择之上了：或者接受这点，即这种无法不理睬的工作的预设在皮考克提到的一个有关概念的理论所急需的东西（避免循环性以及所有其他的东西）之中被澄清了；或者拒绝承认在比如第一人称思维与经验之间的特别的合理的联系这个情形中可能存在着任何需要谈论的东西。

这个情形值得稍微详细地考虑一下。像皮考克所评论的那样（第72页），如下说法没有个体化第一人称概念：它"是这样的那个概念 m，以至于有关 Fm 是否成立的判断展示了对于这样一些经验的某种敏感性，它们将 Fm 表现为实际的情形"。但是，如果我们这样做，那么我们就不会有**那个**问题：相对于一个给定的主体，将相关的判断认同为展示了对于这样一些经验的某种敏感性的判断，它们将 F（**他自己**）表现为实际的情形。当然，这违反了非循环性要求。但是，我们可以做得比这种违反好得多,并且仍然有足够的空间来对这种"某种敏感性"的特征进行实质性的研究。毫无疑问,这个修订了的表述太过简单。但是,这样的可能性——将其实质性的允诺定位在"某种敏感性"之上,让循环性不受打扰——是富有暗示性的。皮考克在此打算将埃文斯有关第一人称的讨论强行拉来作为指向他所想象的那种解说的工作的一个例子。不过,我认为这样来解读埃文斯要好得多:他主要关心的是"某种敏感性",而并非特别地有兴趣于避免循环性。

3. 埃文斯断言,我们没有足够多的有关比如颜色的概念,以便使得如下事情成为可能的:我们的视觉经验的内容是概念性的。在第三讲之§5中,我反对这点,坚持说我们能够通过"那个色度"的说出来表达出为了捕捉我们的颜色经验的最精微的细节而需要的所有概念。尽管我们事先并没有全部这些概念,但是我们的确拥有我们所需要的无论哪一个概念——恰好在我们需要它们时。

"那个色度"的一次说出的意义取决于一个样品色度的同一性。我们可以制定这样一条规则:只有在某种东西在颜色上与所指示出来的那个样品无法分辨开来时,它才被算作具有**那个**色度。(当然,只有在一个样品面前我们才能用这些术语实际上说出了某种东西。)

现在在此有一口熟悉的陷阱。人们或许企图还制定另外一条规则:如果某个东西在颜色上与另外某个被算作具有一个色度的东西无法分辨开来,那么它便被算作具有那个色度。但是,如果我们这样说,那么我们便纠缠在某种堆悖论(a sorites paradox)之中了。这样,我们便暗中破坏了这个想法:"那个色度"的说出终究能够表达一个确定的意义。因为,颜色上的不可分辨性不是传递的。就一个巧妙地排列起来的样品序列来说,我们可以从最初的那个样品进展到这样一个样品,通过重复地应用第二条规则,它不得不被算作具有所讨论的那个色度,即使与第一条规则相反,它在颜色上与最初的那个样品是可以分辨开来的。这两条规则是不一致的。

因此,我们应当将我们自己限制在第一条规则上,而抵制认可第二条规则的企图。某个被算作具有一个色度的东西并非因此就被算作了该色度的一个**样品**,将任何与它无法分辨开来的东西均归到该色度的外延之中。否则,我们就会面对那种熟悉的崩溃。一个样品的身份,由相关使用中的"那个色度"所表达的那个概念的外延的一个决定者,必须被保留给最初的那个样品,或者至少是保留给这样一些东西,它们之被提升到那种身份不会导致这个概念的外延上的滑移。①

在这一讲中我允许下面这点:如果经验碰巧提供了这样的某种东西,它固定了(anchor)指示性的"那个色度"的一次稍后的说出的指称,那么相关的色度概念可以在这样的识别能力——它构成了对于该色度概念的拥有——的延续过程的稍后阶段才被给予外部表达。考虑到我刚刚提出的那个论点,我们有必要小心对待上述思想。如果存在着这样的东西,它们在颜色上与那个新的固定者(the new anchor)无法分辨开来,但是在颜色上它们与最初的那个样品还是可以分辨开来的,那么即使我们将这个新的固定者识认为讨论到的这个色度的例示者(an exemplifier)的这种做法并不是错误的(因为它与最初的那个样品是不可分辨的),我们的如下做法也是错误的:假定它适宜于充当最初的那个色度的一个**样品**。如下假定是很难做出的:当它固定了"那个色度"的一次说出的指称时,它除了能够充当所讨论到的无论什么色度的样品之外,还能够充当其他什么东西。这种情形揭示了这样的可能性:一种通常认定的以识别为基础的概念能力可能失效。人们可以假定自己是在运用一种识别能力,但是实际上是在错误地运用它,因为他们的达到他们当作识别的东西的倾向已经出偏差了。这样的事情可能发生的方式之一就是:人们将一个不适当的样本提升到一个次级的样品(a secondary sample)的身份了。在这样一种情形中,"那个色度"的后续的说出并没有表达那个最初的色度概念。相关主体已经丢失了最初的色度概念,但是他并没有认识到这点。

4. 在这些讲座中我断言,使得这样的东西——最初的那个样品

---

① 皮考克(第83~84页)为了回应这个堆威胁引入了一个装置。我看不出它是必要的。

对经验的呈现使其成为可以享受的——可以识别为一个概念的东西是一种记忆能力。一个人能够保留一种将事物识别为具有那个色度的能力，而且在这个识别能力持续存在着时（可能持续很短一段时间），相关主体能够在思想中容纳恰恰那个色度。[在我的用法中，"概念性思想"（conceptual thought）这种说法根本就是赘语。]在开始阶段之后，这种概念能力的最为直接的表露是这样一个判断，在其中那种构成了该概念能力的识别能力得到了直接的运用：后来看到的某个东西被断定为具有讨论到的这个色度。但是，这种基于记忆的、在思想中容纳一个精确的色度的能力也能够在并非适应于当前的经验的思维（thinking that is not geared to present experience）中得到行使。请考虑比如这样一个人的情形，他记得不再出现于他的视野中的一枝玫瑰的颜色，并且思考着"我倒是想让我的房间的墙壁涂成那个色度的"。

有必要将我在此所想到的那种思想与可以这样来表达的一种思想区别开来："我倒是想让我的房间的墙壁涂成我以前在某某场合下所看到的那枝玫瑰所具有的那个色度。"像我们可以自然而然地表达的那样，人们可以具有一个属于第二种类的思想而与此同时并没有记住那个色度本身。或许，人们记得它是浅色的杏子的一种色度，而且人们觉得对于他们的房间来说它是理想的色调。在我所想到的这个情形中，人们在心灵中拥有这个色度本身——像我们可以自然而然地表达的那样：它并非只是作为适合于某种详细说明的东西而出现于人们的思维之中。捕捉这点的一种方式是说人们在自己的心灵之眼中（in one's mind's eye）看到了这个色度。

在面对着最初的样品时，一个拥有关于这个色度的概念的主体能够通过直接审查颜色匹配的情况，将相关的项目归为具有或者不具有相关的色度的类别。即使是在最初的样品不再出现于视野之中了之后，我们还是能够保留——至少在一小段时间内——将相关的项目归为具有相关的色度的或者不具有相关的色度的类别的分类能力，而且是以一种符合于这样一些裁定的方式，即根据对颜色匹配情况的直接的审查，我们本来会给出它们。（事实上，这种记忆能力甚至于在最初的样品仍然还处于视野之中时就得到利用了——如果一个可以被认为具有这个色度的候选者不能与这个样品并置地出现在一次概览之中。）我们可以确信，而且是有着很好的根据地这样确信：牵涉到记忆的能力的裁定或者其潜在的裁定，符合于直接的比较本来会给出的裁定。这样的事实至少构成了如下事项的基础的一部分：说出"我在我的心灵之眼中看到它"这样的话如此自然。事情好像是这样的：仍然有一个样品可用来与任何被认为可能具有这个色度的候选者加以比较。

这个习语是一种做出如下区分的极好的方式：在心灵中拥有这个色度与通过一个详细说明来让自己的思维瞄准它。但是，它可能引发一个熟悉的且可疑的哲学思想。按照它，这个习语的显而易见的正确性指向了这样一种机制，那种保留下来的分类能力就是借助于它而运作的。相关的想法是这样的：相关的主体通过如下方式对这个色度做出归属，即将他所看到的事物与该色度的一个保留下来的内部的样品加以比较。这就像是这样的情形：借助于比如一个涂料生产商的样品检查事物的颜色匹配情况。只不过，在此相关的样品是处于一个内在的眼睛（an inner eye）前面的。维特根斯坦告诫我们要提防这样的观念［参见比如《哲学研究》（*Philosophical Investigations*），§604］。"我在我的心灵之眼中看到它"这种说法是用以肯定我们的将这个色度本身容纳进我们的思维之中的能力的一种自然而然的方式。给定了一个适当的机会，这样的能力将在有关如下事项的裁定中被公开地展示出来：事物是否例示了那个色度。这个习语并没有暗示这样一种心理学机制，在我们给出那些裁定时，它将是起作用的。①

---

① "我在我的心灵之眼中看到它"包含着一幅图像。对于它的适当的态度是类似于维特根斯坦在《哲学研究》之§427中联系着包含在像下面这样的说法之中的那幅图像所表达的那种态度："当我与他说话时，我不知道在他的额头后面发生着什么。"维特根斯坦说道："这幅图像需要认真地对待。我们真的想要察看这个额头后面的情况。但是，我们所意指的东西不过是我们通常也使用如下说法所意指的东西：我们想知道他在想什么。"从字面上来接受**这幅**图像，甚至于假定某种意义上说我们负有这样做的理智责任，这在当代心灵哲学中是普遍的做法。这不能不让人感到沮丧。

5. 是什么使得这样的识别能力——它们构成了在自己的思维中容纳确定的色度的能力——得以存在的？在这些讲座中，我只是考虑到了面对着讨论到的那些色度的例示者的情形。但是，请回想一下休谟的如下问题：一个主体能否在纯粹的思想中形成有关这样一种色度的观念，他的颜色经验一直是缺乏这样的色度的。① 这引入了能够构成一种不同的可能性的东西。我已经承诺了这样的断言：仅仅因为我们具有了有关一个色度的概念，我们便潜在地具有了属于相关的种类的所有概念。不过，休谟的问题处理的是对于这样一个概念的现实的拥有。相关的建议是这样的：一个主体能够仅仅通过想象力的行使便使自己有能力在他的心灵之眼中看到那个缺失的色度。

或许这的确是可能的。我不坚持这样的论点：这种可能性具有威胁性——以它看起来威胁到休谟有关概念的经验论立场的方式。在此，所要坚持的主要之点在于：如果它是可能的，那么这仅仅是为我们可以通过"我在我的心灵之眼中看到这个色度"这样的说法声称拥有的那种识别能力的起源提供了另一种可能性。在此根本不存在对于这样的想法的任何额外的支持：那种相关联的识别能力的行使是建立在与一个内部的样品的比较之上的。②

---

① 参见 *A Treatise of Human Nature*, ed. L. A. Selby-Bigge and P. H. Nidditch (Clarendon Press, Oxford, 1978), 1.1.1。

② 如果在此存在着一种相关的可能性的话，那么要点是这样的：想象力能够填充色度概念的全部节目中的间隙。但是，这个全部节目必定主要是由经验所肇始的——以我在讲座中讨论的那种方式。一般而言的色度概念还是必须构成性地依赖于直观——以构成了如下事实的基础的那种方式（按照我在讲座中的猜想）：埃文斯甚至于没有将它们看成一个可能的概念系列。

第三部分　第五讲附记

1. 按照克里斯平·赖特的理解，维特根斯坦承诺要精心地给出某种意义构想，尽管他的"寂静论"阻止他履行这个承诺。在第五讲之§3中，我暗示：赖特自己归给那个意义构想的那些后果是无法容忍的。那时我并没有捍卫这个暗示；相反，我转而主张，如果我们以如下方式解读维特根斯坦，那么我们必定要错失他的论点：让他的"寂静论"成为一个有关这样一组文本的尴尬的事实，它们实际上为哲学设置了一些实质性的任务，并且甚至于给出了如何完成它们的暗示。

我不觉得这构成了一个真实的脱节（a real gap）。如果我们对维特根斯坦的"寂静论"形成了一个适当的理解，那么赖特发现他所承诺的那些学说就可能因其自身的重量而自行倒塌了。只是因为来自于哲学的压力，才会有人可能梦想着在有关如下事项的观念中存在着什么问题：独立于共同体的批准，事物无论如何所处的情况。

赖特认为维特根斯坦恰恰是揭示了这样一种哲学上的强迫作用（such a philosophical compulsion）。按照赖特的观点，维特根斯坦设置了一个有关意义如何是可能的这个事项的真正紧迫的问题——一个属于这样的种类的问题，哲学以一种独特的方式在这样一种活动中对它加以处理，其要点本身恰恰是与如下事实绑定在一起的：我们不能预先排除冒犯被看作常识的东西的可能性。赖特认为，在面对着维特根斯坦被假定精心地处理的那个问题时，一种有关意义的构想只有在如下情况下才能够被合法化：我们愿意重新思考被看作有关事物无论如何所处的情况的观念的常识的东西。因此，维特根斯坦的"寂静论"看起来是一场让人难堪的失败：他未能承认他自己的哲学成就的特征。但是，如下看法是错误的：维特根斯坦清楚地揭示出了一个有关意义如何是可能的这点的很好的问题。

那种"寂静论"，那种对于任何实质性的哲学的避免，真的是要点所在。诸如"意义如何是可能的"这样的问题表达了一种怪异感，而且维特根斯坦的论点是我们不应当沉湎于这种怪异感，而是应当去除它。从一个对意义不太友善的世界观点的立足点来看这个问题，看起来像是一个紧迫的问题：这样一个立足点，从其上来看哲学的任务之一似乎是将我们所能得到的尽可能接近于我们以前的意义构想的某种东西硬是塞进世界之中。但是，哲学的任务毋宁说是这样的：强行去除那些让在世界中为意义找到一个位置这件事情看起来是困难的臆断。然后，我们便可以从容地接受意义在塑造我们的生活之中所扮演的角色。我们不需要对其在我们有关我们自身的构想中的位置做一番构建性的合法化工作。

维特根斯坦旨在质疑某些有关意义的思想在一个不适宜的环境中所获得的那种神秘光环。这些思想是这样的思想：比如这样一个命令——它规定了一个算术序列（比如"加上 2"这个命令）——的意义"预先决定了诸步骤"（请比较《哲学研究》，§190），而且是以这样一种方式——为了将这个思想与赖特所关心的事情直接地联系起来——即在这个序列的展开过程中的某个点上某某步骤是那个正确的步骤这个事实不依赖于相关的共同体成员的批准（这些成员被算作理解这个命令）。这样一种思想可能看起来是奇异的（uncanny），它好像是将魔术般的力量归属给了意义。赖特的错误在于认为维特根斯坦意在质疑这样的思想本身。但是，维特根斯坦的靶子是那种奇异的气氛。这个思想本身是正确的。①

疯长的和自然化了的柏拉图主义的对比有助于表明这种可能性。相关的思想是柏拉图主义的，而且如果我们只能想象一种疯长的柏拉图主义，那么奇异的光环是无法摆脱的；我们唯一的求助对象是这样一种哲学构造，在其中我们在客观性或者类似的事物上做出退缩。但是，问题不在于这些柏拉图主义的思想本身。在一种自然化的柏拉图主义之内，它们没有那种奇异的光环。因此，表述赖特的错误的另一种方式是说他对一种自然化的柏拉图主义的可能性视而不见。②

2. 在这次讲座中，我认为维特根斯坦的志向是看穿对通常的哲学的那种貌似的需求。这需要小心对待。我不是想要暗示维特根斯坦认真地考虑了这样一种情形，在其中通常的哲学不再发生了。通常的哲学所处理的那些忧虑的理智根源过于深厚，以至于事情不可能是这样的。这个要点戏剧性地表现在维特根斯坦后期著作中声音的多重性即其对话特征之上。那些需要安静下来、需要恢复到清醒状态之中的声音并不是外来的声音；它们表达的是他在他自身之中所发现的冲动，或者至少是他能够想象他在他自身中所发现的冲动。当他写出这样的文字时："真正的发现是这样的发现，即它使我能够停止做哲学——在我情愿这样做的任何时候"（《哲学研究》，§133），我们不

---

① 请比较《哲学研究》，§195。一个对话者的声音说："但是，我的意思并非是：我现在（在把握一个意义时）所做的事情从**因果**上和经验上决定了将来的运用，而是：以一种**奇特**的方式，这种运用本身在某种意义上就在场了。"回应的声音说："但是，'在**某种意义上**'它的确就在场了！真正说来，在你所说的话中只有'以一种奇特的方式'这个表达式是错误的。其余的部分是正确的。"

② 在如下文章中我详尽地发挥了这样一种解读，更为详细地提到了维特根斯坦（在这些讲座中这样做似乎是不合适的）："Meaning and Intentionality in Wittgenstein's Later Philosophy", in Peter A. French, Theodore E. Uehling, Jr., and Howard K. Wettstein, eds., *Midwest Studies in Philosophy*, vol. 17: *The Wittgenstein Legacy*（University of Notre Dame Press, Notre Dame, 1992）, pp. 42-52。关于类似的思想，参见 Cora Diamond, *The Realistic Spirit*. 在第6页，她这样来描述她的靶子之一："维特根斯坦对于……神话或者幻想的批评——特别是他对那种附着在逻辑必然性之上的神话的批评——被解读成这样：好像它将神话作为一种有关事物所处的情况的**虚假**观念而拒斥掉了。"

应当认为他是在想象一种后哲学的文化（对于罗蒂的思考来说这是一个至关重要的观念）。他甚至于都没有为他自己想象这样一个未来，在其中他经过治疗而得以确定无疑地去除了这种哲学冲动。这种冲动只是偶尔地且暂时地寻找到了平静。①

　　但是，我不认为由此便有如下结论：在一种就其精神说来真正维特根斯坦式的思维风格中，我在这些讲座中所提议的那种诊断步骤不可能扮演任何角色。我所建议的是：我们的哲学忧虑源自于一种近现代的自然主义对我们的思维所施加的那种可以理解的掌控，而且我们能够致力于放松这种掌控。让这个建议变得生动可见的方式之一便是描画这样一种心境，在其中我们确定无疑地摆脱了那些施加在我们的思维之上的这样的影响，它们导致了哲学忧虑，尽管我们绝不假定我们有一天会永久地、稳定地拥有这样一种心境。即使如此，对于我们的貌似的困难的一个根源的这种认同也可以是我们用以克服这种哲学冲动的再次发生的资源之一——我们知道这种冲动终将会再次发生。

　　3. 当我描述那种因一种第二自然的自然主义而成为可能的宽松的柏拉图主义时，我说了下面这样的事情：理由的空间的结构并不是在与任何单纯人类性的东西极其隔绝的状态下而被构成的。在适当的理解之下，维特根斯坦的"寂静论"提供了这样一个很好的语境，在其中我们可以强调下面这点：诸如这样的评论不应当引出了这样的问题："那么，什么构成了理由的空间的结构？"如果我们认为自己是在处理这个问题，那么我对第二自然的求助——尽管它的确是简略而无系统性的——看起来至多只是对于这样一种适当的回应的期票。但是，这将错失我的要点。我认为，如果有人提起了像"什么构成了理由的空间的结构"这样的问题，那么我们应该志在有资格拥有的那种回应是某种像耸一下肩以示轻蔑这样的做法。罗蒂很好地以如下方式表达了这种思想：不要仅仅因为在我们被教育着进入其中的那种哲学中人们通常总是提起这样的问题就立即认为它们是理所当然的。这样

---

　　① 在此，我接受了詹姆斯·考耐特和莉莎·范·阿尔斯特尼（Lisa Van Alstyne）的劝说。

的问题的十足的传统的身份就其自身来看不能使我们有责任认真地对待它们。相反,存在着这样一个假定的背景,正是它应当使得它们具有了紧迫性。当我求助于第二自然时,我这样做是想要强行去除使得这样的问题看起来非常急迫的那个背景,即理性与自然的二元论。这种做法并非意在成为这样的事情中的一个步骤(它至多可以是第一个步骤):为那个问题构建一种回应。

4. 在第五讲之§5中,我讨论了康德的如下建议:自我意识的连续性只包含着一种有关持存的形式上的构想。将这个建议与维特根斯坦在一个著名的段落中(《蓝皮书》,第66~67页)所给出的如下建议加以比较是值得的:"('我')作为主体的使用"不指称什么。我们可以将维特根斯坦在那里所建议的东西表述成这样(这种表述方式清楚地表明了与那个康德式思想的相似之处):在比如"我具有牙疼"这样的命题中指称加谓述的结构(the reference-plus-predication structure)仅仅是形式上的。引发维特根斯坦做出这个建议的那些考虑似乎非常类似于在谬误推理中起作用的那些考虑。我们的裁定应当是一样的。这个建议的动机——暗中破坏一种笛卡尔式的自我构想的基础——是令人钦佩的,但是一旦我们理解了"我"作为主体的使用在其中起作用的那个更为广大的背景,那么这个建议便可以被与其动机分离开来。不存在任何这样的障碍,它阻止我们做出这样的假定:我对于"我"的作为主体的使用指称我事实上所是的那个人类成员。①

5. 将我在第五讲之§6中有关对特定的对象的指称的评论与我在第二讲(特别是§3)中所说的东西放在一起讨论,可能是有益的。

在第二讲中,我利用维特根斯坦的"自明之理"来阻止有关在思想本身与世界之间存在着一个空隙的观念。一个反对者或许会说出下面这样的话:"只要你只是将世界看成这样的某种东西,其要素是**那些是实际情况的事物**(*things that are the case*),那么你便可以让事

---

① 参见埃文斯在如下著作中有关维特根斯坦的这段话的讨论:*The Varieties of Reference*,pp. 217-220。

情看起来是这样的,即你的主旨好像不是唯心主义的。在这样的背景中,你能够利用这样的断言,即下面这点不过是一个自明之理:当一个人的思想是真的时,他所思维的东西**就是**实际情况。但是,一旦我们尝试容纳这样的意义时,在其上世界是被**物**、被对象所居住着的(而且最好是有这样一种意义),那么下面这点便显露出来了:你的有关擦去一条围绕着思想的领域的外部边界的象喻从一般趋向上看必定是唯心主义的(或许是在一种引申的意义上说的)。即使这个象喻允许在心灵与事实之间存在着一种直接的接触,它还是抹杀了某种我们不应当愿意放弃的可能性,即一种有关心灵与**对象**(这样的对象自然必定是外在于思想的领域的)之间的直接的接触的可能性。这种可能性恰恰就是在从推广的摹状词理论所做的那种退缩中人们让我们注意到的那种东西。"

给定了人们所思维的东西(当人们的思想是真的时)与实际情况之间的这种同一性,将世界构想成所有实际情况(像在《逻辑哲学论》之§1中那样)就是将世界并入在弗雷格那里作为意义(sense, Sinn)的领域所出现的东西。意义的领域包含着与思维的行为或者片断相对的能够被思维的东西(能够思维者)意义上的思想。这种同一性将事实即那些是实际情况的事物展示成那种意义上的思想——那些是实际情况的能够思维者(the thinkables that are the case)。但是,对象属于指称(Bedeutung)的领域而非意义的领域。这个反对意见是这样的:维特根斯坦的"自明之理"产生了心灵与意义的领域而非与指称的领域的结盟。

180   我确实可以借助于弗雷格式的意义观念这样来表述我的讲座中的一个主要论点:我们应当在那个观念的背景中来反思思想与实在的关系,以便让我们自己对那些熟悉的哲学忧虑产生免疫力。这只不过是表达我在讲座中借助于塞拉斯有关理由的逻辑空间的象喻所表达的那个思想的另一种方式。弗雷格的意义观念是在理由的空间中起作用的。这个意义观念的全部要点都被捕捉在如下原则之中了:如果单独一个主体能够同时对诸思想即完整话语的诸潜在的意义采取理性上说

（rationally）互相冲突的态度（比如接受、拒绝和中立这三种态度中的无论哪两种态度）而又没有受到无理性（irrationality）的指控，那么它们就是不同的思想。如果不区别开诸意义会让我们不得不同时将理性上说互相反对的、具有相同的内容的态度归属给一个有理性的且不糊涂的主体，那么我们就必须区别开诸意义，以便使得这样一种对该主体的整个立场的描述成为可能，它相对于诸态度具有不同的内容，因此不会引起一个有关该立场的合理性的问题。①

我想象的这个反对者认为，如果我们接受这种弗雷格式的观点，即思想和实在交会于意义的领域，那么我们只有在接受某个版本的推广的摹状词理论的前提下才能够声称容纳如下事情：思想之关联到**对象**——一种存在于心灵与指称的领域的居民之间的关系。这样，我们便丧失了这样的人所持有的那些洞见，他们坚持认为在心灵与对象之间存在着一种比推广的摹状词理论所许可的关系更加直接的关系。

不过，我在第五讲结尾所说的话可以看作预先制止了任何这样的反对意见。按照对于弗雷格式的装置的一种适当的理解，我在第二讲中对维特根斯坦的"自明之理"的利用——这个"自明之理"确实可以通过这样的说法来加以重新表述：思想与实在交会于意义的领域——已经允许了那种从推广的摹状词理论所做的退缩之中的正确之处。如果相关的意义得到了正确的理解，那么在一幅让思想与事实的世界的之间的关系不成问题的图像之中，意义的角色就已经确保了下面这点：在事情如何可能是这样的——相关的思想以那种退缩的支持者所正确地坚持的那种非详细说明的方式关联到相关的特定的对象即指称的领域的居民——这点上没有任何神秘莫测的地方。

---

① 参见 Evans, *The Varieties of Reference*, pp. 18—19。

第四部分　第六讲附记

181　　1. 我就亚里士多德式的无知所说的话可能会让人产生疑问。它们似乎悍然无视这样一个显而易见的事实：亚里士多德明确地讨论了这样一些立场，它们在某些方面来看显著地类似于近现代自然主义。

诚然，古代的原子论者（在此我挑选出这个支持这种反对意见的可能是最好的例证）已经拥有了一个某种程度上貌似近现代的（modern-seeming）有关自然的构想——在这样的意义上：自然就是有关事物的最根本的理解所领会的东西。他们认为这种意义上的自然是缺乏意义和价值的。的确，在坚持其不同的自然构想时，亚里士多德意识到了他的构想与这样的构想是正相反对的。但是，在对有关自然的祛魅的构想的这样的古代的预感中，自然缺乏意义和价值这个论题缺乏它在近现代思考中所具有的某种地位。它并非是作为表述如下观点的另一种方式而出现的：有关真正科学的研究旨在获得的那种理解的一种适当地牢固确立的观点。即这样一种观点，人们不会就其发生争论；相反，它构成了这样的事项的一个部分，如果谁想被算作一个受过教育的人，他就必须将它们看作理所当然的。

正如我在正文中所坚持的那样，我们必须承认这点：当真正科学的理解的领域终于被普遍地看作是祛魅的时候，这标示了一种理智上的进展。这就是为什么我们如此难于从我所关心的那些哲学忧虑中逃脱出来的原因。人们很可能没有注意到下面这点：我们正确地构想为祛魅的东西不必被等同于自然。亚里士多德的无知在于他没有遭受那种理智上的压力。当然，他意识到了这点：以一种让其祛魅的方式看待自然是可能的——自然在此被认同为那种最根本的理解的题材。但是，对于他来说，这反映了有关那种最根本的理解的一个仅仅可供选择的观点——而且从他的理智观点看这个观点并非是得到了很好的支持的。他不必抵制这样一种企图：欲将"自然"这个标签贴在他从理智上说无论如何承诺要支持的东西（作为由科学的理解所领会的东西）之上。亚里士多德一点儿也不知道那个我们可以如此地加以表述的完全正确的思想：**如果**我们将自然等同于科学的理解的题材，**那么**我们就必须将它看成是祛魅的。①

2. 在第六讲之§4中，我拒绝将对世界的取向归属给非人的动物。这点可以理解地激怒了一些人。

在此强调下面这点可能是有帮助的：在单纯的动物的情况下我承诺要否认的东西恰恰是，而且仅仅是，与自发性相关的东西。在这一讲的正文中，我试图通过否认关于生物学上的必需品（它们是塑造单纯的动物的生活的东西）的一种还原的构想的方式将这样的显象降低到最小的程度：我在诋毁动物的心灵性（animal mentality）。或许，这种有关生物学上的必需品的话语就已经暗示了这样一条思路，它比我所需要的思路更为强硬（即使没有那种我所否认的还原构想）。要点仅仅在于哑巴动物并非拥有康德式的自由。这点与承认下面这些事情是完全相容的：它们可以是聪明的、机敏的、好奇的、友好的，等等——以它们的方式。其实，我的全部论点——在借用伽达默尔有关环境的观念时——就是要提供一种用以说出完全相反的事情的语言，尽管我否认哑巴动物能够拥有世界（由于它们不具备自发性）。而且，

---

① 此小节回应的是伯恩伊特（M. F. Burnyeat）所提出的一个问题。

重要之点是这样的：我断言他们所缺乏的那种自由恰恰就是康德式的自发性，即这样的自由，它在于对推定的理性的规范做出潜在的反思式的回应。对于任何人来说，如果他没有个人的哲学考虑，那么他不会在看到比如一条狗或者一只猫在玩耍时会认真地考虑将其活动归类在像自动机这样的东西的项目之下。但是，在此我们能够在否认康德式的自发性的同时又给那种自我移动性留出充足的余地（在这样一种场景中，对于没有偏见的眼睛来说，这种自我移动性是显而易见的）。

陷入我在这些讲座中所关心的那种哲学忧虑的诸多危险是在与这样一种有关对世界的取向的构想的关联中产生的，它关联着康德式意义上的自发性。它们之所以产生出来，恰恰是因为康德式意义上的自发性所独有的东西——当人们从熟悉的近现代自然构想的立足点来看待它时。按照这种自然构想，自然就是那个祛魅的规律的领域。

如果有人想要发展出这样一种有关对世界的取向的构想，它脱离了康德式意义上的自发性，以便让谈论指向世界性的语言（the language of world-directedness）可以用来谈论野兽的心灵性（the mentality of brutes），那么，按照我的看法，到此为止这是完全没有问题的。在这个语境以外，我根本不想就单纯的动物说些什么，而且肯定不想贬低它们的生活类似于我们的生活的那些方面。下面这点是我打算坚持的东西的一个部分：我们也是动物，而不是这样的存在物，它们在动物王国的外面还有一个立足处。而且，就某些方面来说，成熟的人类成员的生活直接就对应着单纯的动物的生活。如下假定是荒唐的：**教化**可以说对发生在一种人类生活中的每件事情都做了一种美化的处理（a transfiguration）。①

我确实想要抵制的是这样一种暗示：这样一种有关对世界的取向的中立的构想对于所有目的来说都足够了。这就等于拒斥了一切有关这样的自发性的话语，它是独特的——以一种康德式的方式。这种做

---

① 甚至于成熟的人类生活的那些由**教化**所塑造的方面也显示出了它们从单纯的自然（第一自然）开始的那种进化过程所移留下来的未被同化的东西。这是表达弗洛伊德的核心思想的一种方式。

法的动机可能是这样的确信：如果我们让这样的得到了承认的独特性导致哲学的爆发，那么我们的理智地位将是毫无希望的。我已经清楚地说明我是同情这个动机的。但是，在这些讲座中我的目的是要表明：我们如何能够既承认我们拥有这样一种独特的——以康德式的方式——自发性而且这个事实对于我们接触世界的那种独特的方式来说是至关重要的，又没有因此就让我们自己陷入那种哲学困境。我们不必通过拒绝承认下面这点的方式在这种哲学开始之前就终止它：它对自发性表现出过分的关心是有根据的（重复一下我在第四讲之§4所说过的话）。当我们承认自发性的独特性时，我们应当意识到这点：我们由此便有陷入无益的哲学忧虑的危险。但是，这种危险不必实现出来了。我们可以理解并去除这种哲学冲动，而不仅仅是压制它。

我们能够理解事情如何可能看起来是这样的：一个有关对世界的取向的观念在与自发性的康德式的独特性关联在一起时便设置了哲学问题。事情之所以看起来是这样的，是因为人们面对着这样一种压力：要假定自发性将不得不是非自然的。但是，我已经试图表明这样的有关一项哲学任务的显象可以被揭露成错觉。我们并不需要一种精巧的且走出书房我们便感到不可思议的哲学装置来用以回应这样的问题：经验思维（在此被理解成"概念上的主权"的一种行使）如何可能关联到世界，更不用说如何可能产生关于世界的知识了。这构成了我们获得这样的成果的诀窍：以一种潜在地令人满意的方式祛除哲学忧虑。因为它完全承认那个产生了这种忧虑的思想。而且，只有在如下前提下我们才能与这种哲学冲动一起走这么远：我们在自发性的拥有者与非拥有者之间以我在整个讲座中所做的那种方式划出了一条界线。

3. 当我在第六讲结尾求助于传统时，我打算做的事情不过是开启这样一个话题，关于它毫无疑问还有更多的东西应该予以讨论。在此，我也不企图对此做出适当的讨论。但是，如果我就我的立场让我不仅与达米特而且与戴维森形成对立的方式做些评论（在这一讲中我记录下了我与达米特的对立方式），那么这或许有助于澄清我想要弹出的那个论调。

这些讲座结束时所带有的那种伽达默尔式的调子是这样的：理解就是将所理解的东西放进一个由传统所构成的视域之中。而且，我建议：有关语言所要说的第一件事情就是它充当着传统的一间仓库。引领进一个语言之中就是引领进一个有关理由的空间的布局的现行的构想之中。这便有希望让如下事情成为可以理解的：人类成员，开始时是单纯的动物，经由成熟过程而熟悉了理由的空间。按照这种观点，一个共享的语言是理解的首要的中介物。这样的语言面对着用它进行交流的诸方，拥有一种相对于他们每一方的独立性。这种独立性与这点同属一体：该语言值得得到某种尊重。① 我们可以通过如下方式来理解跨越诸传统之间的边界的交流：从这样的基本的情形出发，在那里那个相关的视域差不多已经由该语言所包含的那个传统给予了（而不是给予了！），最后达到这样的情形，在那里诸视域需要互相融合，而这样的融合可能需要艰苦的工作。

戴维森没有给予一个共享的语言观念以如此的重要性。相反，对于戴维森来说，交流性的互动不需要任何东西来扮演我所示意的那种意义上的中介物的角色。（当然，在一种不同的意义上，必须有一种中介物：言语、烟幕信号以及类似的东西。）在戴维森的构想中，参与交流的诸方是独立不依的个体。他们不需要一个语言——即这样一间特有的仓库，有关理由的空间的形态的那个传统就贮藏于其内——以将它们构成为潜在参与交流的诸方，甚或将它们构成为任何其他需要概念能力的活动的参与者。根据戴维森的观点，有关一个为参与交流的诸方所共享的语言的观念至多是一个可说明程度的个人言语方式内的一致之处（an explicable degree of correspondence in idiolects）

---

① 这并非仅仅是指那种应给予一个有效的工具的尊重。后者足以解释当人们错误地使用了"disinterested"（无私的、不感兴趣的、不关心的，等等）或者"careen"（将船倾侧、使倾斜，等等）这样的语词时我们做出的退避反应（recoiling）。我想到的尊重是应给予这样的某种东西的那种尊重，我们应该将我们是我们实际上所是的东西这点归功于它。（当然，我们用我们的语言所做的事情可能改变它。比如，曾经是误用的东西可能不再是误用了。但是，这并没有损害语言之独立于我们的那种意义。）

的简略的表达方式。存在于某些对人之间的这种一致之处可以让有关解释的假设更容易获得,但是在我们看来共享着同一个语言的人们之间的相互的理解原则上并非不同于最为极端的解释。"共享的语言"仅仅是认知活动(cognitive performance)中的一个辅助手段;没有它,认知活动仍然是可以进行的。互相理解的能力不需要哲学上说让人感兴趣的背景。①

我不能在此适当地据理反对这个见解,但是我将容许我自己给出一个暗示。戴维森构想这里所讨论到的这种人们之间的理解的方式恰恰同于我在这些讲座中讨论它的方式:也即通过将他们所思维的东西和所做的事项(包括他们所说的话)放进理由的空间中的方式。如果说我是从塞拉斯那里学到这种思考方式的,那么在同等程度上也可以说我是从戴维森那里学到它的。尽管在我使用塞拉斯式理由的空间的象喻的地方戴维森谈论的是"合理性的构成性理想",但是想法显然是一样的。(我在第四讲之§4中利用了这种一致之处。)因此,戴维森的互相的解释者在承担起他们的认知任务时必定已经被装备上了一种有关理由的空间的布局的感觉,一个有关"合理性的构成性理想"所需要的东西的实质性构想。这样一来,我认为我们应当对如下思想有所怀疑:我们可以直接地将这种装备归属给人类个体,而不需要任何像下面这样的事项的帮助:我对引领进一个共享的语言进而引领进一个传统的求助。我认为这样的观念——这样的认知装备不需要任何这样的背景——恰恰是被给予性的又一次露面。如果我们想要攻击内生的所予的神话,作为塞拉斯受到康德的鼓舞而对外生的所予所进行的攻击的一种对应的举动,那么这个观念将是一个比分析性观念——或者无论发生了什么均不可修正性的观念——更好的靶子(参见本编后记第一部分,§§4,9)。用黑格尔式的术语来说:给予性不是不

---

① 参见"A Nice Derangement of Epitaphs", in Ernst LePore, ed., *Truth and Interpretation: Perspectives on the Philosophy of Donald Davidson*, pp. 433-446。这个思想的萌芽形式已经出现在戴维森的如下断言之中了:"一切对另一个人的语言的理解均牵涉极端的解释。"("Radical Interpretation", in *Inquiries into Truth and Interpretation*, pp. 125-139,所引断言出现于 p. 125。)

可修正性本身，而是这样一种假定的不可修正性，它反映了中介（mediation）在我们的图像中的缺失。戴维森放弃了对于人类成员互相理解的能力来说唯一可以利用的中介。

在最近的工作中，戴维森企图从这些独立不依的主体之间的一种"三角化"（triangulation）将客体性概念构建出来（这些主体在进行互相的解释时彼此成对地进行交锋）。① 这与那个有关相互依赖性的康德式论题互相冲突。（我在第五讲之§5考虑了这个论题，并且在第六讲之§4又考虑了它。）按照我的看法，如果主体已经处于适当的位置之上，那么这时才开始考虑有关客体性概念的构成问题就为时太晚了。我们必须将主体性和客体性概念看作是一起从引领进理由的空间的过程中显露出来的。

4. 作为结束语，我要说一些话以避开一个或许是不太真实的危险：通过求助于传统，我可能看起来让自己承诺了一种有关可理解性的可能性的顽固的保守主义。在这些讲座的末尾，我重复了我在前面的不同的地方所强调过的某种东西：熟悉理由的空间包含着这样一种长久的责任，即准备好重新思考那些在任何一个时间构成了理由的空间（像人们那时构想它那样）的一般认定为合理的关联的资质。这恰恰给创新留出了实际上所存在的那么多的余地。如果比如发声行为的一个片断要构成为这样的东西，即做出了一个新颖的评论，而不是单纯的模糊不清的声音，那么它就必须能够被这样的人理解，他们自己本来没有想到过要说出那个片断。一种原创性要求理解了它的那些人要改动他们的在先的有关可理解性的地貌本身的构想（their prior conception of the very topography of intelligibility）。一个具有这种原创性的评论并非仅仅是这样一个步骤，尽管迄今为止人们还没有想象过它，但是它还是处于这样的诸多可能性之内，它们已经被人们领会

---

① 参见"Meaning, Truth, and Evidence", in Robert B. Barrett and Roger F. Gibson, eds., *Perspectives on Quine* (Basil Blackwell, Oxford, 1990), pp. 68-79。在下面这篇文章的最后，戴维森就已经简述了对"三角化"的这种利用："Rational Animals", in Ernst LePore and Brian McLaughlin, eds., *Actions and Events：Perspectives on the Philosophy of Donald Davidson* (Basil Blackwell, Oxford, 1985), pp. 473-480。

了（至少是笼统地）。（国际象棋中的甚至于最为极端的创新情形的情况就是这样的。）相反，这个评论改变了一个听话者有关这样的结构的构想，它决定了给出意义的诸多可能性（possibilities for making sense）。但是，甚至于在这种情形中，事情也只是对一个在先的有关可理解性的地貌的构想进行变形的问题。一个话语不能白手起家为自己在一个领会着什么的心灵中找到适当的位置，大规模地重新塑造它的听者的有关可能性的构想。即使一个转变传统的思想也必须植根于它所转变的那个传统之中。那个表达它的言语必须能够以一种可以理解的方式说给这样的人们，他们正好处在那个现行的传统之中。

附录:避免所予的神话①

1. 什么是所予的神话?

尽管韦尔弗雷德·塞拉斯提供了这个标签,但是众所周知的是,他忘记了要概括地解释一下他用它所想要表达的意思。像他所评说的那样,有关相对于认识的被给予性、相对于一个认识主体的被给予性的观念(the idea of givenness for knowledge, givenness to a knowing subject)可以是无害的。② 那么,它是如何变成有害的?下面便是一种建议:神话意义上的被给予性是一种对于这样一些主体来说的相对于认知的可利用性(an availability for cognition to subjects),他们之得到据称被给予他们的东西这样的事情没有利用讨论到的那种认

---

① 原文名为"Avoiding the Myth of the Given",原发表于 Jakob Lindgaard, ed., *John McDowell: Experience, Norm, and Nature* (Oxford: Blackwell, 2008)。后收入如下文集:John McDowell, *Having the World in View. Essays on Kant, Hegel, and Sellars* (Cambridge, Mass.: Harvard University Press, 2009)。译文译自前一文集。出于与前文体例一致的考虑,我对脚注中涉及的书目信息做了必要的补充。——译者注

② 参见 "Empiricism and the Philosophy of Mind", in Herbert Feigl and Michael Scriven, eds., *Minnesota Studies in the Philosophy of Science*, vol. 1 (University of Minnesota Press, Minneapolis, 1956), §1。

知所需要的那些能力。

如果这就是被给予性所是的东西，那么显然它必定是神话性的。让某种东西被给予我们（having something Given to one）就将是被给予某种有待认识的东西（being given something for knowledge），与此同时我们又不必拥有为了能够着手认识它而必须具有的那些能力。这并非是前后一贯的。

那么，这个神话如何可能是一口陷阱？好的，如果人们没有认识到某种知识需要某些能力这点，那么人们便可能陷入其中。我们可以通过考虑一个有关知识的塞拉斯式格言的方式来理解在塞拉斯通常讨论这个神话的那个语境之中这如何可能构成了一种真实的危险。

塞拉斯说知识的归属将片断或者状态置于"理由的逻辑空间之中"。① 他将理由的逻辑空间等同于"辩护和能够辩护人们所说出的东西的"空间。塞拉斯旨在排除有关认识的令人满意性（epistemic satisfactoriness）的一种外在论的观点。即这样一种观点，按照它，人们能够有资格形成一个信念，而与此同时却不能知道使得他们有资格形成它的东西。按照塞拉斯意指他的格言的方式，认识事物必须利用那些属于理性的能力。在此，理性被构想成这样一种官能，其行使包括证明自己的说出事物的资格是正当的。当人们学习说话时，这样一种官能便得到了其首次的现实性，其对于单纯的潜能的超越。在其运作之中必定存在着一种自我意识的潜能。

现在，请考虑一下这点如何应用于知觉知识之上。知觉知识牵涉感性：一种对环境的特征做出有差别的回应的能力（适当地起着作用的感觉系统使得这种回应成为可能）。但是，感性不属于理性。它为我们与非理性的动物所共享。按照塞拉斯的格言，将我们与非理性的动物区别开来的那种理性官能也必定在如下事项之中起作用：我们被从知觉上给予有待认识的事物。

这点将陷入所予的神话的一种方式带进视野之中。塞拉斯的格言

---

① 参见 "Empiricism and the Philosophy of Mind", §36。

隐含着下面这点：认为感性独自——在绝对没有牵涉任何属于我们的有理性的能力的情况下——就能够让事物对于我们的认知来说是可以利用的（can make things available for our cognition），这构成了一种形式的神话。这点与康德的一个基本学说是吻合的。

请注意：我说的是"对于**我们**的认知来说"（for *our* cognition）。这样的做法可能是诱人的：认为塞拉斯的格言拒绝将知识给予非理性的动物，因此而反对它。按照这种反对意见，当我们说非理性的动物的感性如何使得它们能够称职地对付它们的环境时，谈论知识是极其自然的事情。不过，我们不必将塞拉斯或者康德解读成在否认这点。我们可以接受它，与此同时仍然认为塞拉斯的格言以及与其联系在一起的对那个神话的拒斥表达了一种洞见。塞拉斯的格言刻画了一种特别的知识，它只能被归属给有理性的动物。那个神话——就我所引入的那种版本来说——就是这样的观念：感性独自就能够让事物对于这样类型的认知来说是可以利用的，它利用了主体的理性能力。

2. 一个能够带来知识的知觉判断（a knowledgeable perceptual judgment）拥有其理性上的可理解性（rational intelligibility）。这种可理解性在这种情形中就相当于根据一个主体的经验而来的认识上的资格（epistemic entitlement）。他之所以做出事物是如此这般的这样的判断，是因为他的经验向他揭示了事物是如此这般的：比如，他看到了事物是如此这般的。这样一种解释所展示出来的那种可理解性属于这样一个种类，它在如下情形中也得到了例示：这时一个主体之所以做出事物是如此这般的这样的判断，是因为（because）他的经验仅仅似乎向他揭示了事物是如此这般的。"因为"的这些用法引入了这样一些解释，它们显示了起作用中的有理性。在我开始谈到的那种情形中，有理性认可了（enables）能够带来知识的判断。在另一种情形中，理性将其拥有者引入了歧途，或者至多是使得他能够做出一个仅仅碰巧是真的判断。

在康德那里，将我们与非理性的动物区别开来的那种更高级的官能是在知性即诸概念的官能的幌子下出现在经验之中的。因此，为了在这种语境中追随康德避免所予的神话的方式,我们必须假定属于那种官能的能力——概念能力——在经验让知识对于我们来说成为可以获得的那种方式中便起着作用。

目前,我们可以十分抽象地接受对于概念能力的观念的这番介绍。到现在为止,我们所需要知道的一切就是下面这点:它们必定是属于一种理性官能的能力。稍后,我将努力谈得更为具体一点。

我已经援引了有关这样一些判断的观念,根据经验它们从理性上说是可理解的——在最好的情况下它们的可理解性甚至于达到了这样的程度,即它们被揭示为能够带来知识的。对于这种观念,人们持有一种我需要予以拒斥的释义。

这种观念不仅仅是这点:经验(experience)产生这样一些事项,即诸经验(experiences),判断就是对它们所做出的合理的回应。这点与如下假定会是一致的:理性的能力仅仅是在对经验所做出的回应之中而非在经验本身之中起作用的。按照这种观点,理性的能力的涉入完全是发生在经验的下游的。

但是,这将不会公正地对待经验在我们获得知识的过程中所扮演的那种角色。像我强调过的那样,甚至于对于塞拉斯来说,如下说法也没有什么不对头的地方:事物被给予我们,以供我们来认识(things are given to us for knowledge)。只有在如下情况下有关被给予性的观念(the idea of givenness)才变成神话性的了——才成为有关被给予性的观念(the idea of Givenness):我们未能给得到被给予的东西这样的事情施加上必要的要求。我们是在经验过程本身之中(in experiencing itself)让事物从知觉上说被给予我们,以供我们来认识的。避免那个神话这个事情要求属于理性的能力在经验过程本身之中就起作用了,而并非仅仅是在这样的判断——在它们之中我们对经验做出回应——之中起作用。

3. 我们应当如何来详尽地阐述这幅图像?我以前常常做出这样的假定:为了将经验构想成概念能力的现实化,我们需要将**命题**内容(*propositional* content)——判断所具有的那类内容——归属给经验。而且，我常常假定：一个经验的内容需要包含该经验使得其主体能够非推理地知道（know non-inferentially）的**任何东西**。但是，我现在觉得这两个假定均是错误的。

4. 让我从第二点说起。即使我们暂时继续假定经验具有命题内容，我们也能够质疑这点。

假定我清清楚楚地看到有一只鸟，这便让我能够非推理地知道它是一只红衣凤头鸟。事情并不是这样的：我从我所看到的东西看起来的样子推断它是一只红衣凤头鸟（像我在如下情形中所做的那样：通过将我所看到的东西与一本野外指南中的一张照片加以比较，我认出了一只鸟所属的种类）。如果察看条件足够好的话，我能够立即识别出红衣凤头鸟。

查尔斯·特拉维斯（Charles Travis）迫使我思考诸如此类的情形，而且在放弃我以前的假定的过程中部分说来我转而采纳了他竭力推荐给我的一种观点。①

按照我以前的假定，既然我的经验使得我能够非推理地知道我所看见的东西是一只红衣凤头鸟，其内容便不得不包含这样一个命题，有关一只红衣凤头鸟的概念出现于其中。它或许是一个在那个场合可以通过如下说法来表达的命题："那是一只红衣凤头鸟。"但是，看起来是正确的看法是这样的：我的经验让这只鸟视觉上呈现给我，而我的识别能力则使得我能够非推理地知道我所看到的东西是一只红衣凤头鸟。即使我们继续假定我的经验具有内容，也没有任何必要假设这点：我的识别能力使得我能够将我所看到的东西归属在其下的那个概念出现在那个内容之中。

请考虑在相匹配的情形中由这样的某个人所具有的一个经验，他不能立即将他所看到的东西认同为一只红衣凤头鸟。或许他根本就没有有关一只红衣凤头鸟的概念。他的经验或许只是在他让这只鸟视觉上呈现给他的方式上类似于我的经验。的确，在一种显而易见的意义

---

① 在此我要感谢特拉维斯与我进行的非常有帮助的讨论。

上事物对于我来说所看起来的样子不同于其对于他来说所看起来的样子。对于我来说，我所看到的东西看起来像是（看起来是）一只红衣凤头鸟，而对于他来说它则不是这样的。但是，这仅仅是说我的经验使得我倾向于说它是一只红衣凤头鸟，而他的类似的经验则没有使得他倾向于说它是一只红衣凤头鸟。在此，没有任何根据让我们坚持如下观点：有关一只红衣凤头鸟的概念必定出现在我的经验本身的内容之中。

如下说法可能是正确的：我不同于另外这个人的地方在于我看到这只鸟是一只红衣凤头鸟；我的经验向我揭示了它是一只红衣凤头鸟。但是，对于我所提议的东西来说这不会构成任何问题。诸如"我看到……"（I see that …）、"我的经验向我揭示了……"（my experience reveals to me that …）这样的特别的说法在其"that"从句（"that …" clauses）中接受了对于一个人的经验使得他能够非推理地知道的事物的详细的说明。① 而这可能包含经验通过如下方式使其成为可以获得的知识：将某种东西带进某个具有一种适当的识别能力的人的视野之中。而且，像我已经竭力指出的那样，这样的内容——它在这样的知识中的出现要归功于那种识别能力——不必构成了这个经验本身的内容的一个部分。

5. 由此我们就应当做出这样的结论吗：概念能力并非在让诸对象视觉上呈现给我们这样的事情中便起作用了，而仅仅是在我们用我们无论如何都看到了的东西所制作出的东西之中起作用的（but only in what one makes of what one anyway sees）？我们应当放弃这样的观念本身吗：有理性的动物所拥有的知觉经验具有概念内容？

这大概过于激烈了。我关于识别能力所说过的任何话均没有动摇如下论点的地位：属于更高级的认知官能（the higher cognitive faculty）的诸能力必定在经验中就起作用了；否则，我们就要受到陷入

---

① 这些特别的说法甚至于能够以这样的方式来理解，以至于对于讨论到的知识来说，推理性的资质（inferential credentials）并没有被排除掉。请考虑比如"我看到邮递员今天还没有来"。

所予的神话的处罚。在将事物提供出来以供我们来认识的过程之中，经验必须利用概念能力。出现在由一个经验所提供的知识之中的某些概念可以被排除于该经验本身的内容之外（以我借助于有关一只红衣凤头鸟的概念所说明的那种方式），但是并非所有这样的概念均能够被排除于其外。

对于视觉经验来说，一个自然的终止点大概是视觉的专门的可感觉者（proper sensibles of sight）和视觉可通达的共同的可感觉者（common sensibles accessible to sight）。我们应当将经验构想成这样：它利用了与关于专门的和共同的可感觉者的概念相联的概念能力。

因此，我们应当假定当我看到一只红衣凤头鸟时我的经验具有涉及专门的和共同的可感觉者的命题内容吗？这将保留了我过去常常做出的那两个假定中的另一个假定。不过，我认为这个假定也是错误的。我们所需要的东西是一个有关这样一种内容的观念，它不是命题性的而是直观性的——在我所认为的一种康德式意义上。

"intuition"（直观）是康德的"Anschauung"的标准的英语译文。"intuition"的词源适合于康德的观念。当康德用拉丁语写作时，他使用的是一个同源的表达式。不过，我们有必要忘记这个英语词的哲学回响中的许多内容。一个 Anschauung 就是让……进入视野之中这样一种事情（a having in view）。（像在哲学中人们通常所做的那样，康德将视觉经验当成了范例。）

康德说："**在一个判断中**给予各种各样的表象以统一性的那同一种机能也**在一个直观中**给予各种各样的表象的单纯的综合以统一性；我们将这种统一性——就其最为一般的表达来说——称为知性的纯粹概念。"① 这样的能力——其在做出判断的过程中的行使解释了判断的内容的统一性（即命题的统一性）——也解释了直观的内容中的一种对应的统一性。塞拉斯提供了一个很有帮助的说明：那种可以由"这是一个小方块"来表达的一个判断中的命题的统一性对应于一种

---

① Kant, *Critique of Pure Reason*, trans. Norman Kemp Smith (Macmillan, London, 1929), A 79/B 104-105.

可以由"这个小方块"来表达的直观的统一性。① 这个指示短语或许部分地捕捉到了这样一种直观的内容,在其中人们被视觉地呈现给一个小方块。(我将回头讨论这点。)

命题的统一性是以各种各样的形式出现的。康德从他那个时代的逻辑那里拿来一个有关判断形式进而有关命题的统一性的形式的分类,并且致力于为每一种这样的形式均描述出一种相应的直观的统一性的形式。不过,我们可以将这样的观念——直观的统一性的形式对应着命题的统一性的形式——与有关康德是如何详细地阐述它的这样的事情的诸多细节分离开来。康德认为,这个观念需要这点:相对于每一种命题的统一性的形式都必须对应着一种直观的统一性的形式。康德之所以这样想的理由并非是显而易见的。无论如何,我们不必接受康德所给出的有关命题的统一性的形式的清单。

迈克尔·汤普森(Michael Thompson)为有关活着的东西本身(the living as such)的思想和话语识别出了一种特别的命题的统一性的形式。② 汤普森的主要论点涉及的是这样一种形式,它在我们说出某些种类的活着的东西所**做**的事情时得到了例示——比如在如下说法之中:"狼成群结队地猎食"或者"欧洲毛茛春天开花"。不过,汤普森的想法自然而然地扩展到这样一种形式或者这样一些形式,它或者它们在我们谈论个别的活着的事物**正在做**的事情时得到了例示——比如在如下说法之中:"那些狼正在猎食"或者"这棵欧洲毛茛开花了"。③ 如下做法大概是合乎康德的这种构想的精神的:识别出一种

---

① 参见 Wilfrid Sellars, *Science and Metaphysics: Variations on Kantian Themes* (London: Routledge and Kegan Paul, 1967; reissued, Atascadero, Calif.: Ridgeview, 1992), p. 5。

② 参见 Michael Thompson, "The Representation of Life", in Rosalind Hursthouse, Gavin Lawrence, and Warren Quinn, eds., *Virtues and Reasons: Philippa Foot and Moral Theory* (Oxford: Clarendon Press, 1995)。

③ 这样一种形式或者这样一些形式:或许我们应当区别开一个动物版本与一个非动物版本。动物版本的一种特殊的情形大概是一种有关有意图的行动的话语的形式。有意图的行动构成了如下著作的题材: G. E. M. Anscombe, *Intention* (Cambridge, Mass.: Harvard University Press, 2000)。

相应的直观的统一性的形式或者一些这样的形式，其中的一种我们可以在我的有关一只红衣凤头鸟的视觉经验中找到。有关一只鸟的概念，正如有关一只红衣凤头鸟的概念一样，不必是这种经验的内容的一个部分；相同的考虑也是适用的。但是，我们大概可以这样说：我所看到的东西是一个动物这点是在这样一种经验之中被给予我的，而并非是我通过这样的方式——将一种概念能力施加在我无论如何都看到的东西之上——而知道的某种东西。而且，事情之所以如此，这并非是因为"动物"表达了这样一种内容的一个部分，它是按照某种直观的统一性的形式而被统一在经验之中的，而是因为"动物"捕捉到了这种直观的范畴形式，它所具有的那个特别种类的统一性。

视觉可通达的共同的可感觉者是空间占位的模式：形状、大小、位置、运动或者运动的缺失。在一种由这样一种形式——它可以由"动物"捕捉到——所统一起来的直观中，我们可以在空间占位的模式的标题下识别出这样一种内容，它不能出现在非动物的对象的直观之中。我们可以认为，视觉可通达的共同的可感觉者包括诸如飞落、移动的模式（像齐足跳行或者飞翔）这样的姿态。

我们可以像塞拉斯常常所做的那样，通过将注意力集中于诸如有色方块这样的事物的视觉呈现之上的方式来避免这样的问题。不过，即使就这个受限的焦点而言，还是存在着一个复杂之处。如果可能存在着这样一些视觉直观，它们的内容部分说来可以通过比如"那个小方块"得到详细的说明，即这样的直观，在其中某物之为立方形的这点被从视觉上给予了我们，那么那个更高级的官能便需要进入我们的图像之中——这不仅是为了要说明这样的统一性，正是带着它某个内容出现在了这样一种直观之中，而且是为了在生产性的想象力的幌子下提供该内容本身的一个部分，也即提供可以说那个小方块的余下的部分，处在其正面后面的部分。塞拉斯常常使用一个粉红色的立方冰块作为例子。他之所以这样做的理由之一大概是这点：这样做允许他不用为这个复杂情况操心，因为他想象他的冰块是半透明的，以至于其背面实际上是能够被看到的。①

6. 到现在为止，概念能力——属于苛刻意义上的有理性的能力——只是作为这样一种能力而出场的，即如果我们想要避免那个神话，它们就必须在经验中起作用。不过，现在我就着手努力说得更为具体一点。

如果有关概念事项的观念挑选出了一种内容，那么将焦点放在判断的内容之上似乎是正确的做法，因为做出判断（judging）构成了理论上的有理性（theoretical rationality）的范例性的行使。

我们可以将判断看成断言的内部类似物（inner analogues to assertions）。这便使得如下做法成为自然而然的了：将做出判断算作一种**话语性**活动（a *discursive* activity），尽管话语的观念（the idea of discourse）最初是应用于公开的活动之上的。② 在一个断言之中，人们让某种东西从话语上变得明确起来（one makes something discursively explicit）。这种让事物变得明确起来的观念毫不费力地扩展到了做出判断的行为之上。我们可以这样说：一个人让他所判断的东西对他自己明确起来。

我说过我们应当将我们的有关概念事项的观念聚焦在判断的内容之上。不过，既然我已经引入了有关话语事项的观念，我便能够这样来表述这个论点：我们应当将我们的有关概念事项的观念聚焦在话语

---

① 参见 Willem A. DeVries，*Wilfrid Sellars*（Chesham, Bucks：Acumen，2005），p. 305，n. 18。

② 或许甚至于在这种应用中它就已经是隐喻性的了。话语的理解可以被构想成来回跑动（running about），而这恰恰就是这个词项的词源暗示它应当意谓的东西。关于这点的某些评论，参见 Stephen Engstrom，"Sensibility and Understanding"，*Inquiry* 49（2006）。["话语的理解"原文为 "the discursive understanding"。在该文的相关语境之中以及在其所讨论的康德的相关语境之中，后者当译作 "概念推进式的知性"。在此请注意：在康德文本的翻译中，"discursive" 常常被译作 "推论的"。但是，此译法不太适当，因为在相关语境中这个词的意义是："有条不紊地从一个概念推进到另一个概念"（von Begriff zu Begriff methodisch fortschreitend）。这样的概念推进自然包括推论，但是显然远不止于推论，此外还包括判断活动等。我们还要特别注意：麦克道威尔在正文中使用的是该词的另一个相关的意义，即话语（性）的（gesprächsweise）。他显然也是在这种意义上来理解（更准确地说，误解）和使用该文作者的相关讨论的。另外，该文的题目当为："Understanding and Sensibility"。——译者注]

性活动的内容之上。

然而，直观活动（intuiting）并不是话语性的——即使在这样的引申意义上看也是如此：做出判断是话语性的。话语内容是分节的（articulated），而直观内容则不是这样的。

这个论点的一部分内容是这样的：就一个直观的内容来说，通常存在着它的这样一些方面，相关的主体无法让它们从话语上变得明确起来。视觉直观通常将诸对象的这样一些可见的特征呈现给我们，我们不能通过在断言或者判断中做出适当的谓述的方式将它们归属给诸对象。为了将一个直观的内容的这样一个方面转变成与这样一种能力——它在原初的意义上是话语性的——关联在一起的那个内容，我们可以说需要用该直观的那个范畴上说统一在一起的但是还未分节的内容将其雕刻出来。做到这点的方式是将其确定为一个语言表达式的意义；我们由此将这样的表达式确立为借以让那个内容明确起来的一种手段。（这或许是构造一个形容词这样的事情。或者，这个表达式可以是这样的："具有那种色度。"）也许，我们可以绕开语言而直接给自己配备上这样一种对等的能力，它在做出判断是话语性的这样的意义上是话语性的。这时，将仍然存在着同样一种需求：通过将该直观的内容的一个方面确定为与这样一种能力——在判断中做出谓述——关联在一起的那个内容的方式将其孤立出来。

进行分节的活动超出了直观活动——即使我们将我们自己限制在直观内容的这样一些方面之上也是如此，它们是与我们已经具有的话语能力联系在一起的。

在对内容做话语性的处理时（in discursive dealings with content），人们将诸意蕴（significances）放在一起。这点在原初意义上的话语性活动（discursive performances）的情况下是特别清楚的。原初意义上的话语性活动的内容是诸有意义的表达式的一个组合的意蕴。不过，即使做出判断不必被构想成像做出一个断言那样的在时间中铺展开来的行动，它之为话语性的这点也涉及人们在有意义的言语中将诸意蕴放在一起的方式的一种对应物。

附录：避免所予的神话

按照我的理解，这种看法与拒斥如下观念的立场是一致的：人们在话语性活动中所放在一起的那些内容是独立的砌块，是断言或者判断的内容之中的可以分开来思考的元素。我们的确应当拒斥这样的观念。我们只能在这样一个思想的背景之中思考比如一个谓述表达式的意蕴，即那个内容谓述地出现在其中。不过，我们可以在承认这点的同时仍然坚持如下说法：在话语性活动中人们将诸内容放在一起——仿照在字面意义上的话语之中诸有意义的表达式被串联在一起的方式。

直观内容的情况则不是这样的。直观内容的统一性是**被给予的**，而并非我们之将诸意蕴放在一起这样的事情的一个结果。即使对于在一个直观中被给予的某个内容所做的话语上的利用不需要人们获得一种新的话语能力，在人们能够在话语性活动之中将该内容与其他的内容片断放在一起之前，人们还是需要用该直观的未分节的内容将它雕刻出来。直观活动本身并没有为人们做出这样的雕刻。

如果直观内容不是话语性的，那么为什么继续坚持认为它是概念性的？这是因为一个直观的内容的每一个方面均是以这样一种形式呈现出来的，在其中它已经适合于成为与一种话语能力关联在一起的内容——如果它没有，至少现在还没有，现实地处于这样的关联之中的话。这就是我们追随着康德所给出的如下说法所具有的那种力量的部分内容：给予直观以统一性的东西就是给予判断以统一性的那同一种机能。如果一个主体并非已经拥有了一个与他的一个直观的内容的某个方面关联在一起的话语能力，那么为了获得这样一种话语能力他所需要做的一切就是通过如下方式将那个方面孤立出来：给自己配备上一种让那个内容——那个内容本身——在言语中或者判断中变得明确起来的手段。一个直观的内容是这样的，以至于它的主体能够将它分析成针对诸话语能力的诸意蕴——不管这是否需要引入要与这些意蕴关联在一起的新的话语能力。不管是否是经由引入新的话语能力的方式，一个直观的主体总是能够在话语性活动中将其内容（已经存在于该直观那里的那个内容本身）的诸方面放在一起。

我说过直观内容的统一性是**被给予的**。康德有时暗示了一幅不同的图像。比如,他说道:"一切联结,无论我们意识到它与否……都是一种知性行动(Verstandeshandlung)。"(B 130)就其上下文来看,这个评论暗示:与在判断中一样,在直观中我们是主动地将内容放在一起的(尽管在直观中这个活动不得不是无意识的)。这与我的如下断言极不相容:直观内容不是话语性的。不过,康德不必坚守这样的立场:直观内容的统一性不是被给予的。他真正想要坚持的东西是这样的:它不是被给予的——它不是单单由感性所提供的。在进行直观的过程中,属于那个更高级的官能的能力起着作用。直观内容的统一性反映了在判断的统一性中起作用的那同一种起统一作用的机能的一种运作(在判断的统一性中它是被主动地行使的)。这就是为什么如下说法是正确的:在直观中被统一起来的内容与在判断中被统一起来的内容是属于同一个种类的,也即都是概念内容。如果我们不能做出判断——带着它们的特别的统一性的形式,那么我们便不能拥有直观——带着它们的相应的统一性的形式。我们甚至于可以这样说:提供统一性的机能本质上就是一种针对话语性活动的官能,一种做出判断的能力。不过,它在提供直观的统一性过程中的运作就其本身来说并不是话语性活动的一种情形。

事情并非是这样的:它是前话语性活动(prediscursive activity)的一种情形。(至少说来,如果这意味着直观活动是判断行为的一种更加原始的先行者的话,事情并非如此。)被康德说成由同一种机能提供的那两种统一性,直观的统一性和判断的统一性,彼此具有相同的地位。

7. 在一个视觉直观之中,一个对象被视觉上呈现给一个主体。此时,该对象带有它的这样一些特征,它们对于处于有利位置上的该主体来说是可见的。正是经由那些特征的呈现,该对象才呈现出来。否则,一个对象如何能够视觉上呈现给我们?

在此,有关一个对象的概念是形式上的。用康德的术语来说,一个范畴,知性的一个纯粹概念就是一个有关一般而言的对象的概念。

一个有关一种对象的形式概念（像我们可以自然而然地说出的那样）是通过详细说明范畴统一性的一个形式（这样一种统一性的一个形式，它刻画了诸直观）的方式而得到解释的。或许正如我追随着汤普森所建议的那样，"动物"可以被理解成表达了这样一个概念。

按照我一直在给出的那种说明，让一个对象在一个直观中呈现给我们就是概念性的能力的一种现实化——在与康德的如下论题关联在一起的那种意义上：说明了这样的统一性——那个关联在一起的内容带着它出现在该直观之中——的东西就是提供了判断的统一性的那同一种机能。我所竭力主张的是：即使那种提供了统一性的机能是一种话语性活动的官能，也并非是在话语性活动之中这些能力在直观中起作用的。就一个通常的视觉直观的内容中的大部分内容来说，在我们将其作为我们的直观的内容中的一个部分而拥有它的过程中起作用的那些能力甚至于都不容许话语的运用。我们能够利用内容之在一个直观中被给予这个事实以获得一种新的话语能力，但是就一个通常的直观的内容中的大部分内容来说我们从来没有这样做。（请思考一下视觉经验呈现给我们的那些可以精细地区分开来的形状和色度。）尽管如此，一个直观的内容仍然全部是概念性的——在如下意义上：它以这样一种形式存在于该直观之中，在其中我们**能够**让它，那个内容本身，出现于话语性活动之中。而当我们让它出现于话语性活动之中时，我们就是在利用这样一种话语性活动的潜能，它已经存在于在拥有一个带有那个内容的直观这样的事情中所现实化的那些能力之中。①

在一个直观中，一个对象呈现给我们——不管我们是否利用了这种话语性活动的潜能。康德说统觉的那个"我思维"必定能够伴随着我的所有表象（Vorstellung）——在一种与有关那种给予判断和直观两者以统一性的机能的运作的观念相关的意义上（B 131）。一个对

---

① 没有被带入话语性活动那里的直观内容很容易被忘却。这点并非不利于如下说法：它是概念内容——在我努力解释的那种意义上。参见 Sean Dorrance Kelly, "Demonstrative Concepts and Experience", *Philosophical Review* 110（2001）。

象在一个直观中呈现给一个主体——不管那个"我思维"是否伴随着该直观的内容的任何部分。但是，一个直观的内容的任何部分均必定能够被那个"我思维"所伴随。而且，那个"我思维"之伴随我的一个直观（比如一个视觉直观）的内容中的某个部分就意味着我**做出这样的判断**：我视觉上说面对着一个具有某某特征的对象。既然该直观是经由那些特征而让这个对象视觉上呈现给我的，这样一个判断便将是能够带来知识的。

这样，我们便看到直观可以通过两种方式来认可能够带来知识的判断。

其中的一种方式我刚刚已经描述过了。一种话语性活动的潜能已经存在于一个直观之拥有其内容这样的事情之中了。我们可以在这样一个能够带来知识的判断之中利用那种潜能的部分内容，它重新部署了该直观的内容的某个部分。在首次开启这种可能性的那种情形中，我们附加上一个对于第一人的指称。当那个"我思维"伴随着在一个直观中所提供的某个内容时，这产生了这样一个能够带来知识的判断：我面对着一个具有某某特征的对象。但是，能够做出这样一个判断就意味着能够做出如下判断：在某某位置存在着一个具有某某特征的对象。在一个具有如下特征的判断中我们不必明确地提及我们自己：它之能够带来知识的身份取决于它之为对一个直观的内容的某个部分的一种话语性的利用。

直观使得知识成为可能的另一种方式是我前面借助我的如下知识所说明过的那种方式：我所看到的一只鸟是一只红衣凤头鸟。在此，由一个直观所认可的一个能够带来知识的判断具有这样一个内容，它超出了该直观的那个内容。该直观让某种东西知觉上呈现给该主体，而该主体则将那个东西识别为一个种类的一个实例。或者，他将它识别为一个个体；在这样一种情形中找到一个对应的结构似乎是有道理的，在其中一个经验使得一个人能够非推理地知道他被视觉上呈现给的东西是哪一个人。

8. 特拉维斯极力主张下面这点：经验并非将事物表现为如此的

(experiences do not represent things as so)。① 如果经验就是直观，那么他完全是正确的。任何这样的东西——它们将事物表现为如此的——均具有命题内容，而我一直在详细地说明这样一种有关诸直观的构想，按照它，它们并不具有命题内容。不过，就经验将事物表现为如此的这个论题来说，尽管从其字面意义上看特拉维斯的立场是正确的，但是从其精神上看他的立场是错误的。我们可以通过考虑诸直观认可能够带来知识的判断的那两种方式中的第一种方式来看出这点。尽管诸直观不是话语性的，但是它们具有这样一种内容，它包含着这样一种直接的潜能：在能够带来知识的诸判断中利用那同一个内容。诸直观直接地将诸事物揭示成处于这样的状态，在那些判断中它们将被断定处于其中。

当塞拉斯引入他归属给经验的那种概念特征时，他将经验描述成这样："可以说在做出"断言或者"包含着"断言。② 如果经验是直观，那么以一种类似的方式，这就字面意义上说是错误的，而就精神上说是正确的。诸直观不具有诸断言所具有的那种类型的内容。但是，诸直观直接地将诸事物揭示成在这样的断言——它们不过就是对那些直观的那个内容的某个部分所做的一种话语性的利用——中它们将被断言的那样。

当特拉维斯说经验并非将事物表现为如此的时，他的意思并非是这样的：经验是我一直在解释的那种意义上的直观。他说经验不是意向性的一种情形。我认为，这样理解他是公正的：他在否认概念能力在经验中起着任何作用。视觉经验将我们的周围的事物带进视野之中。这点当构成了我们的共同基础。特拉维斯的想法是这样的：经验使得知识成为可以获得的那种方式全都可以按照一个经验如何可以使得我能够知道我所看到的东西是一只红衣凤头鸟的模式来加以理解。在特拉维斯的图像之中，概念能力仅仅在我们用视觉经验无论如何带进我们的视野中的东西——独立于我们的概念能力的任何运作——制作出

---

① 参见 Charles Travis, "The Silence of the Senses", *Mind* 113 (2004)。
② 参见 "Empiricism and the Philosophy of Mind", §16。

我们能够制作出的东西这样的事情之中起作用。① 在特拉维斯的图像之中，让事物进入视野之中并不利用概念能力。而如果它没有利用概念能力，那么让事物进入视野之中这样的事情必定就只是由感性所提供的。

这种看法的麻烦在于它构成了一种形式的所予的神话。仅仅假定在视觉经验中我们的周围的事物的特征被给予了我们，这并不会让我们陷入这个神话之中。但是，在特拉维斯的图像之中这种被给予性则变成了被给予性的一种情形。

特拉维斯认为，经验具有内容的观念与经验直接地将我们的周围的事物带进视野之中的观念互相冲突。在这方面他并不孤独。② 在想要保留经验直接地将我们的周围的事物带进视野之中这个观念时（这样的诉求不无道理），他被引导着否认经验具有内容。但是，这里并不存在任何冲突。按照我的解释，直观通过将其可以知觉到的性质带进视野之中的方式而直接地将对象带进视野之中。直观恰好是通过具有它们所具有的那种内容的方式而做到这点的。

如果直观使得知识对于我们来说成为可以获得的，那么仅仅貌似的直观（merely seeming intuitions）便仅仅貌似使得知识对于我们来说成为可以获得的。人们常常持有这样的想法：当有人竭力主张经验具有内容时，他们是在回应这样一种感受到的需求，即要包容经验可能误导我们这个事实。③ 但是，将内容归属给经验的做法的适当的根据是这点：我们必须避免所予的神话。为误导人的经验留出了余地仅仅是一种常规的副产品。

9. 唐纳德·戴维森断言："除了另一个信念以外，任何其他东西都不能算作坚持一个信念的理由。"④ 他的论点是要否认信念能够根

---

① "在弄清或者试图弄清我们所面对的东西是什么的过程中。" 参见 "The Silence of the Senses", *Mind* 113（2004），p. 65。

② 参见比如 Bill Brewer, "Perception and Content", *European Journal of Philosophy* 14（2006）。

③ 参见 Brewer, "Perception and Content"。

④ "A Coherence Theory of Truth and Knowledge", in Davidson, *Subjective, Intersubjective, Objective* (Oxford: Clarendon Press, 2001), p. 141.

据感觉意识中的片断或者状态而被展示为合理的——除非这意味着它们能够根据**有关**感觉意识中的片断或者状态**的信念**而被展示为合理的。而这便将感觉意识中的片断或者状态与信念的潜在的合理的相关性与我们可以对之具有信念的无论什么东西与信念的潜在的合理的相关性等同看待了。

在以前的著作中,我认为戴维森的这个口号反映了这样一个洞见:概念能力必定不仅在合理地形成信念或者做出判断过程中是起作用的,而且在我们拥有这样一些合理的资格(the rational entitlements)——在我们合理地形成信念或者做出判断过程中我们便利用了它们——的过程中也是起作用的。但是,我那时竭力主张:如此理解的这个洞见允许判断根据经验本身而不仅仅是根据有关经验的信念就被展示为合理的,因为我们可以将经验理解成概念能力的现实化。①

在试图详细地说明这种可能性的过程中(我发现这种可能性在戴维森的图像中是缺失的),我做出了我在此已经放弃了的假定之一:如果经验是概念能力的现实化,那么它们就必须具有命题内容。这样的假定给戴维森提供了做出一种强有力的回应的机会。戴维森争辩说:如果我们用"经验"来意指某种具有命题内容的东西,那么它就只能是认为事物是如此的这样的事情的一种情形(a case of taking things to be so)。其特别之处只是在于它是由环境对于我们的感觉装置的撞击所引起的。但是,他的图像当然包含这样的东西。因此,他断言我的如下假定是错误的:他的图像缺失了某种东西。②

---

① 参见比如 *Mind and World* (Cambridge, Mass.: Harvard University Press, 1994, 1996)。

② 关于这点的一种特别清楚的表达,参见 "Reply to John McDowell", in L. E. Hahn, ed., *The Philosophy of Donald Davidson* (Chicago: Open Court, 1999)。戴维森在伯克利的一些同事也加入到这个讨论中来,并表达了类似的意见。参见 Barry Stroud, "Sense-Experience and the Grounding of Thought", in Nicholas H. Smith, ed., *Reading McDowell: On Mind and World* (London: Routledge, 2002); Hannah Ginsborg, "Reasons for Belief", *Philosophy and Phenomenological Research* 72 (2006)。关于一种类似的观点(其提出与戴维森无关),参见 Kathrin Glüer, "On Perceiving That", *Theoria* 70 (2004)。

与戴维森相反，我打算坚持认为处于经验过程之中（experiencing）并非就意味着认为事物是如此的。正如特拉维斯所极力主张的那样，我们的视觉经验将我们的周围的事物带进视野之中。就我们由此而有资格认为是如此的东西——在这样一些判断中：给定了视觉上呈现给我们的东西，它们将是合理的——之中的一些来说，我们事实上认为它们是如此的。但是，即使当我们将信念获得与明确地断定事物是如此的这样的事情分离开来时（像我们应当做的那样），如果我们要做出如下假定，那么我们也夸大了经验在我们这里所激起的那种信念活动的范围：我们获得了进入我们的视野中的东西使得我们有资格形成的所有信念。

因此，我同意特拉维斯的如下观点：诸视觉经验只是将我们的周围的事物带进视野之中，由此它们便使得我们有资格认为某些事物是如此的；但是，它们还是把如下事情留作一个进一步的问题：我们事实上认为什么东西是如此的（如果我们终究这样做了的话）。不过，像我所争辩的那样，这个思想的特拉维斯的版本陷入了所予的神话。而且，如果我们通过将经验构想成概念能力的现实化的方式来避免这个神话，但是与此同时还是保留着这样的假定，即这点需要我们将命题内容归属给经验，那么采用戴维森的论点看起来就是恰当的。如果经验具有命题内容，那么我们便很难否认这点：处于经验过程就意味着认为事物是如此的。而我所想要的东西则是这样一种不同的东西，它使得我们有资格认为事物是如此的。

如果经验是由直观构成的，那么便存在着一条处于这些立场之间的道路。直观将我们的周围的事物带进视野之中，但是这样的事情并非是在单纯感性的运作之中发生的，因此我们便避免了特拉维斯形式的所予的神话。但是，允许我们避免了这个神话的那种概念内容是直观性的，而非命题性的。这样，处于经验过程并非就意味着认为事物是如此的。在将我们的周围的事物带进视野之中时，经验使得我们有资格认为事物是如此的；而至于我们是否这样做了，这则是一个进一步的问题。

附录：避免所予的神话

像我已经说过的那样，被构想成由直观构成的经验是通过两种方式使得我们有资格采取带有话语内容的步骤的。一种方式是：它使得我们有资格做出利用了一个直观的内容的某个部分的判断。另一种方式是：它出现在我们享有的做出这样一些判断的资格之中，它们以反映了我们识别在一个直观中被呈现给我们的事物的能力的方式超出了那个内容。不过，像我所主张过的那样，在直观过程本身之中我们并非话语式地处理内容。

前面我曾经提到过塞拉斯的提议：一个直观的内容可以部分地由像"这个红色的小方块"这样的形式的语词捕捉到。如此表达出来的内容将是片断的话语内容。它可以是一个根据上面那两种方式中的第二种而得到辩护的判断的内容的一个部分。在那里，我们所断定的东西除了包括包含在该直观本身之中的内容之外还包括这样一些概念，它们在该判断中的出现反映了被施加在该直观呈现给我们的某种东西之上的那些识别能力。因此，一个以"这个红色的小方块……"开始的话语片断可以这样继续下去："……就是我昨天所看到的那个小方块。"

我认为，这表明了塞拉斯的提议只是到某一点为止才是有用的。它可能看起来暗示了下面这点：直观内容本质上说是片断的话语内容。但是，直观内容根本就不是话语内容。让某种东西（比如一个红色的小方块）进入视野之中就其自身来说就可以是完整的。让某种东西进入视野之中能够认可这样一个指示表达式，或者判断中的一个类似物，在让我们认为是如此的某个东西变得明确起来的过程中我们可以使用它。但是，这种潜能不必被现实化。

10. 戴维森的这个口号就其现状来说将信念能够被展示为合理的方式限制在对于**推理**结构的利用之上。它暗示了：给出坚持一个信念的一个理由就是将该信念的内容描绘成这样一个推理的结论，它以另一个信念的内容作为前提之一。

我曾经提议通过这样的说法来修改戴维森的口号：不仅信念而且还有经验，都可以是信念的理由。而且，按照我以前的假定，经验与信念具有相同种类的内容。因此，不难理解，人们会认为我在推荐一种有关经验使得我们有资格形成知觉信念的方式的推理的或者至少是准推理的（quasi-inferential）构想。①

这并非是我本来的意图。我并非是想要暗示这点：经验为这样的推理带来了前提，其结论就是知觉信念的内容。相反，我认为经验直接地将诸事物揭示成它们在知觉信念中被相信的那样，或者它至少貌似做到这点。但是，我们很难让这点与如下假定一致起来：经验与信念具有相同种类的内容。这恰恰就是记录如下事实的一种方式：只要我们不质疑经验所具有的概念内容必定是命题性的这个假定，戴维森的"没有缺失任何东西"式的回应就是很有说服力的。

认为经验是由直观构成的（在我所解释的那种意义上）去除了这个问题。事情甚至于看起来都不是这样的：直观让我们有资格形成信念的方式牵涉一种推理结论。如果一个对象在这样一个直观中经由它的一些性质对我们的呈现而呈现给我们，在其中关于那些性质的概念例示了这样一种统一性，它构成了一个有关一个对象的形式概念的内容，那么我们由此便有资格做出这样的判断：我们面对着一个具有那些性质的对象。这个资格得自于该对象本身对于我们的呈现，而非得自于一个推理的这样一个前提，我们之所以可以随意地支配它，是因为它构成了我们的经验的内容。

按照塞拉斯的理解，在思考经验时所予构成了一口应当予以避开的陷阱。按照我在开始的时候所提供的那种解释，塞拉斯的这种观点是他的如下思想的一个应用：有理性的动物所享有的知识利用了我们的特别的理性能力。我刚刚解释了这点如何没有暗示下面这个结论：一个知觉判断的正当性证明是准推理式的。②

---

① 参见 Crispin Wright, "Human Nature?", in Nicholas H. Smith, ed., *Reading McDowell: On Mind and World* (London: Routledge, 2002).

② 关于这样的观念，即塞拉斯对于所予的拒斥意味着这个论题：知觉判断的正当性证明是推理式的或者准推理式的，参见 Daniel Bonevac, "Sellars vs. the Given", *Philosophy and Phenomenological Research* 64 (2002).

发现这样的暗示与如下看法是一致的：就知识相对于有理性的动物所是的东西这点来说，塞拉斯持有的康德式理解过分理智化了（over-intellectualizes）我们的认识生活。① 这点需要进一步加以讨论。不过，我将通过简短地争辩下面这点的方式来结束该文：真实情况恰好相反。

有关人类理智的一种理智主义的（intellectualistic）构想将它看成某种与我们的动物自然截然不同的东西。对此，最好的对抗手段是将理性的能力看成甚至于在我们的非反思的知觉觉察中便起作用了。

如下想法是极端错误的：塞拉斯的构想暗示了，我们主动地——在明亮的理性之光下——过着我们的全部的认识生活。理性的能力在人类的认识生活中处处都是起作用的这点反映在如下事实之中：它的每个部分都**能够**被明确的自我意识的那个"我思维"所伴随。但是，即使我们的全部的认识生活均能够被那个"我思维"所伴随，在其许多部分中我们也只是毫无反思地随波逐流而已。

我说过，我们的全部的认识生活均能够被那个"我思维"所伴随。处于我们的认知机制中的那些亚个人的事件并不构成这个断言的一个反例。在相关的意义上，它们并不是我们的认识生活的一个部分。毫无疑问，有关我们的认知机制是如何运行的知识对于有关如下事情的一种完全的理解来说具有本质的意义：事情如何可能成为这样的，即我们的认识能力是它们事实上所是的那样。不过，在理由的空间中拥有一个地位——比如能够看到事物是如此这般的——并不是一件亚个人的事情。的确，使得我们能够拥有这样的地位的那种亚个人的机制是在我们的统觉所及的范围之外运作着的。而且，毫不奇怪，在我们的亚个人的认知机制与非理性的动物的认知机制之间存在着一些类似之处。但是，这并没有危及到如下观念：有理性的动物在如下方面是特别的，即它们拥有这样一些认识地位（epistemic standings），它们之可被统觉加以利用这点对于它们来说具有本质的意义。

---

① 参见 Tyler Burge, "Perceptual Entitlement", *Philosophy and Phenomenological Research* 67 (2003).

使得塞拉斯的内在论构想对于我们的知觉知识来说是适当的东西并不是这点：在知觉中我们从事着酷似于推理的理性活动——某种可以被认为与我们的动物自然（特别说来，对于当前的目的来说，我们的感受自然）分离开的东西。这点**大概**是过分理智化了我们的知觉知识。但是，相对于我们的知觉知识来说，内在论之所以是正确的理由是这点：理性的能力，进而对于统觉的可利用性，弥漫于我们的经验本身之中——包括这样的经验，在我们通常应付我们的周围的事物的过程中我们毫无反思地根据其而采取行动。这便是在有理性的动物的情形中与可以知觉到的环境所做的动物性交锋（animal engagement with the perceptible environment）所采取的那种形式。

译后记

麦克道威尔的《心灵与世界》1994年出版后，立即引起了国际哲学界的普遍重视和高度好评。作者也因此被看作哲学界一颗冉冉升起的"新星"。但是，遗憾的是，由于一直忙于维特根斯坦著作的解读，在2010年前我未能仔细地阅读过此书。完成维特根斯坦相关著作后，我花了一年多的时间弥补这个缺憾，前后认真阅读了数遍，受益良多。特别是，我欣喜地发现作者的许多观点与我所理解的后期维特根斯坦的一些基本思想颇多契合甚或有可互相发明之处。

阅读该书期间，我翻阅了2006年中国人民大学出版社出版的中译本，发现问题甚多，遂决定重译此书。这个想法得到了作者的热烈回应。翻译过程中，曾经就一些难点的理解问题请教过作者。作者均给予了必要的回复。人大社杨宗元女士听闻我在重译此书，多方联系我，希望我的译本在人大社出版。此后，经她不懈努力，人大社成功与哈佛大学出版社续约。

2007年以后，作者的相关观点发生了重大的变化。这种变化最明确地表达在"Avoiding the Myth of the Given"这篇文章中。为了让中文读者了解这一变化，征得作者的同意后，我将此文一并译出，附于书后。

原书本来附有一个名词和人名索引。但是，该索引编制得过于简单，极为粗糙，几乎无使用价值。因而，中译本当可略去。

麦克道威尔的英文表述极其晦涩难解：一些关键的语言用法甚为怪异，而另一些用法则歧义丛生，众多地方的语词的指代关系难以确定。本译稿前后修改了数遍，希望不会有太大的问题了。至于事实是否如此，当请读者评判。

在译文修改过程中，李麒麟博士曾经就导论和第一讲的几处译文提出过修改意见。

本书的翻译工作得到了国家社会科学基金重点项目"分析哲学若干基本理论问题新探"（项目号12AZD072）的支持。

韩林合
北京大学哲学系暨外国哲学研究所
二零一三年十一月二十日

Mind and World by John McDowell

Copyright © 1994, 1996 by the President and Fellows of Harvard College

Published by arrangement with Harvard University Press through Bardon-Chinese Media Agency

Simplified Chinese translation copyright © 2014 by China Renmin University Press

All Rights Reserved.

图书在版编目（CIP）数据

心灵与世界：新译本/（美）麦克道威尔（McDowell, J.）著；韩林合译. —北京：中国人民大学出版社，2014.7
（当代世界学术名著）
ISBN 978-7-300-19539-1

Ⅰ.①心… Ⅱ.①麦…②韩… Ⅲ.①心灵学-哲学-研究 Ⅳ.①B84

中国版本图书馆 CIP 数据核字（2014）第 158005 号

当代世界学术名著
心灵与世界　新译本
[美] 约翰·麦克道威尔（John McDowell）　著
韩林合　译
Xinling yu Shijie

出版发行	中国人民大学出版社		
社　　址	北京中关村大街 31 号	邮政编码	100080
电　　话	010－62511242（总编室）	010－62511770（质管部）	
	010－82501766（邮购部）	010－62514148（门市部）	
	010－62515195（发行公司）	010－62515275（盗版举报）	
网　　址	http://www.crup.com.cn		
	http://www.ttrnet.com（人大教研网）		
经　　销	新华书店		
印　　刷	北京东君印刷有限公司		
规　　格	155 mm×235 mm　16 开本	版　次	2014 年 8 月第 1 版
印　　张	17.25 插页 2	印　次	2014 年 8 月第 1 次印刷
字　　数	231 000	定　价	48.00 元

版权所有　　侵权必究　　印装差错　　负责调换